한국어 관용구의 은유·환유 연구

이화연구총서 11

한국어 관용구의 은유·환유 연구

인지의미론적 관점을 중심으로

최 지 훈

혜안

이화연구총서 발간사

이화여자대학교 총장 김 선 욱

124년의 역사와 정신적 유산을 가진 이화여자대학교는 '근대', '여성', '교육'이라는 측면에서 한국 사회에 매우 괄목할 성취로 사회의 많은 분야에 변화를 주도해 왔습니다. 우리 이화여자대학교는 이러한 역사와 전통을 바탕으로, 연구와 교육의 수월성 확보라는 대학 본연의 과제에 충실하려 노력하고 있습니다. 구체적으로 국내외 학문적 상호 협력의 연구공동체 거버넌스 구축을 비전으로 삼아, 상호 협력하는 개방적이고 민주적인 소통을 지향하며 다양한 포럼과 학문의 장 안에서 서로의 경험과 성과를 나누는 체계를 지향합니다. 아울러 다문화, 다언어의 역량을 갖추고 세계와 협력·경쟁하면서 타문화를 배려하는 나눔과 섬김의 이화 정신과 가치를 세계 속에 구현하려 합니다.

열린 학문 공동체 안에서 이화의 교육은 한 개인의 역량을 강화하는 데 머무는 것이 아니라 타인과 약자, 소수자에 대한 배려 의식, 다른 사람과 소통하는 공감 능력을 갖춘 여성의 배출을 목표로 합니다. 이러한 교육 속에서 이화인들의 연구는 무한 경쟁의 급박한 현실에 안주하지 않고, 섬김과 나눔이라는 이화 정신과 닿아 있는 21세기 우리 사회와 세계가 요구하는 사회적 책무를 다하려 합니다.

학문의 길에 선 신진 학자들은 새로운 시대정신과 도전 정신을 바탕으로 창의력 있는 연구 방법과 새로운 연구 성과를 낼 수 있는 든든한 이화의 자산이자 미래입니다. 따라서 신진 학자들에게 주도적인 학문 주체로서 역할에 대한 기대가 매우 큽니다. 또한 그들로부터 나오는 과거를 토대로 새로운 것을 創造하는 '法古創新'한 연구 성과들은 가까이는 학계의 발전을 이끌어 내고, 나아가 '변화'와 '무한경쟁'으로 대변되는 오늘의 상황을 발전적으로 끌어갈 수 있는 저력이 될 것입니다.

이제 이화가 글로벌 지성 공동체로 자리 매김하기 위해서는 이 학문 후속세대를 위한 지원과 연구의 장을 확대할 필요가 있습니다. 이에 따라 이화여자대학교 한국문화연구원에서는 창조적인 도전 정신으로 학문의 방향을 이끌어 갈 학문후속세대를 지원하기 위해 '이화연구총서'를 간행해 오고 있습니다. 이 총서는 최근 박사학위를 취득한 신진 학자들의 연구 논문 가운데 우수논문을 선정하여 발간하는 것입니다. 총서의 간행을 통해 신진 학자들의 논의가 보다 많은 사람들에게 제공되어 이들의 연구 성과가 공유될 수 있는 기회를 줌으로써, 이들이 미래의 학문 세계를 이끌 주역으로 성장하는 데 도움을 주고자 합니다.

앞으로도 '이화연구총서'가 신진 학자들이 한발 더 높이 도약할 수 있는 발판이 되기를 희망합니다. '이화연구총서'의 발간을 위해 애써주신 연구진 과 필진 그리고 한국문화연구원의 원장을 비롯한 모든 연구원들의 노고에 진심으로 감사드립니다.

책머리에

이 책은 필자의 박사학위 논문의 일부분을 약간 수정하고 제목을 바꿔 내는 것이다. 필자는 석사 과정 때부터 인지의미론, 특히 은유와 환유에 관심을 가지고 연구해 왔으며 기존의 전통 의미론의 관점으로 해결해 내지 못했던 부분에 대한 해결책을 인지의미론을 통하여 밝혀내려는 노력을 계속해 왔다.

이 책은 우리 한국인의 의식 세계를 반영하고 있는 언어문화적인 소산인 한국어 관용구를 대상으로 하여 그 형성 기제라 할 수 있는 은유와 환유를 인지의미론적 관점에서 연구한 것이다. 관용구에 대한 논의는 1970년대 이후로 활발하게 진행되어 현재까지도 꾸준히 연구되고 있으나 그 내용들을 보면 답보 상태에 머물러 있다 해도 과언이 아니다. 또한 그 연구 범위도 관용구 전체를 대상으로 하기보다는 일부 감정 표현 관용구에 편중되어 있는 현실이다.

필자는 우리가 일상생활에서 관용구를 은유적인 표현이라는 의식도 하지 못하고 자주 사용하지만 이러한 관용구는 인간이 가지고 있는 은유적 개념, 환유적 개념이 언어를 통하여 드러나는 것임에 주목하였다. 전통적 관점에서 관용구는 사은유이며, 관용구는 그 구성요소의 의미와는 무관한 자의적인 의미를 가진다고 보는 것과는 달리 관용구는 글자 그대로의 의미로 사용되는 구와의 관련성을 완전히 잃어버리는 것은 아니라는 점과 관용구의 의미 형성에는 생산적인 은유와 환유가 작용하고 있음을 밝히고자 하였다. 최근에 와서 관용구에 대해 전통의미론의 관점이 설명하지 못한 한계를 느끼고 새로운 관점이 시도되고 있는데 이것이 인지의미론적 관점의 연구들이다. 그러나 한국어 관용구 전반을 다루는 논의는 이루어지지 못했기에 한국어 관용구 전반을 대상으로 하여 관용구가 어떻게 관용적 의미를 획득하는가, 모든 관용구는 그 구성요소의 의미 합으로는 그 표현의 의미를 예측할 수 없는가, 관용구에 작용하는 은유와 환유가 특징적인 면을 보이는가 등에 대한 답을 찾고자 하였다. 비록 필자의 논리에 부족한 부분이 보이지만 아직 활발하게 연구되지 않은 분야의 주제를 다루어 개척해 나간 데에 의미를 두고 싶고, 동시에 학자로서의 부족함에 대해 반성하며 앞으로 학문의 깊이를 깊게 해야겠다는 각오도 다지게 된다.

학자로서 부족한 점이 많은 필자가 이 책을 세상에 내놓기까지는 많은 분들의 가르침과 도움이 있었다. 석사 과정 때부터 필자를 지도해 오신 전혜영 선생님께서는 학문적인 가르침은 물론이고 여러 면에서 자상한 가르침과 사랑을 베풀어 주셨다. 부족한 제자를 애정으로 대해 주시고 많은 도움을 주시는 지도교수님을 만나게 된 것은 필자의 큰 복이라는 생각이 든다. 필자가 남들이 거의 다루지 않은 분야의 논문을 완성해 가는 과정을 응원해 주셨고 지도해 주셨기에 부족한 논문이지만 잘 마무리 할 수 있었다. 또한 바쁜 일정 속에서도 학위 논문을 심사해 주시며 더 나은 논문이 되도록 조언을 해 주신 박영순 선생님, 임지룡 선생님, 박창원 선생님, 최형용 선생님의 은혜를 잊을 수 없다. 부족한 논문을 읽으시면서도 필자를 격려해 주셨고, 부족한 부분을 채워갈 수 있도록 비판과 조언을 아끼지 않으셨다.

부족한 논문을 이화연구총서로 낼 수 있게 해 주신 한국문화연구원과 모교에 감사드리며 어려운 출판 작업을 해 주신 도서출판 혜안의 관계자 선생님들께도 감사드린다. 함께 공부하며 힘이 되어 준 최정혜 선생님, 논문을 쓰는 동안 기꺼이 토론 상대가 되어 주었던 이동혁 선생님에게 특별한 감사의 인사를 전하고 싶다. 그리고 대학원의 선배, 동기, 후배 동학들이 있었기에 힘든 시간들을 잘 보낼 수 있었다. 이렇게 좋은 학문의 동지를 만난 것은 행운이라는 생각이 든다. 끝으로 항상 곁에서 응원해 주는 사랑하는 가족과 남편에게 감사의 마음을 전하고 싶고, 이 책이 우리 가족들에게 작은 기쁨이 되길 바란다.

목차

그림 및 표 차례

제1장 서론

1. 연구 목적

본서는 일상 언어에 널리 퍼져 있는 개념적 은유와 환유가 현대 국어의 관용구에서 어떻게 나타나고 있는지 인지의미론의 관점에서 살피고 그 특성을 밝히는 것을 연구의 목적으로 한다.

관용구는 일반적인 단어 결합과는 달리 구(句) 구성을 이루어서 마치 하나의 단어처럼 기능하면서 의사소통의 언어단위로 기능한다. 이러한 관용구는 대체로 통사적, 의미적 고정성을 갖는 표현으로 우리 한국인의 의식 세계를 반영하고 있는 언어문화적인 소산이다. '어제 그 일 때문에 열(을) 받았어', '그 후보자의 도덕성 문제가 도마 위에 올랐다', '나는 영문도 모르고 벼락을 맞았지 뭐야' 등과 같은 관용구를 포함한 문장은 우리가 일상생활에서 은유적인 표현이라는 의식도 하지 못하고 자주 사용하는 말이다. 이러한 관용구는 단순한 언어적인 문제가 아니라 인간이 가지고 있는 은유적 개념, 환유적 개념이 언어를 통하여 드러나는 것이다.[1]

---

1) 최진희(2004:8-9)에서는 Roget의 Thesaurus 형식을 따라 관용구(원문에서는 '관용어'로 표기)를 제시하는 방법을 소개하고 있는데 이는 유의어 사전처럼 분류하는 방법이다. 이 사전에서는 관용구들이 불의 시작(spark off), 불의 끝(snuff out), 불이 에너지 근원을 이용하는 방식(burn the candle at both ends), 불을 더 강렬하게 만드는 방식(fan the flames) 등과 같은 불 현상의 다양한 측면들과 연관되어 제시된다.

전통의미론 관점의 연구들에서 관용구의 의미는 구성성분들의 의미 결합이 아니라 완전히 다른 제3의 의미를 가지는 것으로 여겨져 왔다. 즉, 기존의 관점에서는 관용구를 구성하고 있는 구성요소로부터 관용구 전체의 의미를 추출해낼 수 없다는 '비합성성'을 중요한 특징으로 언급하고 있으며 그 의미적 연관성을 찾기 어려운 것으로 보고 있다. 물론 국어의 관용구 중에서도 '미역국을 먹다'나 '시치미를 떼다'와 같은 예를 보면 '미역국'과 '먹다'의 의미로부터 '시험에 떨어지다'의 의미를 추출해 내는 것에는 무리가 있어 보인다. 또한 '시치미를 떼다'의 경우에도 통시적인 관련성에 대한 지식이 없는 현대 화자의 경우에는 그 연관성을 찾기가 어려워 보인다. 그러나 과연 모든 관용구가 그러한가를 생각해 보면 이러한 견해에 완전히 동의하기는 어렵다.[2]

관용구에 대한 전통적인 이론은 처음에는 은유적인 표현이 관습적으로 사용되어 그 은유성을 잃고 사은유가 된 후에 관용구로 정착되며 새로운 의미가 부여된다는 '사은유설'의 입장을 취한다.[3] 그러나 관용구는 죽은

각 예문에는 불이란 낱말 외에 불의 영역에 포함되는 것들, 예를 들어 '타다(burn)', '촛불(candle)', '끄다(snuff)', '불꽃(flame)' 등과 같은 다른 여러 낱말들이 사용되고 있다. 이 예문들만 보더라도 관용적 표현(idiomatic expressions)을 만들어 내는 과정에 참여하는 것이 개별적 낱말들 그 자체가 아니라 불이란 낱말의 개념영역(conceptual domain)임을 알 수 있다.

2) 관용구에서 전체의 의미는 단순히 부분들의 의미의 합이 아니라는 것이 종종 언급되었으나 이는 관용구의 의미가 자의적으로 부여되는 것을 의미하지 않으며, 관용구의 부분들의 의미가 전체의 의미에서 어떤 인지적 역할도 하지 않는다는 것은 아니다. 은유나 환유에 의해 글자 그대로의 의미와 관용구의 의미가 연결된 경우가 많다.

3) 박영순(2000a:39)에서는 사은유란 없다고 보는 입장을 취한다. '사은유'라는 용어는 처음에 은유로 시작된 말이지만 시간적으로나 공간적으로 완전히 일반화되어 쓰이므로 더 이상 은유로 보지 않는다는 뜻인데, 그것보다는 '일반화된 은유', '대중화된 은유'로 명명하는 것이 좋겠다는 입장이다. 왜냐하면 아무리 일반 단어 같이 되어 사전에 올랐다고 해도 그 의미 자체가 문자적 의미, 직설적 의미로는

은유가 아니라 실제로 은유성을 지닌다는 것이 인지언어학자와 심리언어학자들의 실험을 통해 밝혀졌다. 즉, Lakoff(1987)에서는 도관은유를 근거로 관용구의 해석 과정이 개념적 은유에 근거하고 있음을 진술하였으며, Gibbs & O'Brien(1990)에서는 화자의 심상을 통하여 관용적 의미를 동기화시키는 은유적 지식을 실험하였다. Nayak & Gibbs(1990)에서는 비유적 표현의 근본을 인지구조의 관점에서 연구하였으며 이것이 관용구 연구를 다른 방향으로 돌리는 한 원인을 제공하였다(이선희 2001:13 참조).

관용구에 대한 인지언어학적 견해는 관용구의 의미를 완전하게 예측할 수 없는 것으로 본다는 점에서는 전통적 견해와 공통된다. 그러나 인지언어학적 입장에서는 관용구 의미의 상당한 부분이 동기부여된다[4]고 제안하고 있다. 대부분의 관용구는 개념적 체계의 산물이지, 단지 언어의 문제 즉, 어휘 사전의 문제가 아니다. 관용구는 구성 부분들의 의미와 연관하여 어느 정도 특별한 의미를 가지고 있는 표현이 아니라 우리의 개념 체계에서 구체화된 세계에 대한 더 일반적인 지식에서 나온다. 다시 말하면 관용구는 본질적으로 개념적인 것이지 언어적인 것이 아니므로 관용구의 의미가 통하게 하기 위해서 우리는 이러한 지식에 의존할 수 있다. 이러한 지식은 관용구 전체 의미에 대한 동기를 부여한다. 즉 관용구가 각각 의미를 지닌 형태들과 특별한 전체 의미와의 임의적 짝짓기라는 주장에 반대하는 것이다.[5]

해석이 되지 않으므로 역시 은유로 볼 수 있다고 설명한다. 일상 언어처럼 널리 사용되는 은유라서 더 이상 신선함이나 창조성을 느끼기 어렵기는 하나 사은유라는 범주를 인정하지 않고 은유성의 정도면에서 볼 때 은유성이 가장 낮은 범주로 보는 입장이다.

4) 동기부여(motivation)는 예측(prediction)과 구별되어야 한다. 어떤 관용어의 의미가 동기를 부여받았다고 제안할 때, 그것의 의미가 완전히 예측 가능하다고 주장하는 것은 아니기 때문이다(이정화 외 공역 2003:356).

5) 김진해(2003:36-37)에서는 상징부사의 수식이 메타의미(meta-meaning)를 대상으로

이러한 입장은 전통적인 관점에서 관용구가 단순히 비유적 해석을 갖는 사은유로 처리되어 왔으며 그 관용구의 정도성 문제에는 큰 관심을 기울이지 않았고, 모든 관용구의 의미는 구성성분으로부터 예측 불가능한 것으로 처리되었던 것과는 다른 견해들이다. 정도성의 문제를 인식한 전통적인 관점의 연구들이 있기는 하였으나 나타나는 현상 자체의 분류에 집중했을 뿐 문자적 의미와 관용적 의미의 관계를 되짚어 보는 작업은 소홀히 하였다.

이러한 여러 견해들이 한국어 관용구에 대한 새로운 접근 방법이 필요하다는 것을 말해 주고 있으나 인지적 관점에서 한국어 관용구 전반을 다룬 본격적인 논의는 나오지 않았다. 따라서 본서에서는 관용구 전체에서 드러나는 은유와 환유를 살핌으로써, 관용구가 가지는 비유적 의미는 관용구가 지시하는 영역에 대한 은유적 지식, 우리의 개념 체계에 의해 동기 유발되는 것임을 밝히고자 한다. 즉, 이러한 인지언어학적 관점에서 관용구의 의미가 그 구성성분들의 의미들과 어떠한 관련성을 갖는 것인지, 어떠한 개념적 은유, 환유와 관계가 있는지를 관용구 분석을 통해 검토해 보고자 한다. 관용구에 대한 세밀한 분석을 통해 한국어 관용구에 나타나는 은유와 환유 양상을 파악할 수 있고, 다른 일상 표현들에서 나타나는 은유 환유의 양상과는 다른, 관용구에서 드러나는 은유와 환유의 특징을 포착해낼 수 있을 것이다. 또한 한국인의 개념체계가 한국어 관용구에 어떤 식으로 구조화되어 있는지도 밝힐 수 있을 것이다.

하지 않고, 직설의미(또는 표현)를 대상으로 한다는 점을 들어 관용의미가 직설의미와 관련을 맺고 있음을 포착하였다. 즉 메타적인 관용의미를 대상으로 한다면 '바가지를 긁다'의 메타의미인 '잔소리하다'에 대해 '박박 잔소리(를) 하다'라는 것은 개념적으로 상정하기 어렵기 때문이다.

2. 선행 연구 검토 및 문제 제기

본 연구의 목적은 일상 언어에 널리 퍼져 있는 개념적 은유와 환유가 현대 국어의 일상 언어, 그 중에서도 특히 관용구에 어떻게 나타나고 있는지를 살펴보는 데 있다고 한 바 있다. 따라서 본 연구와 관련한 선행 연구의 검토는 크게 두 가지 방향으로 나눠 살펴볼 수가 있는데 하나는 인지의미론 관점의 개념적 은유와 환유에 관련된 연구들이고, 다른 하나는 관용구[6]의 의미에 관련된 연구들이다.

1) 인지의미론 관점의 은유와 환유 관련 논의들

본서의 이론적 배경이 되는 인지의미론은 1980년대에 접어들면서 나타난 의미의 저장과 사용에 관한 새로운 시각의 접근방식이라 할 수 있다. 인지의미론 관점의 연구는 Lakoff & Johnson(1980)에서부터 시작되었다고 할 수 있으며, Lakoff(1987), Lakoff & Turner(1989), Gibbs(1994) 등으로 이어지는 개념적 은유 이론과 Fauconnier & Turner(1994)의 혼성 이론(blending theory) 모두 특히 은유 문제에 관심을 집중하고 있다.

Lakoff & Johnson(1980)의 연구는 은유에 대한 새로운 인식의 전환을 가져오게 한 논의로 평가받고 있다. Lakoff & Johnson(1980)에서는 은유를 '어떤 개념을 다른 개념을 통해 이해하고 경험하는 방식'으로 정의하며, 인간의 개념체계는 은유적으로 구성되어 있고 인간의 개념적 은유는 신체적 경험에 근거하고 있음을 밝히고 있다. Lakoff(1987)에서도 은유를 단순한 언어적 표현이 아닌 인간의 중요한 인지 구조로 보고 있으며 은유는 신체적 경험에

---

6) 본서의 관용구에 해당하는 '관용어, 관용구, 관용 표현, 숙어 등'의 여러 용어로 기술된 연구를 모두 아우르는데, 선행 연구 검토 부분에서는 각 연구자의 용어를 그대로 표기하였다.

서 동기가 부여됨을 강조하고 있다. Lakoff & Turner(1989)에서는 시적·문학적 텍스트를 대상으로 하여 은유의 분석 작업을 하였는데 시적 은유도 역시 다른 평범한 기제와 함께 일상적인 은유적 사고의 도구를 사용함으로써 구성된다고 하였으며, Gibbs(1994)에서는 심리학적 원근법에서 은유에 대한 접근을 시도하여 '마음의 시학'이 은유를 창조해내는 능력이라는 주장을 편다. Gibbs(1994)는 '심리는 근본적으로 다양한 시적인 혹은 비유적 관점으로 이루어져 있다'고 보고 '은유가 사람들이 자기의 경험과 외부 세계를 개념화할 때 바탕이 되는 기본 설계도'라고 주장했다. 특히 개념적 은유 이론의 타당성을 뒷받침하기 위해서 행한 많은 심리언어학적 실험들의 결과를 비교하고 해석하였다. 실험에 대한 많은 논의를 통해 일상적 은유와 시적 은유가 둘 다 우리의 사고 속에 깊숙이 자리하고 있는 관습화된 개념적 은유들에 근거한다는 견해가 타당함을 입증하고 있다.

Fauconnier & Turner(1994)에서는 심리적 공간 개념을 은유 이론화에 도입하여 다공간 이론 혹은 혼성 이론으로 발전시켰다. 개념적 은유에서의 사상은 두 영역간의 사상인 반면에, 혼성 이론에서는 인간 사고의 많은 복잡성을 설명하기 위해서는 인간의 상상적 사고의 망이 더 필요하다고 보아 혼성 공간(blended space)을 더 가정한 것이다.

Grady(1997)에서는 기본적 사건의 주관적 경험을 겪게 하는 주요장면과 상관관계에 있는 주요은유와 주요은유들의 결합인 복합은유를 설정하였다. Kövecses(1986, 2002)에서는 정서영역의 은유구조를 분석하고, 문화와 은유의 관계를 파헤치려는 일련의 작업을 거쳐 문화와 은유의 관계를 규명하려는 데까지 손을 뻗고 있다. 예를 들어 총칭층 은유 [성난 사람=압력을 받고 있는 그릇]은 거의 보편적이라고 할 수 있는데 영어, 일어, 중국어, 줄루어 등을 살펴보아 문화적 변이형이 많이 나타남을 밝히고 있다.[7] 또한

Peña(2003)에서는 영상도식의 위계 조직에 초점을 두고 은유를 연구하였는데, 종래의 은유 분류법을 개선하고 환유적 성분과 영상도식적 성분을 여러 가지 은유적 유형의 구분에서 근본적인 매개 변수로 통합하는 새로운 은유 분류법을 제시하였다. 이러한 영상도식은 감정 은유를 창조하는 데 매우 생산적이라는 것을 말뭉치 토대의 연구로 입증하고 있다.

　인지적인 관점에서 대부분의 연구는 은유와 환유를 각각 개별적인 연구 대상으로 삼고 있는 경우가 많으며 의미 확장의 주된 기제로서 파악해 왔다. 특히 환유 또한 의미변화의 근원으로 논의되기는 하였지만 은유 연구에 비해서는 그 본격적인 연구가 상대적으로 적은 편이다. 이와 관련하여 인지적 관점에서 환유에 대한 주요 연구들은 대체로 Lakoff & Johnson(1980), Lipka(1988, 1990), Taylor(1989), Goossens(1990), Langacker(1993, 1995), Cruse(1993), Gibbs(1994), Panther & Radden(1999) 등에서 이루어졌으며, 1997년 'Metonymic Motivation of Metaphor'라는 주제로 네덜란드에서 열린 제5회 국제인지 언어학 대회(The 5th International Cognitive Linguistics Conference at the Free University of Amsterdam. July, 1997) 이후로 인지언어학계 내에서도 그 연구가 은유에만 집중되어온 경향에 대해 스스로 반성하면서 상대적으로 도외시되어 왔던 환유에 대한 연구가 급진전을 이루게 되었다.[8] 특히 Barcelona(2000)에서는 인지언어학계 내에서 1997년부터 형성되고 있는 이론적 경향을 'The Cognitive Theory of Metaphor and Metonymy :

---

7) 총칭층 은유 [성난 사람=압력을 받고 있는 그릇]은 거의 보편적이라고 할 수 있으나 이 은유는 명시해 주어야 할 여러 가지 명세 사항이 있는 것으로 볼 수 있다고 한다. 예를 들면 그릇의 종류, 압력이 가해지는 방법, 그릇의 가열 여부, 어떤 물질이 그릇을 채우고 있는지 혹은 어떤 결과가 빚어지는지 등이다. 이렇게 명세사항을 채우는 방법이 문화마다 다른 예를 볼 수 있다고 한다(김종도 2004:289 참조).

8) 이 부분은 이종열(2003:49)을 참고하였다.

CTMM'으로 요약하면서, 은유와 환유가 통합적 관점에서 논의가 되어야 함을 강조하고 있다(Barcelona 2000:1-2 참조). 은유에 있어서 환유적 토대화 및 동기화와 관련된 논문으로는 Barcelona(2000), Ungerer(2000), Ruiz de Mendoza(2000), Peña(2003) 등이 있다.

인지의미론의 도입은 초창기에는 영어학계에서 매우 활발하게 이루어 졌으나 1990년대 이후 국어학계에서도 인지의미론에 대한 관심을 가지게 되고 활발한 연구 성과들이 나오기 시작하여 현재에는 영어학계와 국어학계 양쪽에서 은유와 환유에 대한 연구가 무르익고 있다. 영어를 대상으로 한 논문으로는 정원용(1988), 유병태(1990), 김기수(1993), 김대식(1995), 최명란(1997), 송석만(1998), 신수임(2000), 이선희(2001), 도남희(2001), 김동환(2003), 김양옥(2003), 이신우(2004), 최진희(2004) 등을 주목할 만하다. 국어를 대상으로 한 논의는 1990년대 중반 이후부터 본격적으로 나타나기 시작하였는데 이른 시기에 한정한(1990)은 국어 비유어 연구에 Lakoff의 상호작용적인 속성과 Langacker의 차원이론을 사용한 연구를 하였으며 임지룡(1993, 1995a, 1995b, 1996, 1997, 1999)에서는 여러 학자들의 인지이론을 가지고 은유와 환유를 사물이나 사건을 용이하게 파악하는 인지기제로 이해하였다. 김기수(1998)에서는 환유는 단순한 수사학적 장치나 언어만의 문제가 아니라 Lakoff의 주장대로 개념의 문제이며, 환유표현들은 환유적 개념에서 파생되므로 체계적이라고 말한다. 또한 은유를 의미 변화의 요인이자 의미 형성의 기제로 다룬 연구로는 송인동(1995), 이기동(1997), 최지훈(1998), 문금현(1996, 1999), 김진해(2000), 김향숙(2001, 2003), 이종열(2001, 2003), 임혜원(2004) 등이 있다.

최근에는 임지룡(2000, 2001, 2002, 2006)에서 감정의 개념화 양상을 다루었고, 나익주(2000, 2003)는 사랑과 관련된 개념화 양상을 다루었으며, 용은

미(2000)에서는 분노 표현 관용어를 다루는 등 감정의 개념화 양상에 초점을 맞춘 연구들이 활발하게 진행되었다. 임혜원(2001, 2004)에서는 공간 개념의 은유적 확장을 다루고 있고, 이종열(2002, 2003)은 비유와 인지 관계에 대하여, 요네다 쇼(2004)는 환유적 감정 표현을 색채어와 관련하여 다루는 등 국어에 나타난 은유, 환유 분석을 통해 은유나 환유의 개념화 방식을 논의한 연구들이 활발히 진행되고 있다.

이 밖에도 구현정(1996), 김중현(2001), 이종열(2002, 2003), 이신우(2004) 등에서는 혼성 공간 이론을 통하여 은유나 환유를 바라보는 새로운 접근법의 연구가 진행되었다.

한편 2000년대에 들어서서 국어 은유에 관한 최초의 단행본인 박영순(2000)을 비롯하여 인지적 관점에서의 여러 은유 이론과 환유 이론을 체계적으로 서술한 단행본인 김종도(2004, 2005)가 발간되었으며, 인지언어학적 측면에서 신체에 기반한 인간의 주요 감정 표현 전반을 다룬 임지룡(2006d) 등이 발간되어 국어의 은유, 환유 연구가 체계화되고 정립되는 단계에 이르렀다고 할 수 있다.

2) 관용구 관련 논의들

관용구에 관한 논문들은 1970년대 이후로 활발하게 진행되어 현재까지도 꾸준히 연구되고 있다. 그러나 양적으로는 많아졌으나 그 내용들을 보면 거의 답보 상태에 머물러 있다고 해도 과언이 아니다. 논의도 1980년대에 쓰여진 논문들의 내용에서 거의 벗어나지 못하고 있으며 그 범위도 감정표현 관용구에서 벗어나지 못하고 편중되어 있는 현실이다.

초창기의 관용구 연구는 관용구의 개념 규정이나 관용구 검증방법에 연구의 목적을 둔 것들이 많았다. 김문창(1974)은 관용표현에 관한 초기

논문인데 일상 언어생활에서 우리는 표현효과를 증진시키기 위하여 사용하는 수사법이 관용어의 가장 커다란 생성원이라 하였으나, 전통 의미론의 관점에서 이러한 비유적 표현을 사은유로 보고 있다. 김인한(1984)에서는 관용어의 생성 원인을 고찰하는 방법으로 관용어의 특성을 정리하고 그것을 바탕으로 관용어의 유형을 나눈 뒤, 관용어의 검진법에 대해 고찰하고 있다. 정옥주(1985)에서는 관용어가 기본 어휘로는 파악할 수 없는 제3의 의미를 지니며, [+연상효과, +상황적 의미, +감정가치] 등을 포함하는 것으로 보았다. 박진수(1986)에서는 관용어가 은어와는 달리 어휘 구성에 있어서 기존의 언어 형태 그대로 새로운 의미를 형성하는데, 이것은 구성요소의 단순한 의미 합계와는 다르게 새로운 의미를 형성하고 통상 단어의 의미와 대등하므로 하나의 어휘소로 간주된다고 지적하고 있다. 그리고 다의어와는 달리 그 의미영역이 확장된 것이 아니고 전이된 것이라 한 것이 주목할 만하다. 강현화(1987)의 논의는 의미적 측면에서 숙어를 통시적으로 굳어져 새로운 의미를 얻게 된 은유 표현으로 보고 있다. 1980년대까지의 연구들은 관용구의 의미 연구가 일어난 시기라는 데에 그 의의를 둘 수 있는데 학위논문들에서는 주로 관용구의 개념 규정에 주된 연구의 목적을 가지고 있었다. 그러나 안경화(1987)에서 숙어의 화용적 측면에 관심을 기울여서 일차적으로는 직설적으로 쓰이고 문맥이 부여되어 은유적으로 확장한다고 하여 그 이후의 연구들에 큰 영향을 끼치게 되었다.

1990년대 이후로는 관용구의 의미 연구에 다양한 시도가 이루어졌다. 개념 규정에 집중한 연구로는 황수미(1994), 이연숙(1996), 이창호(1997) 등이 있고, 강위규(1990)에서는 관용 표현을 '어떤 개념을 효과적으로 전달하기 위해 다른 언어 형식을 빌려 나타내는 은유 표현'이라 규정한 뒤 '개인적 은유→죽은 은유→관용 표현'이라는 생성 과정을 겪게 된다고 하였다. 장세경·장경희(1990)에서는 정서 표현 관용어를 다루고 있는데 그 표현법이 은유나 환유가 주가 되며, 은유와 환유가 중복된 것도 있는데 이러한 관용어는 어휘적인 표현에 비해 더 많은 정보성, 사실성, 생동감을 주는 효과가 있다고 하였다. 권경일(1997)은 상투적 비유 표현의 일부를 환유에 의해서 형성된 숙어와 유사한 것으로 보았으며, 지경숙(1999)에서는 축어적 의미가 비유적 추론에 의해 관용 의미를 획득한다는 것을 보이고 있다. 김향숙(2001)에서는 관용어 중에서 감정표현과 관련된 관용어들을 대상으로 하여 인지적인 개념적 은유를 통해 유형을 분류하는 시도를 하였다. 감정 표현과 관련된 관용구를 폭넓게 다루어서 유형 분류를 했다는 데 의의가 있으나 개념적 은유의 본질적인 면은 다루지 못한 아쉬움이 남는다. 박진호(2003)는 관용표현은 은유에 의해 확장이 일어나고, 이 확장된 의미가 관습화되는 것이 관용표현의 일반적인 형성 절차일 것이라 보고 있다. 박만규(2003)는 관용표현은 기존 관점으로 보면 구성 어휘 요소들의 의미의 합으로는 산출되지 않는 제3의 의미를 지니며 관용표현의 의미는 그 구성요소들의 개별적 의미와는 아무런 관계가 없는 것으로 보고 있으나, 의미 분석 가능성이 있음에 주목하여 살피고 있다. 대상부류 개념에 의한 어휘적 의미와 임시적 해석의 구분을 통해 구성요소의 다의성 분석을 시행함으로써 이 문제에 대한 하나의 해결책 제시를 시도하였으며 범주적 정체성을 확립하고자 하였다. 한편 권경일(2005)은 최근의 박사학위논문으로서 세밀하게 한국어 관용구의 유형 분류를 시도하였으며, 관용구가 가지는 통사적, 의미적 특성 등을 재검토하고 관용구의 화용적 특징까지 살피고 있다. 이처럼 1990년대 이후로는 전통 의미론의 관점을 취하면서 관용구에 나타나는 은유에 관심을 가지고 관용구의 의미 형성 기제로서의 은유를 분석해내려는 데 관심이 맞추어진 논의가 많이 이루어졌다.

3) 인지의미론적 관점의 관용구 논의와 문제 제기

최근에 와서는 관용구에 대한 전통의미론의 관점이 설명하지 못한 한계를 느끼고 새로운 관점의 접근법이 시도되고 있는데, 이것이 인지의미론적 관점의 연구들이다. 관용구와 관련하여 은유나 환유를 의미 변화의 요인으로 보고 인지적으로 접근한 논의들이 많이 나오고 있는데 이기동(1997), 송석만(1998), 신수임(2000), 이선희(2001), 정수진(2002), 김진해(2003), 김양옥(2003), 최진희(2004) 등을 주목할 만하다.

이기동(1997)에서는 영어 관용어에 관한 여러 학자들의 연구 방법들을 제시하여 관용어 연구에 대한 새로운 시각을 갖게 하는 촉발제가 되었다고 할 수 있다. 관용어는 죽은 은유가 아니라 우리의 개념적 사고방식과 관계가 있으며, 관용어의 뜻은 은유뿐만 아니라 환유와 밀접한 관계가 있음을 제시하여 이후의 관용어 연구에 큰 영향을 끼쳤다. 송석만(1998)은 영어 관용어를 대상으로 하여 전통적인 관용성에 대한 논의에서의 이루어졌던 사은유 관점과는 반대로 최근의 인지적 관점에서는 관용어가 독자적으로 존재하는 개념적 은유에 의해 동기 유발되는 복잡한 비유적 해석을 가지며, 관용어의 해석은 임의적으로 결정되지 않음을 언급하고 있다. 신수임(2000)에서는 관용어를 은유와 환유에 의해 분석하고 있다. 인지 심리학자들의 새로운 연구 방식에 의하면 관용어는 단순한 비유적 해석을 가지는 죽은 은유가 아니며, 부분적으로 일상의 사고로 이루어진 개념적 은유와 환유에 의해 동기 유발되는 복합적 의미를 가진다고 하였다. 특히 [ANGER IS HEATED FLUID IN A CONTAINER], [ANGER IS HEAT]와 같은 은유나 환유의 예에서 볼 수 있는 생리적 영향에 대해 소개하며, 'head', 'foot' 관용어의 실례를 통해 관용어를 개념적 은유와 환유로 분석 가능함을 보이고 있다. 이선희(2001)에서는 영어 관용어를 대상으로 하여 관용어의 가장 본질적이고 보편적인 특성인 비합성성은 변형의 제약성과 구성성분의 투명성에 의해 영향 받는 정도의 문제라 하였으며, 관용어가 하나의 의미단위지만 다단어 구조를 이룬다는 특성을 활용하여 제2언어 학습자들의 학습에 연계시킬 것을 제시하고 있다. 즉 관용어를 학습할 때 관용성의 투명성 정도에 따라 개념적 은유와 맥락 등을 고려하여 학습 방법을 달리 연구할 수 있음을 제시한 것이다. 김양옥(2003)에서는 관용어는 관용성의 정도에 따라서 여러 가지 유형으로 분류할 수 있으며 고정적으로 사은유적인 표현이 아니라 관용성의 정도에 따라서 은유적인 특성을 이해할 수 있는 관용어도 있음을 제시하고 있다. 또한 김진해(2003)에서는 관용어의 직설의미와 관용의미 간의 관계를 살피고 있다. 이를 위해 직설의미와 관용의미 간의 논항 구조와 격틀의 관계, 보조동사의 결합을 통한 상적 의미 구현 문제, 의성의태어의 수식 관계를 검토하였는데 관용의미가 직설의미와의 관련성을 완전히 잃어버리는 것은 아니며, 매우 복잡하면서도 용례 중심적으로 결합가능성의 정도가 달라진다는 것을 보였다. 관용의미가 주로 직설표현으로 구현하는 구체적 사건이나 현상을 통해 추상적 의미를 전달하는 기능을 한다고 했을 때, 구체적 사건이나 현상과 추상적 의미 간에는 특정한 방식의 연관성을 맺고 있을 것이며 이것을 설명하려는 시도는 인지의미론의 중요한 과제임을 지적하고 있다. 최진희(2004)에서는 여러 학자들의 입장을 소개하면서 인지문법의 관점에서 관용어는 단순히 비유적 해석을 갖는 사은유가 아니고 부분적으로 일상의 사고로 이루어지며, 단지 구성성분들의 의미와 연관하여 어느 정도 특별한 의미를 갖는 표현이 아니라 우리의 개념 체계에서 구체화된 세계에 대한 더 일반적인 지식에서 나온다는 견해(Lakoff 1987; Gibbs 1994)를 따르고 있다. 또한 관용어는 관용어를 구성하는 각 낱말의 의미와 관련하여 전체 의미를 갖는 것이 아니라 우리가 경험이나 세상 지식을 통해 알고 있는 일반적인 지식으로부터 그 의미를 갖게 된다는 입장을 가지고 있다. 관용어의 의미는 지식 영역과 관용적 의미를 연결해 주는 환유, 은유, 관습적 지식과 같은 인지 기제를 통해 생겨나기 때문에 환유와 은유 과정이 관용어와 관계 깊음을 강조하고 있다. 정희자(2004)에서도 모든 관용어들이 통사적으로 굳어져서 구성성분의 분석이 불가능한 것은 아니며, 관용어에는 구성성분 분석이 가능한 것과 불가능한 것이 있다는 입장을 가진다. 관용어는 전통적으로 개념 체계와는 관련 없는, 단지 언어의 문제로 간주되었으나 구성성분 분석이 가능한 관용어들이 많이 있으며, 분석이 가능한 관용어들은 어휘 대치나 통사적 변형과 같은 유연성을 보임을 지적하고 있다. 더욱이 은유적 개념이나 환유적 개념이 동기가 되어 생성된 관용어들이 일상 언어에 자주 사용되고 있는데 이는 관용어도 다른 비유적 언어들처럼 근본적으로 개념적이라는 것을 나타낸다고 하였다.

인지적 관점에서 관용구를 다룬 논문들에서 관용구를 바라보는 새로운 관점들과 해석 가능성이 많이 제시되기는 하였지만 국어를 대상으로 한 논의보다는 영어 관용구 연구에 집중되어 있다는 점, 감정표현이나 신체어휘 관련 관용구와 같이 한정된 영역의 개별 관용구 중심의 연구가 진행되어 관용구 전반을 다루는 논의는 이루어지지 못했다는 점 등이 아쉽다.

관용구를 바라보는 전통의미론과 인지의미론 관점의 가장 큰 차이점은 전통적인 입장에서 '비합성성'을 주장하였던 것과는 달리 인지의미론 관점에서는 '분석 가능성'의 문제를 제기하고 있다는 것이다. 즉 많은 관용구는 해체 가능하거나 분석 가능하며, 그것의 부분들의 의미가 전체적인 비유적 의미에 독립적으로 기여하는 것으로 보인다는 것이다(Gibbs & Nayak 1989; Gibbs, Nayak, Bolton & Keppel 1989; Nunberg 1978). 관용구의 분석 가능성은 정도의 문제이며 그것의 개별 부분들의 현저성에 의존하는 것으로 보인다. Gibbs & Nayak(1989)에서는 관용구의 분석 가능성에 대한 실험을 한 바 있는데 연구의 참여자들에게 단순히 관용구의 개별 낱말들이 독립적으로 이러한 어구의 전체적인 비유적 해석에 기여하는 정도를 판별하도록 요구하였다. 그 결과 일반적으로 미국인 화자들이 pop the question(여자에게 구혼하다), miss the boat(좋은 기회를 놓치다), button your lip(비밀을 말하지 않으려고 입을 다물다) 등의 일부 관용적 어구는 분석 가능성이 높은 것으로 간주하고, kick the bucket(죽다)과 shoot the breeze(호언장담하다, 장난치다) 등의 다른 어구들은 의미적으로 해체 불가능하다고 본다는 것이 발견되었다(나익주, 2003:369 참조). 이러한 실험 결과는 관용구의 분석 가능성에 대해 사람들의 직관 속에 합리적인 일관성이 있다는 것을 보여주는 근거라고 할 수 있다.[9]

　Gibbs & Nayak(1989)에서는 인지의미론의 관점에서 관용구의 의미적 분해(semantic decomposition)의 정도에서 차이가 있다고 했으며 관용구를 '의미적으로 분해할 수 있는 관용구(semantically decomposable idioms)', '비정상적으로 분해할 수 있는 관용구(abnormally decomposable idioms)', '의미적으로 분해할 수 없는 관용구(semantically non-decomposable idioms)'의 세 가지로 분류하였다. Gibbs & Nayak(1989)에서 의미적으로 분해할 수 있는 관용구의 경우는 개개의 구성요소가 그것의 관용적 지시대상물과 유사한 의미 영역을 공유한다고 하였다. 예를 들어 'pop the question'의 경우 그 개별 구성요소가 그것의 지시대상물과 같은 개념적 영역이나 의미영역에 있다는 것이다. 그러나 의미적으로 분해할 수 없는 관용구의 경우는 관용구의 개별 요소가

---

9) 한국어 관용구의 경우에도 '손이 크다(씀씀이가 후하고 크다)'나 '눈을 감다(죽다)'와 같은 예문들에서 구성요소 각각의 의미 합은 아니더라도 우리의 개념 체계 내에서 자연스럽게 그 의미적인 연관성을 찾을 수 있다.

그것이 지시하는 대상물의 비유적 의미와 동일한 의미 영역을 공유하지 않는다. 비정상적으로 분해되는 관용구의 경우는 구성요소와 대상물 사이에 은유적인 관계를 갖는다. 예를 들어 'let off steam'의 경우 의미는 '울분을 풀다'로 이해할 수 있다. 왜냐하면 우리의 인지적 지식이 증기가 들어있는 그릇에 압력이 가해진 상황에서 증기가 분출되는 것을 화가 나서 절박한 상태를 분출하는 사람으로 사상(mapping)하기 때문이다. 그들은 또한 관용구는 의미적인 합성성의 정도에 따라 통사적인 생산성에서 차이가 있다고 하였다. 즉 분해하기 용이한 관용구일수록 통사적으로 더 생산적이라는 것이다(김양옥 2003:9-10 참조).

또한 Glucksberg(1993)에서는 관용구를 '합성적이고 불투명한 관용구(compositional-opaque idioms)', '합성적이고 투명한 관용구(compositional-transparent idioms)', '준 은유적 관용구(quasi-metaphorical idioms)'로 분류하고 있다. Glucksberg(1993)에 따르면 'kick the bucket'은 합성적으로 불투명한 관용구인데, 이렇게 보는 이유는 관용구의 구성요소가 관용구의 의미와 불분명한 관계를 맺고 있기 때문이다. 그러나 합성적이고 투명한 관용구의 경우는 어휘 하나하나의 의미가 관용구를 구성하는 의미와 관련이 있다고 하였다. 예를 들어 'break the ice'를 살펴보면 'break'의 의미는 '분위기나 기분을 바꾸다'의 의미로, 'ice'는 사회적 긴장감으로 전체 관용구의 의미와 관련성이 있다. 준 은유적 관용구는 관용구의 의미를 그것을 암시하는 요소로 전달한다.

물론 인지의미론적 관점을 취하지 않은 연구들에서 한국어 관용구가 그 의미적인 측면에서 정도성에 따라 여러 유형으로 구분될 수 있음은 언급된 바 있다. 안경화(1986), 최경봉(1992), 문금현(1999), 성광수(2005), 권경일(2005) 등에서는 형태·통사적 측면 외에도 의미적 측면을 고려하여 그 정도성에 따라 관용구를 등급화하고 있으나 이러한 정도성에 대한 관심이 관용구 의미의 비합성성에 대한 확실한 믿음을 깨는 데에는 이르지 못한 것 같다. 최경봉(1992)[10]에서는 의미의 전이 여부, 단일 의미소의 형성 여부, 의미적 관련성의 단절 여부, 유추 불가능성의 여부에 따라 관용구의 합성성을 '불투명, 반불투명, 반투명, 근접투명'으로 나누었으며, 문금현(1999)에서는 형태적 고정성, 통사적 제약의 정도, 의미의 불투명성 등의 기준에 따라 관용구를 '불투명한 유형, 반불투명한 유형, 반투명한 유형'으로 나누었다. 또한 성광수(2005)[11]에서도 관용적 의미의 일탈성 즉, 축어적 의미에서 벗어난 제3의 의미의 파생 정도를 구분하여 '최상급, 중상급, 중하급, 최하급, 무등급'으로 분류한 바 있다. 용어와 분류 단계는 다르나

---

10) 최경봉(1992)의 관용구 분류를 보이면 다음과 같다.

정도	합성성	용례
4	불투명	비행기를 태우다, 바람맞다, 바가지를 긁다, 시치미 떼다, 바가지를 쓰다, 물(을) 먹다, 깨가 쏟아지다, 눈이 맞다, 귀 빠지다, 기(가) 막히다, 살(을) 섞다 등
3	반불투명	국수 먹다, 쪽박(깡통) 차다, 오리발(을) 내밀다, 머리 없다, 도장(을) 찍다, 상투(를) 틀다 등
2	반투명	뿌리(를) 뽑다, 가슴(을) 펴다, 뼈(를) 깎다, 죽(이) 되다, 입(이) 벌어지다, 눈(이) 뒤집히다, 군침(이) 돌다, 땀(을) 빼다, 애(가) 타다, 머리(를) 깨다, 등골(이) 빠지다, 머리(를) 식히다, 목(을) 자르다 등
1	근접투명	발(이) 넓다, 손(이) 크다, 손(이) 모자라다, 눈(이) 높다, 돈(을) 먹다, 기(가) 죽다, 얼굴(이) 뜨겁다 등

11) 성광수(2005)에서 제시한 관용구의 의미 파생 분류는 아래와 같다.

　가) 바가지를 긁다, 바가지를 쓰다, 오쟁이(를) 지다, 배꼽을 빼다, …(최상급, L4)

　나) 국수(를) 먹다, 가시방석에 앉다, 새발의 피, 개밥에 도토리, …(중상급, L3)

　다) 가지나무에 목맨다, 개 보름 쇠듯 하다, 개뿔도 아니다, 걱정도 팔자, …(중하급, L2)

　라) 바닥을 드러내다, 세상을 모르다, 두말 할 나위 없다, 들머리판, …(최하급, L1)

　마) 뒷방마누라, (양)갈보, 개구멍받이, 무녀리, 개똥참외, 가재걸음, …(무등급, L0)

이들 학자들은 '불투명한 유형'에서부터 비교적 '반투명한 유형'에 이르기까지 관용구의 정도성을 인식한 셈인데, 각 학자들이 각 유형의 예로 제시하고 있는 관용구의 목록에서는 다소 차이가 나타난다.[12] 본서에서는 관용구의 '불투명성'이라는 용어를 글자 그대로의 의미와 관용적 의미와의 관련성을 찾기 어려운 부류를 뜻하는 용어로 받아들이고 사용한다. 이런 의미에서 위의 학자들이 제시한 관용구 중에서 '바가지를 쓰다', '바람을 맞다'와 같은 전형적인 관용구는 불투명한 관용구로서 글자 그대로의 의미와 관용적 의미와의 관련성을 명확히 설명하기 어려운 유형에 속한다고 할 수 있다. 즉 이 관용구의 의미는 구성요소 각각의 의미의 합도 아니며, 구구성 전체의 글자 그대로의 의미와의 관련성도 찾기 어려운 부류로, 이러한 유형은 본서에서 살피려고 하는 개념적 은유와 환유로 명확히 분석하기 어려운 부류이다. 전통적인 관점의 연구들에서 관용구가 구성요소들의 의미와는 관련이 없는 전혀 새로운 의미를 가지는 표현이라고 한 것은 이러한 일부 관용구에 해당하는 설명이라 할 수 있을 것이다. 그러나 최경봉(1992), 문금현(1999), 성광수(2005)에서 불투명한 유형의 예로 제시하고 있는 '바가지를 긁다', '시치미를 떼다', '산통을 깨다' 등은 개념적 은유나 환유가 작용된 것으로 설명할 수 있어 불투명한 유형의 예로 언급된 용례 중 상당 부분이 은유와 환유의 작용으로 설명이 가능하다. 그리고 최경봉(1992), 문금현(1999) 등의 용어로 '반불투명, 반투명, 근접 투명한 유형'[13]의 관용구는 더욱 명확하게 개념적 은유와 환유가 작용하고 있는 표현으로

---

12) 각 연구자들이 어떤 기준에 의해 정도성을 구분하고 있느냐의 문제이기도 하지만, 개념상 동일한 기준을 세운다 해도 그 용례 분류는 직관에 의존하는 면이 많으므로 연구자에 따라 일치하지 않는 부분이 많을 수밖에 없다.

13) '불투명, 반불투명, 반투명'은 최경봉(1992)과 문금현(1999)에서 공통적으로 사용한 용어이고, 최경봉(1992)에서는 여기에 '근접투명'의 유형을 하나 더 넣어 분류하고 있다.

설명할 수 있다.

그렇다면 여기에서 다음과 같은 문제를 제기할 수 있다.

첫째, 모든 관용구는 그 구성요소의 의미 합으로는 그 표현의 의미를 예측할 수 없으며 문자적 의미와 관용구의 의미는 그 연결이 자의적인가.

둘째, 관용구가 기본적으로 은유에서 시작하여 이미 생명력을 상실한 죽은 은유적 표현이 아니라면 어떻게 고정적인 의미를 갖는가. 즉, 관용적 의미를 어떻게 획득하는가.

셋째, 일상 언어에 나타나는 개념적 은유, 환유와 관용구에 나타나는 은유, 환유의 양상에는 차이가 드러나는가. 즉 관용구에 작용하는 은유, 환유가 특징적인 면을 보이는가.

따라서 본 연구에서는 한국어 관용구를 대상으로 하여 위의 의문점에 대한 답을 찾아가는 것을 연구의 목적으로 한다.

3. 연구 대상 및 연구 방법

본서는 국어의 관용구를 연구 대상으로 삼는데, 기존의 연구들에서는 관용적인 의미를 갖는 표현에 대한 명칭으로 '관용어', '숙어', '이디엄', '관용구', '관용표현', '익은말', '익힘말' 등이 쓰였으며 그 범위 또한 논자에 따라 다양하게 나타나고 있다. 여러 국어학자들이 내린 용어 규정과 정의에 대한 논의들을 소개하면 다음과 같다.[14]

---

14) 김한샘(2005), 권경일(2005)의 내용도 참조하였음을 밝혀둔다.

36

<표 1> 학자별 관용구 정의

연구자	용어	정의
노수련(1936)	관용구	단어와 단어로 따로 볼 때는 그 어의상에서 무관한 단어의 연결이나 한마디의 말로 볼 때는 뜻이 판명되고 연결된 각 단어 이외의 어의를 가진 두 단이의 집합된 언어
김민수(1971)	숙어	관용으로 굳어버린 복합어이며 달리 관용어 또는 성어라고도 함
김종택(1971)	이디엄/ 관용어	어떤 한 언어의 특유한 표현방법에 기초하는 하나의 의미단위로서의 어형/ 성격상의 특수성에 비추어 phrase와 구별하는 데 역점을 두는 뜻에서 관용어라고 부를 것을 주장함
김문창(1974)	숙어	두 어사 이상으로 구성된 하나의 구(절)로서 문법·의미·통사 등 제 관점에서 볼 때 특수한 구조를 가지며 각 구성요소 간의 종합도가 특별히 긴밀하여 일반적으로 분리불가한 일종의 화석형
황희영(1978)	익힘말	그 말뜻이 의미소의 의미구조만으로는 이해될 수 없고 또 다른 뜻으로 표현되어 한국 언어사회에서만이 익혀서 비로소 통할 수 있는 말
강정선(1982)	idiom	두 개 이상의 낱말이 모여서 하나의 어구를 이루는데, 문법적 구성이 독특할 뿐 아니라 그 뜻에 있어서도 개개 낱말이 갖는 뜻과는 무관한 새로운 뜻을 지니게 되는 경우
양태식(1984)	익은말	둘 이상의 어휘소가 결합하여 그 전체로서 어떤 고정된 의미를 가지고 하나의 어휘소처럼 쓰이는 통어론적 짜임새
박영순(1985)	관용어	두 개 이상의 단어로 결합된 언어형태로서 비논리적이고 탈문법적이지만 언중들 사이에서 보편적으로 통용되는 특수한 말. 구조적으로는 두 단어 이상이 결합된 복수구조이지만 의미론적으로는 단일 의미를 가지며 개개 단어의 결합이 아닌 제3의 의미를 가지는 특수언어군
심재기(1986)	숙어	두 개 이상의 단어(혹은 어간형태소)가 종합하여 하나의 단어와 동일한 통사적 및 화용론적 기능을 수행하는 일군의 종합어휘
안경화(1986)	숙어	굳어진 은유 표현의 구 또는 절/ 화용면에서 숙어는 일차적으로 직설적으로 쓰이고 문맥이 부여되면 은유적으로 확장함
강현화(1987)	숙어	한 문장에서 N+V꼴의 형태로 나타나나, 이것만으로는 문장이 완성되지 못하고 주어가 되는 또 다른 N을 요구하는 구/ 각각의 구성 요소의 의미의 합으로는 그 전체의 의미가 산출되지 않는 새로운 의미를 가지는 구
강위규(1988)	관용어	관습화된 표현으로 그 뜻을 통어적 구성 요소들의 합성적 기능으로 나타나지 않고, 항상 그 글자 그대로 해석되는 동음의 짝을 가짐
이상억(1993)	숙어	둘 이상의 단어 결합인 일정한 구의 형태가 통사적으로 굳어진 채 사용되고, 의미상 그 결합 요소들 각개 의미의 단순한 합이 아닌 제3의 의미를 지니게 된 특수한 표현들

이희자(1995)	숙어	둘 이상의 어절이 습관적으로 결합하여 쓰이면서 이들 낱말의 의미의 합으로는 산출되지 않는 제삼의 의미를 지니는 구절들을 일컫는 말로세 의미상 더 이상 나뉠 수 없이 어휘화된 어절 결합. 그 구성요소들의 개별적 의미와는 아무런 관계가 없는 것이 그 특징
문금현(1996)	관용 표현	습관적으로 쓰이는 표현/ 습관적으로 굳어져 우리에게 익숙한 표현(광의의 관용 표현), 관용 표현 중에 언어 내적인 조건(의미·수사, 형태·통사적 조건)과 언어 외적인 조건(공시적 조건: 대중성/광역성, 통시적 조건: 지속성/역사성)을 갖춘 것(협의의 관용 표현)
민현식(2003)	관용 표현	일정 시간 반복적 지속적으로 언어 공동체에서 통용되는 표현으로 속담이나 표어, 고전설화나 유행담 등을 포괄함
박만규(2003)	관용 표현	구성 어휘 요소들의 의미의 합으로는 산출되지 않는 제3의 의미를 지님. 관용표현의 의미는 더 이상 나뉠 수 없으며 그 구성 요소들의 개별적 의미와는 아무런 관계가 없음
세종보고서 (2003)	관용 표현	둘 이상의 단어가 필수 공기 관계에 놓이면서, 의미상 그 결합 요소들 각개 의미의 단순한 합이 아닌 제3의 의미를 지니게 된 표현
김한샘(2005)	숙어	절의 범위를 넘지 않는 두 개 이상의 실질 어휘의 결합으로 전체의 의미를 각 구성 요소 의미의 합으로 파악할 수 없으며 문맥을 배제할 경우 중의성을 가지는 숙어
성광수(2005)	관용 표현	두 개 이상의 단어(또는 어휘소)로 구성되면서도 마치 단일어의 의미나 하나의 완전한 문장의 의미를 지니되 구성요소의 부분이나 합성적 의미가 아닌 제3의 의미로 해석되어 관습적으로 통용되는 표현
권경일(2005)	관용구	고정성과 관용성을 가지는 다단어 구성

관용적 표현은 넓은 의미에서 보면 고사성어, 단어 차원, 관용어구, 수수께끼, 속담, 표어와 같은 문장 차원, 이야기(텍스트, 말글) 차원 등이 포함될 수 있으나(민현식 2003 참조), 본서에서는 대다수의 학자들이 사용하는 협의의 개념으로서의 '구 차원의 관용표현'[15)]에 한정하여 논의를 전개하고

---

15) 관용구는 구 차원이기는 하지만 '최소의 의미적 구성소'(권경일 2005:19-21)가 되는데 일반 문장에서는 '구성소'에 해당되는 것이 단어가 되며 단어 구성에서는 형태소가 될 수 있다. 관용구는 전체 구성의 의미 해석을 위해서는 비록 통사적 측면에서는 단어나 형태소의 지위를 가질 수는 없지만, 어휘의미상으로는 관용구 자체를 형태소나 단어와 같은 하나의 의미 구성 단위로 설정해야 한다고 설명하고

자 하므로 이러한 개념을 드러내기 위해 '관용구'라는 용어를 택한다. 문장 내에 쓰여서 문장의 한 부분을 이루는 '관용구'는 '구' 구성이면서 마치 한 단어와 같이 고정된 의미 단위를 형성하는 특별한 부류이므로 단어 차원이나 문장 차원의 관용 표현들과는 성격을 달리하는 것으로 볼 수 있다. 본서에서 일상 언어 전반이 아니라 흔히 '사은유'로 불려온 관용구를 연구 대상으로 삼는 것은 일반 표현에 작용하는 은유와 관용구에 작용하는 은유가 근본적으로 다르지는 않겠지만 사은유로 불릴 정도로 고정적으로 사용되는 은유가 어떠한 것인지 살펴보고자 함이다. 인지적 관점에서 보면 관용구에 작용하는 은유는 사은유가 아니라, 오히려 생산적인 은유라 할 수 있을 것이다. 즉 너무나 인지적으로 자연스럽고 빠르게 개념 체계를 연결시키므로 우리는 그것이 은유라고 느끼지 못할 정도가 된 것으로 볼 수 있다. 따라서 한국어 관용구에 작용하는 은유, 환유를 살핌으로써 한국인 의 의식 구조 안에서 어떠한 은유, 환유가 생산적으로 작용하는가를 살필 수 있을 것이고, 이러한 특징적인 부분을 살피는 가운데 일반 표현과는 다르게 관용구에 나타나는 특징을 찾을 수 있을 것이라는 가정에서 출발한 다.16) 본서에서 사용하는 관용구의 개념은 다음과 같다.

있다.

16) 본서를 준비하기 전에 세종계획 전자사전 분과(2003)에서 추출해 낸 연어 목록 4,009개 중 특별한 의미적인 전이 없이 습관적으로 공기하는 예(약 2,200개)들을 제외한 나머지 약 1,800개 항목을 대상으로 예비 분석을 해 본 결과 필자의 주관적 기준으로는 극소수(약 2% 정도)만이 환유 표현으로 판단되었다. 세밀한 연구가 이루어져야 하겠지만 이는 연어의 형성과 사용에 환유보다는 은유가 적극적인 기제로 사용되었음을 알 수 있게 해 준다. 그에 비해 관용구에서는 환유 표현이 상당히 많이 나타나므로 그 양상에는 차이가 있는 것으로 보인다. 관용구를 형성하 는 기제로 환유가 적극적으로 사용된다는 것을 통하여 관용구에 작용하는 은유와 환유의 양상이 일상 언어 전반에 나타나는 경우와는 다소 다를 것이라는 추측을 하게 되었고, 이러한 예비 실험에 근거하여 대상을 연어를 제외한 관용구로 한정하 여 연구를 진행하였다.

관용구란 "둘 이상의 단어가 필수 공기 관계에 놓여 하나의 단어처럼 기능하는 표현으로, 의미상 그 결합 요소들 각개 의미의 단순한 합이 아닌 제3의 의미를 지니게 된 구 표현"이다.

관용구가 그 결합 요소들 각개 의미의 단순한 합이 아니기는 하나 이것이 모든 관용구가 글자 그대로의 의미로 사용될 때의 구 표현의 의미와 관용구의 의미가 전혀 관련성이 없다는 것을 의미하지는 않는다. 관용구의 생성의 측면을 생각하면 어떠한 구 표현이 존재하는데, 개념적 은유나 환유 등이 작용하여 그 표현 전체가 새로운 의미를 획득하여 다른 의미로 사용되는 경우를 생각해 볼 수 있다. 이러한 표현이 언중에게 자연스럽게 의미적 연관성을 인정받아 사용되다 보면 형태와 의미가 어느 정도 고정적으로 자리를 잡게 되고, 시간이 흘러도 살아남게 되면 단어가 다의화를 거치듯이 구 표현도 마찬가지로 '구 표현의 다의화' 혹은 '구의 의미적 재구조화'로서 자리 잡게 되는 것으로 보인다.[17]

---

17) 관용구의 생성에 개념적인 은유나 환유가 작용하였으므로 해석을 할 때에도 그것을 상기시키면 그 의미를 쉽게 이해할 수 있게 된다. 그러나 관용구의 한 구성요소가 폐어나 고어가 된 경우에는 시대의 변화에 따라 언중들에게 더 이상 자연스러운 은유나 환유를 상기시키지 못하기 때문에 그러한 관용구는 '글자 그대로의 사용'이 거의 사라지게 되고, 그러한 사용이 없기 때문에 관용구와의 의미 관련성을 추측하기가 어려워진다. 전통의미론의 관점에서 '사은유'라고 했던 것은 이러한 일부 관용구에 해당하는 내용이라고 할 수 있겠다. 한편으로는 관용구의 소멸(혹은 사용 빈도의 감소)은 관용구를 마치 하나의 단어처럼 기억하게 하는 교수·학습 방식과도 관련됨을 주목해야 한다. 즉 글자 그대로의 표현과 관용구의 의미와의 관련성 혹은 구성요소와 관용구의 의미 관련성을 배제한 채 모든 관용구를 마치 하나의 단어를 암기하듯이 배우게 되므로 빈도수가 낮은 단어가 포함된 관용구는 기억하기가 더 어려워지는 것이다. 지금은 거의 사용하지 않는 단어이기는 하나 '시치미'라는 단어의 뜻을 배우지 않고, '시치미를 떼다'는 '모르는 척 하다'의 의미를 갖는다고 배운 학습자가 어떻게 관용구와 그 구성요소와의 의미 연관성을 생각해 볼 수 있겠는가.

(1) ㄱ. 유리창을 깨다
　　ㄴ. 침묵을 깨다
　　ㄷ. 산통을 깨다

　위의 예문에서 (1ㄱ)은 일반적인 자유 결합의 예이고, (1ㄴ)은 연어[18]의 예, (1ㄷ)은 관용구에 해당하는 예이다. (1ㄷ)은 글자 그대로의 의미로 쓰일 때에는 일반적인 자유 결합이 되나 문맥이 부여되어 '잘 되어 가던 일을 뒤틀다'의 의미를 가지게 되면 관용구로 사용되는 것이다. 관용구의 경우 문맥이 주어지지 않는다면 두 가지 의미로 해석될 가능성이 있지만 (1ㄷ)은 현대에 와서는 글자 그대로의 사용은 거의 나타나지 않아 언중들에게는 관용구로서의 사용만이 자연스럽게 받아들여지는 것으로 보인다.

　그러나 기존의 연구들에서 관용구와 연어의 중간단계에 해당되어 두 가지의 분석 가능성을 모두 가지고 있다고 언급되어 온 부류들은 그 명확한 구분이 어렵다. 예를 들면 '속이 끓다', '속이 타다'와 같은 표현이 여기에 해당된다. 이러한 부류의 판별을 위해 임근석(2006)의 연어 판정법을 사용하도록 하겠다. 임근석(2006:34)에서는 관용표현과 연어의 판별이 용이한 예들을 통하여 차이점을 밝히고 있으나 '속이 타-'와 같은 예들은 그 판별이 쉽지 않다고 하면서 이때 판별에서 가장 중요한 기준은 '연어핵의 투명성' 문제라고 하였다. 투명성과 관련하여 임근석(2006:63)에서는 어휘요소의 투명성을 "언중이 특정 어휘요소의 의미를 분명히 인식하고 있으면, 그 어휘요소의 의미는 투명하다"고 정리하였고, 투명성 확인 절차(어휘요소 분할 기준)에 대해서는 다음과 같이 제시하고 있다. "1) 결합설명사전의

---

18) '침묵'이라는 추상적인 개념이 은유적으로 표현된 것이기는 하나 '침묵' 자체의 의미에 변화가 나타나지 않았으므로 단순히 연어 관계를 이루고 있는 것으로 본다.

어휘요소 분할 기준, 그 중에서도 '다중해석의 기준'과 '차별적 공기의 기준'으로 의문의 여지없이 어휘요소 분할이 가능하다면 해당 기표는 연어핵의 자격을 가질 수 있다. 2) 결합설명사전의 어휘요소 분할 기준으로 어휘요소 분할이 쉽지 않을 경우, 검토 대상이 되는 기표가 자유결합 구성에서도 동일한 의미를 가지고 사용 가능하다면 해당 기표는 독립된 어휘요소를 획득한 것으로 본다. 이 기준에 부합한 기표 역시 연어핵의 자격을 가질 수 있다."[19]는 것이다. 이러한 내용들을 고려한다면 관용구와 연어의 경계선에 서 있는 부류들의 분류에서 혼란을 줄일 수 있을 것이라 생각한다.

그런데 앞 절에서 잠시 언급하였듯이 한국어 관용구에는 글자 그대로의 의미와 관용구의 의미와의 연관성을 쉽게 찾기 어려운 부류들이 있는가 하면 상대적으로 의미 연관성을 찾기 쉬운 관용구들이 있다. 관용구는 상당히 넓은 범위를 포괄하는 용어이므로 여러 예문들을 통해서 관용구의 범위를 살펴보기로 하겠다.

(2) ㄱ. '바가지를 쓰다/씌우다'

---

19) 임근석(2006:63)에서의 이 기준은 실제로 세종전자사전 연어사전 내부에서 사용한 기준이기도 하고, 연어 분과와 관용표현 분과의 협의 과정에서 사용한 기준이기도 하다고 밝히고 있다. 또한 임근석(2006:68)에서 '속이 타다'에 대해서 추가적으로 "이는 공시적 관점에서 직관의 문제이기도 하다. '속'이 '마음'의 의미로 '타-'를 제약적으로 선택한 것인지, 또는 '속이 타-'가 은유적 확장을 통해 생성된 관용표현인데 다만 '속'이 다른 구성에서 '마음'의 의미를 가지는 어휘요소로 분할된 것인지는 직관에 의존할 수밖에 없다. 그러나 본서는 연어의 속성으로 '생성'의 문제를 언급하였는데, 이는 연어가 통시적 언어 현상의 결과물이라는 점을 강조한 것이었다. 이러한 관점에 따르면 '속이 타-, 속이 구리-, 속이 치밀-' 등의 관용표현이 만들어지고, '속'의 쓰임이 빈번해지다 보니 '마음'의 의미를 가지는 '속'이 독립된 어휘요소로 분할된 것이다. 따라서 공시적 관점에서는 '속'은 이제 '마음'의 의미를 가지는 독립된 어휘요소이지만 '속이 타-'는 연어 생성의 과정을 거친 것이 아니라 관용표현으로 생성된 것이라 보는 것이 합리적이지 않겠는가?"라고 설명한다.

ㄴ. 구성요소$_1$: '바가지', 구성요소$_2$: '쓰다/씌우다'

ㄷ. 관용구로서의 의미 : '요금이나 물건값을 제값보다 비싸게 지불하다'

(3) ㄱ. '국수를 먹다/먹이다'

ㄴ. 구성요소$_1$: '국수', 구성요소$_2$: '먹다/먹이다'

ㄷ. 관용구로서의 의미 : '결혼하다'

(4) ㄱ. '뿌리를 뽑다'

ㄴ. 구성요소$_1$: '뿌리', 구성요소$_2$: '뽑다'

ㄷ. 관용구로서의 의미 : '어떤 일이 생겨나고 자랄 수 있는 근원을 없애다'

위의 (2)-(4)는 모두 자주 사용되는 관용구들이다. (2)의 관용구는 구성요소 각각의 의미로부터 관용구의 의미를 연결시키기 어려우며 전체 구의 글자 그대로의 의미와 관용구의 의미와도 명확한 연관성을 찾기 어렵다. (3)의 관용구는 결혼이라는 이상적 인지모형[20]을 상정하면 구성요소인 '국수'가 잔치 음식을 대표하는 것이라는 점에서 '국수를 먹다'라는 전체 구의 글자 그대로의 의미와 관용적 의미와의 연관성을 환유에 의한 동기 부여로 쉽게 연결시킬 수 있다. 또한 (4)의 관용구는 '뿌리를 뽑다'라는 글자 그대로의 의미가 가리키는 행위와 관용구의 의미를 연결시켜 보면 그 의미적

---

20) 어떤 낱말을 적절하게 이해하고 사용하려면 사회제도와 문화관습과 시대적 배경 등을 기반으로 그 낱말이 가리키는 대상에 의미부여할 필요가 있다. 그 때 중요한 것은 우리가 대상을 단순화하고 이상화하여 의미부여하고 있다는 것이다. 이와 같이 대상에 의미부여하는 데 있어 (1)여러 배경적 요인을 바탕으로 (2)단순화·이상화하여 대상을 파악하는 지식 모형을 '이상적 인지모형'(Idealized Cognitive Model)이라고 한다. 다시 말하면 이상적 인지모형(ICM)은 보통의 조건 아래에서 당연하게 말하거나 행동할 때의 지식을 모형화시킨 것이다. 당연한 말이나 행동에 작용하는 지식모형이기 때문에 다양한 현상에 대한 설명의 기반이 될 수 있다(임지룡 외 옮김 2004:166-167 참조). 이상적 인지모형과 관련된 내용은 2장에서 자세히 언급될 것이다.

관련성을 쉽게 설명할 수 있다. 또한 구성요소 '뿌리'와 '뽑다' 각각의 의미로부터 관용적 의미를 연결시킬 수 있는 가능성도 있다. 즉 '뿌리'로부터 어떤 일의 근원을, '뽑다'로부터 '없애다'의 의미를 분석해 낼 수 있는 것이다. 관용구 '뿌리를 뽑다'에는 설명 대상을 식물로 보고 있는 개념적 은유가 작용하기에 이러한 설명이 가능하다. (2)와 같은 관용구는 전통적인 관점에서 설명해 온 것처럼 각각의 구성요소의 의미로부터 관용구의 의미를 설명해내기 어려운 경우이다. 그러나 관용구 (3)과 (4)는 구 전체의 글자 그대로의 의미(혹은 구성요소의 의미)와 관용구의 의미와의 연관성을 개념적 은유나 환유를 통해 쉽게 설명할 수 있는 표현이다. 관용구가 의미적으로 넓은 범위를 포괄하는 만큼 그 안에 속하는 관용구를 모두 동일하게 취급하기보다는 글자 그대로의 의미와 관용구 의미 간의 연관성에는 정도성[21]이 있음을 인식할 필요가 있다. 정도성을 언급하는 이유는 이것의 분류 작업을 하기 위해서가 아니라 인지적 관점의 연구의 타당성을 강조하기 위함이다. 즉 관용구의 의미는 자의적으로 부여되는 것이 아니며, 그 관용구의 부분들의 의미는 전체의 의미에서 어떠한 인지적 역할을 수행하는 경우도 있다는 것이다. 이미 언급한 바와 같이 관용구에 대한 인지언어학적 견해는 관용구의 의미를 완전하게 예측할 수 없는 것으로 본다는 점에서는 전통적 견해와 공통된다. 다만 관용구를 언어 자체의 문제가 아니라 우리의 개념 체계에 관련된 것으로 보고 있다는 것이 가장 주요한 관점 차이라고 할 것이다. 본서는 인지의미론적 관점에서 관용구에 은유와 환유가 어떻게 나타나고

---

21) 이선희(2001:33)에서도 "투명성은 관용어 자체의 구성성분뿐 아니라 화자 청자의 주관적인 요인에 의해서도 달라질 수 있다. 그러므로 어떤 관용어가 은유적 해석에 의해 실제 의미에 도달할 수 있는 관용어인지 전혀 추측할 수 없는 불투명한 관용어인지를 명확히 구분하기는 어렵다"고 한 바 있는데, 정도성의 문제는 기준을 세운다 해도 그 용례 분류는 직관에 의존하는 면이 많으므로 연구자에 따라 일치하지 않는 부분이 많다.

또 어떻게 상호작용하고 있는지를 밝히는 데 목적이 있으므로 관용구의 전형적인 보기라 하더라도 위에서 제시한 '바가지를 쓰다'나 '바람을 맞다'와 같이 명확하게 은유와 환유로 판별할 수 없는 일부 목록22)들은 연구 대상에서 제외하고 은유와 환유로 설명할 수 있는 것을 연구 대상으로 삼는다.

본서에서는 21세기 세종계획 전자사전 보고서에 제시된 관용구 목록, 기존 논문23)과 단행본에서 제시된 관용구 목록 등을 자료로 삼았다. 이들 전체 목록 중에서 본서의 관점에 맞는 관용구의 목록을 뽑아내는 작업이 일차적인 작업이 될 것이며, 그 후에 인지의미론 관점의 은유나 환유로 설명 가능한 목록들을 정리하고, 이를 대상으로 논의를 전개하기로 하겠다. 한국어 관용구의 목록은 유한수의 폐쇄 집합이 아니므로 사실상 전체 표현을 대상으로 하는 것은 불가능하나 그 전반적인 양상을 살펴보는 데에는 문제가 없을 것이라 판단하였다. 본서에서 연구 대상으로 삼는 연구 보고서 (ㄱ), 학위논문의 관용구 목록(ㄴ-ㅅ), 사전(ㅇ) 자료를 제시하면 다음과 같다.

> (5) ㄱ. 홍재성(1999, 2000, 2001, 2002, 2003, 2004), 21세기 세종계획 전자사전 개발분과, 문화관광부.
>
> ㄴ. 안경화(1987), 「한국어 숙어의 유형에 대한 분석적 연구」, 서울대학교

---

22) 엄밀히 말하자면 이러한 관용구들도 은유나 환유로 형성되었을 것인데 현대인의 언어 직관으로 정확히 분석하여 기술하기에는 무리가 있는 부류이다. '바람을 맞다'는 홀로 찬바람을 맞는 우리의 경험과 심리적으로 공허한 상태의 유사성에 근거한 은유 표현으로 설명할 수 있을 것이다. 그러나 주관적인 인상에 의한 기술이 되어서는 곤란하므로 분석 대상에서는 제외시킨 목록이다. 이에 해당되는 목록은 부록으로 맨 뒤에 제시한다.

23) 관용구 관련 박사학위논문인 안경화(1986), 문금현(1996, 1999), 김향숙(2001, 2003), 김한샘(2005), 권경일(2005)과 석사학위논문인 강현화(1987)에 제시된 표현 목록 중 21세기 세종계획 전자사전기술 목록에 포함되지 않은 것은 포함시켰다.

석사학위논문.
ㄷ. 강현화(1997), 「국어 숙어표현에 대한 고찰」, 연세대학교 석사학위논문.
ㄹ. 문금현(1999), 『국어의 관용 표현 연구』, 태학사.
ㅁ. 김향숙(2003), 『한국어 감정표현 관용어 연구』, 한국문화사.
ㅂ. 김한샘(2005), 「한국어 숙어의 언어정보학적 연구」, 연세대학교 박사학위논문.
ㅅ. 권경일(2005), 「국어 관용구 연구」, 연세대학교 박사학위논문.
ㅇ. 박영준·최경봉(1995), 『관용어사전』, 태학사.

가장 주가 되는 분석 대상은 21세기 세종계획 전자사전기술 목록인데, 21세기 세종계획 전자사전 보고서(2001:342)의 관용어 수록 항목 설정 부분을 보면 "국내의 주요 사전(국립국어연구원 편 1999; 한글학회 편 1999; 김민수 외 3인 편 1992), 관용어 사전(박영준·최경봉 1995; 조선어학과연구실 1984)에서의 모든 관용표현 등재어, 그리고 세종계획 전자사전 개발의 총책임자인 홍재성 교수가 개인적으로 작성한 목록을 1차 대상으로 삼고 '장난이 아니다, 게임이 안 되다, 골프의 골 자도 모르다, 졌다 졌어' 등의 미등재 관용 표현을 최대한 수집하여 수록한다. 광의의 관점에서 관용표현 항목은 3년 동안 각종 텍스트에서 수집한다"고 밝히고 있기 때문에 이것이 관용구의 대부분을 포함할 수 있는 목록이라 판단하여 연구 대상으로 삼았다. 그러나 이 목록의 전체[24]가 연구 대상이 아니라 앞서 언급한 것처럼

---

24) 전체 수합된 목록에서 연어로 판단되는 표현을 제외한 어휘적 관용구를 1차적으로 정리해 본 결과 관용구의 수가 3,010여 항목(조사의 유무에만 차이를 보이는 항목까지 포함)에 이르렀다. 그러나 여기에는 '모가지가 날아가다, 모가지가 달아나다, 모가지가 떨어지다' 혹은 '분필가루를 먹다, 분필가루를 마시다'와 같이 거의 유사한 항목, '바람을 쏘이다, 바람을 쐬다'와 같이 단순 축약형, '빵꾸가 나다, 펑크가 나다'와 같이 콩글리시 형태로 굳어진 단어와 외래어 항목 등 유사하게 중복되는 항목들이 포함되어 있다. 따라서 이러한 목록을 폐쇄항목으로 보기는

이중에서 관용구의 범주에 들어올 수 있는 목록, 특히 은유와 환유로 설명 가능한 관용구[25]를 대상으로 분석하게 될 것이다.

여러 검토 과정을 거쳐 뽑아낸 본서의 대상 자료 수는 2,200여 항이 되며, 이는 맨 뒤에 부록으로 제시하였다. 본서에서는 문법적 관용구나 화용적 관용구를 제외한 어휘적 관용구에 한정하며[26] 그 중에서도 주로 용언형 관용구[27]를 대상으로 하여 논의를 전개해 가기로 하겠다. 2,200여 항 중 은유가 작용하여 형성된 관용구는 1,090여 항, 환유가 작용하여 형성된 관용구는 790여 항, 환유로부터 생겨난 은유가 작용한 관용구 혹은 환유에 의해 사용되는 관용구가 문맥에 따라 은유로도 해석 가능한 관용구는 190여 항(중복된 관용구 포함), 은유나 환유로 명확히 설명하기 어려운 관용구는 220여 항에 이르는 것으로 보인다. 이러한 자료들을 분석함으로써 한국어 관용구에서 특히 많이 나타나는 은유·환유의 유형을 살펴볼 수 있을 것이며 관용구에서는 발견할 수 없는 은유·환유의 유형이 있다면 그것 또한 관용구에 나타나는 특성으로 포착해 낼 수 있을 것이다.

어려우며 빈도수를 내기에도 적합하지 않으므로 본서에서는 빈도수는 고려하지 않는다. 다만 전체적인 경향성을 보아야 하기에 전체에서 빠뜨리는 부분이 없이 살펴서 관용구에 개입하는 모든 은유와 환유의 유형을 추출해내려 하였다.

25) 여러 연구들에서는 임의적으로 반불투명한 부류와 불투명한 부류로 분류하였으나 본서에서는 은유·환유로 설명 가능한 부류와 그렇지 않은 부류로 구분하여 연구 대상을 설정하였다. 부록에서는 이들 모두를 제시하였다.

26) 문법적 관용 표현에는 '~고 ~고 할 것 없다, ~기가 바쁘게, ~에 반해' 등이 속하며, 화용적 관용 표현에는 '사람 살려! 주차 금지, 새해 복 많이 받으세요' 등과 같은 표현이 해당된다.

27) 용언형 관용구는 전체 관용구 중에서 차지하는 비율이 제일 높은 유형으로 권경일(2005:64)에서 전체 3,830개의 관용구 중에서 3,353개(87.1%)가 용언형 관용구로 확인되었다고 한다.

제2장 인지의미론적 관점의 은유와 환유 이론

1. 은유 이론

인지의미론에서 은유의 본질에 관한 탐구가 일어나기 시작한 것은 레디(M. Reddy 1979)의 '도관 은유(conduit metaphor)'[1]에 관한 논문에서부터였다.

은유를 개념적 문제로 보려는 노력이 Lakoff & Johnson(1980)을 비롯한 많은 학자들에 의해 이루어졌는데, Lakoff & Johnson(1980)은 우리의 개념 체계의 많은 부분이 근본적으로 은유적이며 이 은유적 개념이 일상 언어로 표현되고 이것은 우리의 지각 방식, 사고방식, 이야기 방식, 그리고 일상적인 행위를 부분적으로 조직화한다고 하였다. Lakoff & Johnson(1980) 이후 은유적 개념이 얻어지는 방법과 과정에 대해 많은 학자들이 관심을 기울였는데, Lakoff(1987, 1990, 1993), Lakoff & Kövecses(1987), Kövecses(1986, 1990,

---

1) '도관 은유'는 예를 들자면 'It's hard to get that idea across to him.(그 아이디어를 그에게 전달하기 힘들다)'와 같은 것인데, Reddy는 언어적 의사소통에 관해서 우리가 사용하는 많은 표현에 동기 부여하는 개념적 은유를 밝혀냈다. 즉,
　"ⅰ. 생각과 사고는 사물이다.
　ⅱ. 낱말과 문장은 이런 사물을 담는 그릇이다.
　ⅲ. 의사소통은 생각-사물에 대한 적절한 낱말-그릇을 찾아서 이렇게 채워진 그릇을 수도관을 따라서 또는 공간을 통해서 청자에게로 보내며, 그리고 나서 청자가 낱말-그릇으로부터 생각-사물을 끄집어내는 것으로 구성되어 있다"는 것이다(임지룡·김동환 옮김 2005:553 참조).

1991, 1995, 2000, 2002) 등은 은유적 개념이 두 개념 영역인 목표 영역과 근원 영역의 사상으로 이루어지는 것으로 보았으며 Fauconnier & Turner(1994), Fauconnier(1997), Turner & Fauconnier(1998) 등은 개념적 은유와는 달리 두 개의 입력 공간과 두 개의 중간 공간을 거치면서 개념적 혼성으로 이루어지는 것으로 보았다(정희자 2004:150 참조). 은유와 관련된 인지적 관점의 논의들을 살펴보기로 하겠다.

1) 개념적 은유 이론

Lakoff & Johnson(1980)에서는 은유의 본질을 '어떤 종류의 사물을 다른 어떤 종류의 사물의 관점에서 이해하고 경험하는 과정'이라 정의한다(노양진·나익주 역 1995:23). 즉 인지의미론의 관점에서는 은유를 언어만의 문제가 아니라 우리의 사고 과정과 관련된 문제로 보고 있는데 이것이 기존의 이론과 인지의미론의 가장 큰 차이점이라고 할 수 있다. 인지의미론에서는 자신들의 입장을 체험주의(experientialism)라고 부른다. 이것은 우리의 모든 사고와 이해의 뿌리가 우리의 신체적 활동에 있으며, 더욱 복잡하고 추상적인 사고는 이를 토대로 하는 은유적 확장을 통해서 이루어진다고 보기 때문이다.

Lakoff & Johnson(1980)에서는 은유를 지향적 은유(orientational metaphors), 존재론적 은유(ontological metaphors), 구조적 은유(structural metaphors)의 세 가지로 나누어 설명하고 있다.

지향적 은유(orientational metaphors)는 상호 관련 속에서 개념들의 전체 체계를 조직화하는 은유이다. 이 은유는 대부분 위-아래, 안-밖, 앞-뒤, 접촉-분리, 깊음-얕음, 중심-주변 등의 공간적 지향성과 관련이 있어서 '지향적 은유'라고 부르는 것이다. 공간적 지향성은 우리가 현재와 같은 신체를 지녔고, 그 신체가 우리의 물리적 환경에서 현재와 같이 기능한다는 사실에서 생겨난 것이다. 이러한 은유적 지향성은 자의적인 것이 아니라 우리의 물리적 문화적 경험에 바탕을 둔다. Lakoff & Johnson(1980:15-17)은 영어의 지향적 은유 표현의 양상을 자세히 설명하고 있는데 국어에서 찾을 수 있는 지향적 은유는 대략 다음과 같다.

> (1) ㄱ. [통제를 하거나 힘을 갖는 것은 위 : 통제나 힘에 복종하는 것은 아래]
>   → 물리적 근거 : 신체의 크기는 전형적으로 신체의 힘과 상관관계가 있고, 싸움의 승리자는 전형적으로 맨 윗자리에 있다.
>   ㄴ. [많음은 위이다 : 적음은 아래이다]
>   → 물리적 근거 : 그릇이나 더미에 물질이나 물질적 개체들을 더하면 윗면이 올라간다.
>   ㄷ. [높은 지위는 위이다 : 낮은 지위는 아래이다]
>   → 사회적 근거와 물리적 근거 : 지위는 (사회적) 힘과 상관관계가 있고, (물리적) 힘은 위이다.[2]

존재론적 은유(ontological metaphors)는 추상적인 사건, 활동, 정서, 생각 등을 구체적인 물건이나 물질로 이해하고 개념화하는 방식이다. 물리적 대상 특히 우리 자신의 신체에 대한 경험은 존재론적 은유의 근거가 된다(노양진·나익주 역 1995:49). 가장 명백한 존재론적 은유는 물리적 대상을 사람으로 더욱 구체화하는 의인화인데, 개체들에 대해서 가지는 다양한 경험을 인간의 관점에서 이해하도록 하는 것이다.

사물의 경계나 구분이 명확하지 않을 때는 흔히 우리는 그것들을 경계나 구분이 명확한 것으로 범주화한다. 예를 들어 우리는 인플레이션을 한

---

2) 이 내용은 노양진·나익주 역(1995:37-39)에서 해당 부분을 인용한 것이다.

개체로 보기 때문에([INFLATION IS AN ENTITY] 은유) 그것들을 지시하고, 양화하고, 그것의 특별한 양상을 식별하고, 그것을 어떤 원인으로서 인식하고, 그것과 관련해서 행동하고, 우리가 그것을 이해한다고 믿게 된다는 것이다. 예를 들어 "인플레이션이 높아졌다"라는 문장을 참이라고 이해할 때, 우리가 행하는 것은 다음과 같다고 제시한다(노양진·나익주 역 1995:218-219).

(2) ㄱ. 은유적 투사를 통해서 두 가지 방식으로 상황을 이해한다.
　　　a. (존재론적 은유를 통해서) 인플레이션을 하나의 「물질」로 본다.
　　　b. (지향적 은유를 통해서) 「많음」을 「위」를 지향하는 것으로 본다.
　　ㄴ. 그 문장을 동일한 두 은유의 관점에서 이해한다.
　　ㄷ. 이것은 우리에게 그 문장에 대한 우리의 이해가 상황에 대한 우리의 이해에 합치하게 해준다.

또한 '의인화'는 존재론적 은유를 확장한 것이라고 할 수 있다. 우리는 의인화를 사용함으로써 개체들에 대해서 가지는 다양한 경험을 인간적인 동기, 특성, 활동의 관점에서 이해하게 되는 것이라 할 수 있다.

구조적 은유(structural metaphors)란 '한 개념이 다른 개념의 관점에서 구조화되는 은유'를 말한다. 그 대표적인 예로 Lakoff & Johnson(1980)의 [ARGUMENT IS WAR]를 제시할 수 있다. [논쟁은 전쟁이다] 은유에 해당하는 다양한 예를 보이면 다음과 같다(노양진·나익주 역 1995:22 참조).

(3) ㄱ. Your claims are **indefensible**. (너의 주장은 방어될 수 없다.)
　　ㄴ. He **attacked every weak point** in my argument. (그는 나의 논증의
　　　　모든 약점을 공격했다.)

은유의 본질은 한 종류의 사물을 다른 종류의 사물의 관점에서 이해하고 경험하는 것이므로 '논쟁'은 '전쟁'의 관점에서 부분적으로 구조화되고 이해되고 수행되고 말해진다는 것이다. 이러한 구조적 은유는 존재론적 은유와 완전히 별개의 것이 아니라 서로 연결되어 있는 개념이라고 볼 수 있다.

한편 Lakoff & Johnson(1980)에서는 [THEORIES (AND ARGUMENTS) ARE BUILDINGS(이론(과 논쟁)은 건물이다)] 은유와 같은 예를 통해서 건물 영역의 모든 성분이 이론으로 사상되는 것은 아님을 말하고 있다. 사실과 논쟁은 이론을 지탱하고 토대는 건물을 지탱한다. 건물은 토대가 불충분하기 때문에 무너질 수도 있으며, 이론 또한 그러하다. 건물이 무너지도록 할 수 있으며 또한 이론이 무너지도록 할 수 있다는 점에서 그 사상(mapping)은 꽤 분명하다. 하지만 건물 영역의 모든 양상이 이론 영역으로 사상되는 것은 아니라는 점을 인식했다. Lakoff & Johnson(1980)은 개념적 은유의 '사용된 부분'과 '사용되지 않은 부분' 사이의 대조에 호소했다. 즉, 사용되지 않은 부분이 특별한 문맥에서 특별한 수사적 효과를 위해 활성화될 수 있는 가능성을 허용하고 있음에 주목할 필요가 있다고 설명한다(임지룡·김동환 옮김 2005:559 참조).

수년 동안에 걸쳐 은유 이론은 크게 발전하고 심화되어 왔다. 개념적 은유의 존재와 편재성에 대한 증거는 급속히 증가하여 은유가 어떻게 사고를 구조화하는지에 대해 훨씬 더 선명한 구도를 제공하고 있다. 처음에 Lakoff & Johnson(1980)은 개념적 은유가 신체적 경험에 근거하고 있다는 사실을 단지 추정하고 있을 뿐이었지만 Lakoff(1987)와 Kövecses(1986, 1990, 2002)로 이어지는 연구들에서는 분노 은유의 체계가 다양한 언어와 문화에 걸쳐 분노 자체의 생리학으로부터 생겨난다는 사실을 보여 주면서 그 내용을 더 굳건히 발전시켰다.

Lakoff & Turner(1989)에서는 심층 분석을 복합적인 시적·문학적 텍스트의 은유에 적용했다.[3] 그 분석은 상상력의 구조를 드러내 주었는데, 새로운 은유적 개념—경험을 조직화하고 이해하는 새로운 방식—이 단순한 개념적 은유들을 조합해서 복합적 은유를 형성함으로써 발생한다는 것을 보여주었다. 결과적으로 혁신이나 참신성은 다른 평범한 개념적 기제와 함께 일상적인 은유적 사고의 도구를 사용함으로써 구성되는 것이다(노양진·나익주 역 2006:386 참조).

그런데 Lakoff & Johnson(1980)의 수정판인 Lakoff & Johnson(2003)에서는 자신들의 초기 이론에서 은유를 지향적 은유와 존재론적 은유, 구조적

---

3) Lakoff & Turner(1989)에서는 은유가 갖는 힘에 대해 그 근원을 확인한 바 있다(이기우·양병호 역 1996:91-92). 즉,

·구조에 대한 힘 : 은유적 사상은 우리로 하여금 은유 없이는 존재할 수 없는 구조를 개념에 들여오게 한다. 가령 죽음을 여행을 떠나는 것으로 생각한다면, 그 자체의 종착점을 가진 인생의 여행과 마찬가지로 죽음을 또 다른 여행의 시작으로 이해하는 것은 자연스럽게 된다. 이런 식으로 죽음을 생각한다면 우리는 그 마지막 종착점의 본질을 숙고할 수 있을 것이다.

·선택의 힘 : 도식들은 아주 일반적인 것이며, 그것들은 가능한 예시의 범위를 커버하지 않으면 안 된다. 어느 세부로 도식을 채우느냐에 관한 선택은 상위·하위 어느 레벨에서나 일어난다. 여행에는 탈것, 안내인, 동행인, 준비물 등의 것들이 있을 수도 있고 없을 수도 있다. 여행이라는 도식은 하나의 선택으로서 탈것이라는 개념을 포함하지만 탈것의 한층 특수한 종류인 차라는 개념은 포함하지 않는다.

·추론의 힘 : 은유는 우리로 하여금 추론의 패턴을 근원 영역으로부터 빌어다가 어떤 목표 영역에 관해서 추론하는 데 사용하게 한다. 이를테면 인생은 '여행이다'라는 은유는 우리가 우리 인생을 이해하고 무엇을 행할 것인지, 나아가 무엇을 믿을 것인지를 결정하기 위한 매우 강력한 도구의 하나이다. 만약 여행 중에 막다르게 되었다면 우리는 앞으로 나아가기 위해 다른 길을 찾지 않으면 안 된다. 마찬가지로 만약 인생에서의 우리 상황이 막다른 것으로 생각된다면, 우리는 그에 상응해서 다음과 같이 추론할 수 있다. 즉 거기서 멈추고 나아가는 것을 그만두거나, 아니면 목적을 달성하기 위해서 다른 방법을 찾거나 할 수 있다.

은유의 세 가지 유형으로 나눈 것은 인위적인 구분이었다며 수정 사항을 제시하고 있다. 구조를 사상한다는 점에서는 모든 은유가 구조적이며, 목표 영역 개체를 창조한다는 점에서는 모든 은유가 존재론적이며, 지향적 영상 도식을 사상한다는 점에서는 모든 은유가 다 지향적이라고 볼 수 있다며 본인의 이론을 수정·제시한 것이다. 또한 은유와 환유의 구별은 실제적이지만 흔히 혼란스럽다면서 이 둘 사이의 기본적인 구별을 다음과 같이 제시하고 있다.

(4) ㄱ. 은유에는 두 개의 영역이 있다. 하나는 목표 영역[4]으로 직접적인 주제에 의해 구성된다. 다른 하나는 근원 영역으로서 이 영역 내에서 중요한 은유적 추론이 생겨나는데, 이 영역은 그 추론에 사용되는 근원 개념들을 제공한다. 근원 영역에서는 은유적 언어가 문자적 의미를 지닌다. 나아가 은유적 사상은 다중적이다. 즉 둘 또는 셋 이상의 요소가 둘 또는 세 개의 다른 요소에 사상된다. 영상도식 구조는 사상에서 보존된다. 예를 들어 그릇의 내부는 내부에 사상되고, 바깥쪽은 바깥쪽에 사상된다. 또한 이동의 출발점은 출발점에 사상되고, 목적지는 목적지에 사상된다. 이 밖에도 사상 과정에서의 영상도식 구조의 보전을 보여 주는 실례는 많이 있다.

ㄴ. 환유에는 한 개의 영역(즉, 직접적인 주제)만이 있다. 하나의 사상만이 있다. 즉 전형적으로 환유적 근원이 환유적 목표(지시물)에 사상되어 그 영역 내의 한 항목이 나머지 한 항목을 대신할 수 있다.

(노양진·나익주 역 2006:403 참조)

Lakoff & Johnson(1980)의 구조적 은유, 존재론적 은유, 지향적 은유 이론은

---

4) 노양진·나익주 역(2006)에서는 본서에서 사용하는 목표 영역에 해당하는 용어로 '표적 영역'을, 근원 영역에 해당하는 용어로 '원천 영역'이라는 번역 술어를 사용하고 있으나 본서에서 인용하면서 각각 '목표 영역'과 '근원 영역'으로 해당 용어를 바꾸었음을 밝혀둔다.

충분히 매력적인 이론이었지만, 과연 구조적 은유와 존재론적 은유가 동일 층위의 개념인가, 이 두 가지를 분명히 구분할 수 있는가 하는 질문을 던졌을 때에는 명확한 답을 찾을 수 없었기에 Lakoff & Johnson(2003)에서의 수정은 타당한 것으로 보인다. 이러한 수정은 그들의 초기 이론의 전체적인 분류의 틀 자체를 바꾸어 놓은 수정이지만 은유를 언어만의 문제가 아닌 개념적인 문제로 본 그들의 '개념적 은유 이론'의 근본에는 변함이 없다. 인지언어학의 관점에서 '은유는 하나의 개념 영역을 또 다른 하나의 개념 영역으로 이해하는 것(Kövecses 2002:4)'으로 정의할 수 있는데 본서에서도 이러한 개념 정의를 따른다.

2) 이상적 인지모형 이론

Lakoff(1987)는 Fillmore(1982)의 틀 의미론(frame semantics), Lakoff & Johnson (1980)의 은유와 환유 이론(theory of metaphor and metonymy), Langacker(1987) 의 인지 문법(cognitive grammar), Fauconnier(1985)의 정신 공간 이론(theory of mental spaces)을 참조하여 현실적으로는 존재하지 않지만 사람들의 의식 속에서 만들어진 이상화된 인지모형(idealized cognitive models: ICMs)을 제시 하였다. 각 ICM은 "명제 구조(propositional structure), 영상-도식 구조 (image-schematic structure), 은유적 사상(metaphoric mapping), 환유적 사상 (metonymic mapping)이 사용된 복합적으로 조직화된 통일체 곧 게스탈트 (gestalt)로 우리의 멘털 스페이스(mental space)를 구성한다"고 하였다(이기우 옮김 1994:79 참조).

Lakoff(1987)는 심적 공간을 구조화하는 이상적 인지모형(ICM)이 무엇이 며 범주화에서 어떠한 작용을 하는가를 영어 'Tuesday'를 통해서 설명한다. 즉 'Tuesday'는 하루의 끝남과 다음 하루의 시작을 특징짓는 표준적인 수단이 되는 태양의 움직임에 의해서 정의되는 자연적 주기와 일주일이라는 7일로 이루어진 달력의 주기를 포함하는 이상적 모형과 관련하여 정의할 수 있다고 하였다. 이러한 주의 모형은 이상화된 것이지, 7일로 이루어진 주라는 것이 실제로 존재하는 것은 아니다. 이러한 이상화된 인지모형으로 우리는 주(week)라는 범주와 구조를 갖게 된다.

'bachelor'의 경우를 살펴보면 '독신자'의 개념과 이에 대응하는 언어적 표현인 'bachelor'는 전형적인 일부일처제 결혼과 전형적인 결혼 적령기가 있는 인간 사회와 관련되는 이상화된 인지모형에 의해 정의된다. 이 ICM은 세계와 아주 정확히 합치되지는 않는다. 이는 ICM이 다양한 배경 가정들을 지나치게 단순화하기 때문이다. 사회의 어떤 부분들은 'bachelor'에 대한 ICM을 잘 나타낸다. 그러나 이 ICM은 교황이나 성직자, 동성연애자, 타잔처럼 정글에 방치된 사람들의 경우에는 합치되지 않는다, 비록 교황이나 성직자 또는 동성연애자가 미혼의 성인 남성이라도 그는 '독신자'라는 범주의 대표적인 성원이 아니기 때문에 'bachelor'로 지시되지 않는다. 다시 말해서 'bachelor'가 정의되는 ICM에 잘 합치되고 이 단어로 지시되는 사람이 미혼의 성인 남성이라면 그 사람은 '독신자' 범주의 성원이 될 자격이 있다. 그러나 ICM이 세계에 완전히 합치되지 않거나 'bachelor'로 지시되는 사람이 미혼의 성인 남성이 아니라면 그는 원형적인 'bachelor'에서 벗어난다. 이처럼 ICM은 문제가 되는 개념이 원형적인가 비원형적인가를 구별할 수 있는 기능이 있다(정희자 2004:32-33).

Lakoff(1987:68)에 따르면 이상적 인지모형(ICM)은 우리의 지식을 조직하는 방법이다. ICM은 인지적 구조로 정의되며 그 목적은 실재에 대한 이상화의 과정을 초래할 수 있는 방식으로 어떤 관점에서 실재를 표상하는 것이다(임지룡·김동환 옮김 2006:33). 또한 Lakoff(1987:134-135)는 이상적 인지모형을 다음과 같이 요약한다. 이상적 인지모형은 인지적 지위를 가지고 있을 뿐만 아니라, 세계를 이해하고 세계에 관한 이론을 창출하기 위해서 사용된다. 물론 그것들은 서로 상충되기도 하고 우리가 가지고 있는 지식의 일부분과 맞지 않을 수도 있다. 그러나 이상적 인지모형이 의미이론에 중요하다고 하는 것은, 이상적 인지모형의 인지적 지위가 우리로 하여금 전제란 어떠한 것인가를 이해하도록 할 뿐만 아니라, 분석적 진실(analytic truth)이란 개념이 무엇이 잘못되었는가를 우리로 하여금 이해할 수 있도록 한다는 관점에서 가능하다. 결론적으로 인지모형은 우리로 하여금 다양한 의미에 관련된 현상을 이해하도록 한다(송경숙 2000:122-123 참조). 또한 Ungerer & Schmid(1996:48-49)에서는 문맥에 따라 다양한 인지모형의 상정이 가능함을 보이면서 인지모형의 부가적 특성에 대해 제시하기도 한다. 인지 모형은 기본적으로 제한이 없으며, 인지모형은 상호 관련되는 실체이기 때문에 망조직을 구축하는 경향이 있고, 널리 퍼져 있다는 것이다. 하나의 실례를 제시하면 아래와 같다.

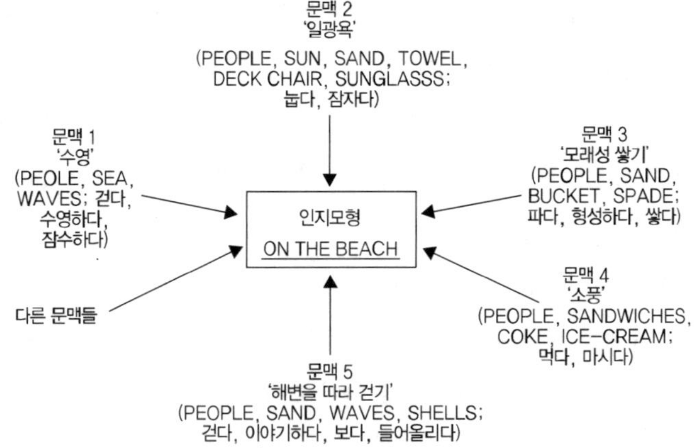

<그림 1> 인지모형 ON THE BEACH에 대한 도식적 삽화(Ungerer & Schmid 1996)[5]

따라서 본서에서 은유와 환유를 설명할 때 설정하게 되는 이상적 인지모형(ICM)은 위에서 언급한 바와 같이 상당히 다양하게 상정될 수 있다.

3) 영상도식 이론[6]

인지언어학에서는 여러 가지 경험을 근거로 하는 체험주의의 관점에서 의미를 논의하고 있다. 체험주의에 따르면 개념은 개념 형성 이전의 신체적 경험에서 생긴 것이며, 신체적 경험이 구조화되어 있기 때문에 이를 토대로 형성된 개념도 하나하나 구조화되어 있을 뿐만 아니라 개념들의 상호 관련도 구조화되어 있다고 한다. 이러한 개념의 구조화로 인해 추론과 이해와 지식 습득이 가능하다는 설명이다.

개념 형성의 토대가 되는 선개념적(preconceptual)[7] 경험을 정의하는 구조로 Lakoff(1987)와 Johnson(1987)은 '기본 층위 구조(basic level structure)'와 '근육운동 감각적 영상도식 구조(kinesthetic image schematic structure)'라는 모든 인간에게 공통되는 구조들을 제시하였다. Lakoff(1987)에 따르면 '영상도식은 우리의 일상의 신체적 경험에서 계속적으로 나타나는 비교적 간단한 구조'이다. 영상도식은 개념에 대한 우리의 신체적, 물리적 경험을 바탕으로 형성되는 구조인데 가장 기본적인 신체적, 물리적 경험은 우리의 몸이다. Johnson(1987)에서는 '영상도식이란 반복해서 발생하는 우리의 지각적 상호작용과 운동계획의 동적인 패턴으로 그것은 우리의 경험에 응집

---

5) <그림 1>은 임지룡 외 공역(1998:91)에서 재인용한 것이다.

6) 이 부분은 정희자(2004)와 김동환(2005)에서 설명하고 있는 영상도식 이론에 대한 내용을 주로 참고하였음을 밝혀둔다.

7) Langacker(1991)에서도 인간이 개념화 상황을 해석할 수 있는 능력인 영상(imagery)을 가지고 있다고 한다. 은유를 통한 개념화 과정에서도 이 영상 능력은 발휘된다고 볼 수 있는데, 언어 사용자는 몇 가지 유용한 영상도식을 다른 개념 영역에 투사함으로써 많은 종류의 다른 개념을 이해하는 데 사용한다(임혜원 2004:24 참조).

성과 구조를 부여한다'고 하였으며 Lakoff(1987)에서는 '영상도식이 물리적 경험에 의해서 이해된다'고 말한다. 이러한 영상도식에는 '그릇', '경로', '연결', '부분-전체', '위-아래', '앞-뒤', '중심-주변' 등이 있는데 이러한 영상도식은 은유적 사상의 근원이 된다. 이러한 영상도식에 대해 살펴보기로 한다.

(1) 그릇 도식

그릇 도식(container schema)은 '안'과 '밖'을 구별하는 경계로 이루어져 있는 도식으로 우리의 물리적, 신체적 경험에서 비롯된 것이다. 우리는 몸을 그릇으로 경험하기도 하고 그 안의 내용물로도 경험한다.

그릇 도식은 Lakoff and Johnson(1980)이 제시한 몇 가지 개념적 은유인 [시야는 그릇이다], [경주는 그릇이다], [활동은 그릇이다], [상태는 그릇이다]에 대한 기초가 된다. 이러한 개념적 은유는 다음과 같은 개별적인 언어적 은유[8]로 실현된다.

(5) ㄱ. The ship is coming into view. (배가 시야로 들어오고 있다)
    ㄴ. How did Jerry get out of washing the window? (어떻게 제리는 유리창 닦는 일에서 벗어났을까?)
    ㄷ. He's in love. (그는 사랑에 빠졌다)   (김동환 2005:97의 예문)

(2) 부분-전체 도식

---

8) 윤영은(2002:276-277)에서는 "흔히 쓰이는 'in, into, out of'를 동반한 표현이 용기 은유(container metaphor)를 나타내는 것으로 분석되는데, 이러한 종류의 은유를 어휘 자체의 의미가 아니라 은유로 받아들이는 데는 다소 저항이 뒤따를 수도 있을 듯하다"고 지적하였다. 그러나 인지의미론의 관점에서는 이러한 영어 표현을 은유로 보는 데에 주저함이 없다.

부분-전체 도식(part-whole schema)은 우리의 신체적 경험에서 비롯된 것으로 우리의 몸을 부분으로 구성된 전체로 인식하는 데서 비롯된 것이다. 그리고 우리의 인생도 여러 부분으로 구성된 전체로 지각한다. 신체적 경험에서 비롯된 부분-전체 도식은 일상생활에 편재(遍在)되어 있는데, 가족이나 그 밖의 사회적 조직은 부분들을 가진 전체, 즉 구성원들로 이루어진 전체로 이해된다. 결혼은 두 사람(부분)을 부부(전체)가 되게 하고 이혼은 전체를 부분으로 분열시키는 것으로 이해한다. 이러한 사고는 다음 표현에 잘 나타나 있다.

(6) ㄱ. We are one. (우리는 하나다)
　　ㄴ. We are inseparable. (우리는 떨어질 수 없다)
　　ㄷ. She is my better half. (그녀는 나의 더 나은 반쪽이다)

(정희자 2004:47의 예문)

(3) 중심-주변 도식

중심-주변 도식(center-periphery schema)은 우리의 신체 기관을 중심이 되는 부분－머리, 몸통, 심장 등－과 주변이 되는 부분－머리카락, 팔다리 등－으로 생각하는 것처럼 중심이 되는 것을 더 중요한 것으로 생각하는 것에 경험적 근거를 둔다. 보통 중심이 주변보다 더 중요한 것으로 간주되는 것이 일반적이다. 이러한 경험은 우리의 일상사나 사회, 문화적 제도에서 흔히 발견된다. 이러한 중심-주변 도식은 추상적인 개념 형성에도 영향을 미친다.

(7) ㄱ. She was the radiant center of society. (그녀는 우리 사회의 핵심이다)
　　ㄴ. Theories have central and peripheral principles. (이론은 중심과 주변

원리를 가진다) (Lakoff 1987:275의 예문)

(4) 연결 도식

연결 도식(link schema)은 두 개체의 연결 구조에 의한 영상도식이다. 연결 도식은 우리의 신체적 경험에서 비롯된 것으로, 최초의 신체적 경험은 어머니의 탯줄을 통한 연결에서 시작된다. 출생 후에도 우리는 가족을 비롯하여 사회적 관계를 맺을 때 이러한 연결 도식에 입각해서 이해한다. 다음의 표현들에 이 도식 관계가 잘 나타나 있다.

(8) ㄱ. He has connections in the Senate. (그는 상원에 연줄이 있다)
　　ㄴ. Will you please connect me with the company? (그 회사와 좀 연결해 주시겠어요?) (정희자 2004:50의 예문)

(5) 경로 도식

경로 도식(path schema)은 출발지, 경로, 목적지, 방향의 구조적 요소로 이루어진 영상도식이다. 우리가 어느 곳으로 이동을 할 때는 언제나 출발 지점, 이동을 끝내는 목적지, 출발 지점과 목적지를 잇는 장소의 연결인 경로, 그리고 출발 지점에서 목적지로의 방향을 가지게 된다. 한 장소에서 다른 장소로 걸어가는 것, 축구 선수가 다른 선수에게 공을 차는 것, 상인한 테 물건을 사는 것 등 서로 상이하게 보이는 다수의 사건을 통해서 드러난다. 이러한 경로 도식은 은유적 확장을 통하여 추상적 경험을 이해하는 데 적용된다.

(9) He got off the track of the argument. (그는 논쟁의 궤도에서 벗어났다)
(Johnson 1987:39의 예문)

(6) 방향 도식

방향 도식(orientational schema)은 위-아래, 앞-뒤 등과 같은 방향과 관련된 영상도식이다. 위-아래 방향 도식은 우리의 신체적 물리적 경험의 반복에 기인한 것으로 행복을 느낄 때는 심장이 위로 치솟는 듯한 느낌을 가지며, 슬프거나 절망할 때는 몸이 아래로 가라앉는 느낌과 함께 고개를 떨어뜨리고 어깨를 움츠린다. 이러한 신체적 경험으로부터 생긴 위-아래 방향도식이 평가 영역에 적용되어 [좋음은 위; 나쁨은 아래]라는 은유적 개념이 생성되고, 양의 영역에 적용되어 [많음은 위; 적음은 아래]라는 은유적 개념이 형성된다. 또한 통제 영역에 적용되면 [힘이 있음은 위; 힘이 없음은 아래]라는 은유적 개념이 형성되고 다음과 같은 은유적 표현의 근거가 된다.

(10) ㄱ. He is a high official. (그는 고위공직자다)
　　　ㄴ. He is low born. (그는 비천하게 태어났다)

(정희자 2004:55의 예문)

이렇게 우리의 신체적, 물리적, 사회적 경험에 근거하여 우리의 정신적 표상을 조직화하는 영상도식은 우리의 이해의 폭을 넓혀 구체적인 사물은 물론 추상적인 개념에까지 확대하고 있다. Lakoff(1987:105-107)에서는 영상도식의 변환(transformation)과 환유가 범주 확장의 동기가 되며, 이러한 과정은 언어를 조직화하는 원리에 포함된다고 하였다.

또한 Lakoff(1987:275)에서는 은유와 영상도식이 이해와 사유의 기본이 되는 체험적 구조임을 강조한 논의를 다음의 (11)과 같이 요약하고 있다(임혜원 2004:26 참조).

(11) ㄱ. 영상도식은 우리의 경험을 개념 형성 이전에 구조화한다.

ㄴ. 이에 대응하는 영상도식적 개념이 존재한다.
ㄷ. 영상도식의 기본 논리를 유지하면서 영상도식을 추상적인 영역으로 사상하는 은유가 있다.
ㄹ. 은유는 자의적인 것이 아니라 신체적 경험에 의해 동기화된 것이다.

또한 Kövecses(2002)에서는 은유는 지식과 이미지 둘 다에 기반을 둘 수도 있다고 하면서 우리가 지금까지 토의해왔던 대부분의 은유들은 개념에 대한 우리의 기본적인 지식에 근거한다고 한다(이정화 외 공역 2003:59-61). 그 은유들에서는 몇몇의 기본적인 요소들로 구성되는 기본적 지식 구조가 근원에서 목표로 사상된다. 그러나 영상도식 은유라고 불리는 또 다른 종류의 개념적 은유에서는 근원에서 목표로 사상되는 것은 지식의 개념적 요소가 아니라, 영상도식의 개념적 요소이다.

영상도식 은유를 토의하는 데 더 중요한 점은 이런 은유들이 근원에서 목표로 상대적으로 적게 사상한다는 것이다. 우리가 세상을 은유적으로 이해하는 데 한 역할을 해내는 다른 '스키마'가 많이 있다. 이런 기본적 영상도식은 우리가 세상과 상호작용하는 데에서 나온다. 영상도식이 다른 개념들의 기반으로 작용할 수 있는데 예를 들어, 이동 도식은 여행의 개념 아래에 깔려 있다. 이처럼 많은 구조적 은유들의 목표 영역은 그 은유들의 근원에 의해서 영상도식적으로 구조화되는 것으로 이해될 수 있다.

4) 개념적 혼성 이론

Lakoff & Johnson(1980) 등에서 비롯된 개념적 은유 이론에서는 근원 영역과 목표 영역 간의 개념적 사상으로 은유를 다루고 있는데, 1990년대 중반부터는 Fauconnier & Turner 등의 학자들이 개념적 은유 이론에 대한 대안적 이론이라 제시하면서 개념적 혼성 이론(blending theory)이 출현하였다.

Fauconnier & Turner(1994, 1996, 1998) 등에서는 두 영역 사이의 사상만으로는 은유의 다양한 현상을 총체적으로 기술하기가 어려우며, 은유와 환유가 상호 작용하여 나타나는 의미를 적절하게 기술하기 위해서는 사상을 통해 상호 연결된 개념들을 그 특정한 맥락에 따라 이해하고 추론하는 또 다른 인지 작용이 추가적으로 필요하다고 보아 기존의 두 영역 모형을 포괄한 다공간 모형을 설정하였다. 전형적인 다공간 모형은 네 공간 모형이다. '네 공간 모형'은 '근원 영역'과 '목표 영역'의 두 가지 '입력공간'(input model), 그리고 '총칭공간'(generic space)과 '혼성공간'(blended space)의 두 가지 '중간공간'(middle space)으로 구성된다(임지룡 2000:46 참조). 네 공간 모형의 기본 구조를 도식화하면 <그림 2>와 같다.

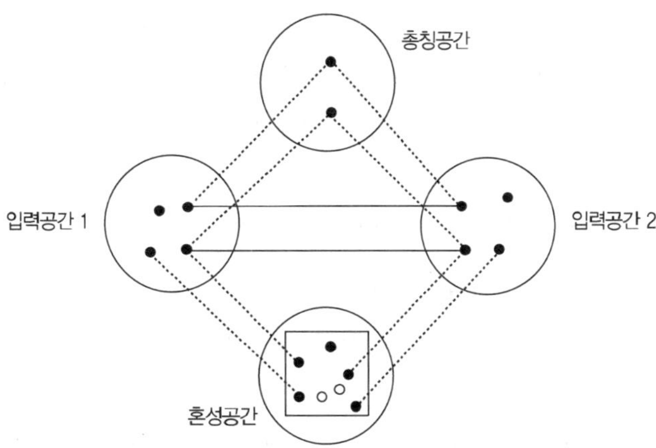

<그림 2> 혼성 공간 모형의 개념적 혼성망(Fauconnier 1997:151)[9]

다공간 모형은 은유 현상을 포괄적으로 설명할 수 있다고 설명한다. 예를 들어 개념적 은유 이론으로 설명되지 못한 "이 외과의사는 도축자이

---

9) <그림 2>는 임지룡(2000:47)에서 재인용한 것이다.

다"라는 예문을 보면 "이 외과의사는 수술 실력이 형편없다"는 것을 '외과의사=도축자'로 표현한 은유이다.

(12) This surgeon is butcher. (이 외과의사는 도축자이다)

개념적 은유 이론에서는 '도축자/외과의사', '가축/사람', '생필품/환자', '식칼/수술칼,' '도축장/수술실', '고기 베기/살 베기'의 사상을 통해, 근원 영역에서 목표 영역으로 직접적인 투사가 이루어진다고 본다. 그러나 개념적 혼성 이론에서는 영역간의 사상에 관한 개념적 은유 이론으로는 이 은유가 갖는 가장 중요한 의미인 '외과의사의 무능함'을 설명해내지는 못한다고 지적한다. 곧 도축자가 외과의사에 비해 명성이 높은 것은 아니지만 얼마든지 유능할 수 있으며 또한 그에 따라 합당한 대우를 받을 수 있기 때문이다. 따라서 근원 영역과 목표 영역 간에 '무능함'이 투사되지 않는다. 이에 대해 혼성 이론에서는 '외과의사의 무능함'이 혼성 공간에서 창발되는 것으로 본다. 혼성 공간의 이러한 창발적 특징은 개념적 은유 이론에서 명시적으로 포착되지 않는 것으로 보고 아래와 같은 그림을 통해 설명하고 있다(Grady et al. 1999 참조).

위에서 살펴본 인지언어학 관점의 개념적 은유 이론과 개념적 혼성 이론의 공통점과 차이점을 다음과 같이 요약할 수 있다. 공통점으로는 첫째, 은유를 개념적 현상으로 보고, 둘째, 개념 영역은 투사의 대상인 개념 요소들로 구성되며, 셋째, 개념 요소들의 투사는 부분적 그리고 선택적으로 이루어지는 것으로 본다는 것이다. 차이점으로는 투사의 범위로 개념적 은유 이론에서는 근원 영역과 목표 영역간의 투사를 주장하는 반면, 개념적 혼성 이론에서는 근원과 목표의 두 입력공간 이외에 총칭공간과

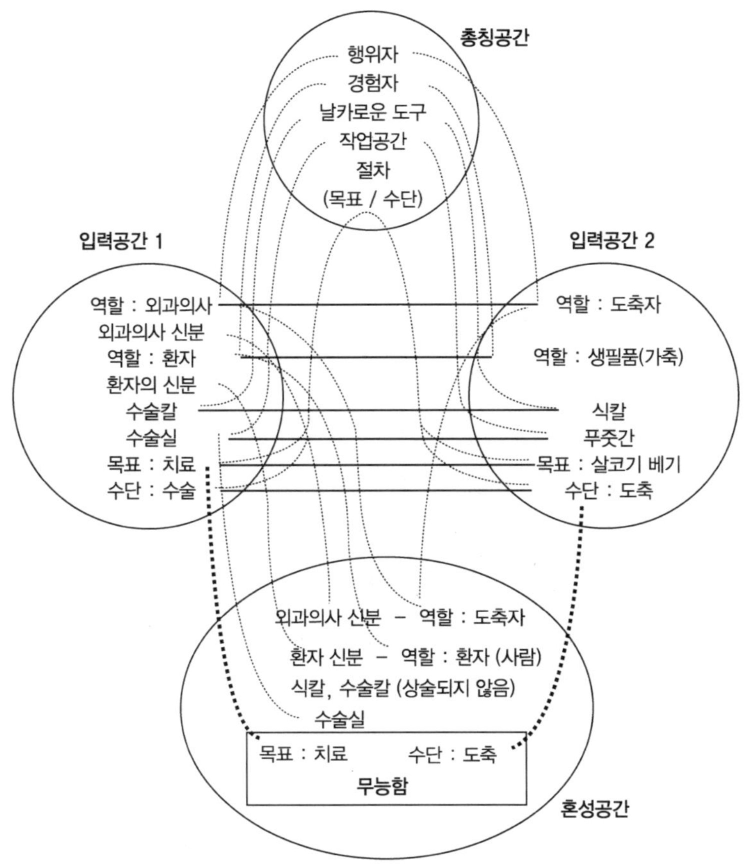

<그림 3> 도축자로서의 외과의사(임지룡 2000:52)

혼성공간으로의 투사를 주장한다. 둘째, 투사의 방향으로 개념적 은유 이론
에서는 근원 영역에서 목표 영역으로의 단일 방향적 투사를 주장하는 반면,
개념적 혼성 이론에서는 입력공간2와 입력공간1에서 혼성공간으로 투사된
후, 다시 혼성공간에서 입력공간1로 투사되는 복합적 투사를 주장한다.
셋째, 개념적 관계 양상을 보면, 개념적 은유 이론에서는 관습적으로 사용되는 고착화된 개념들의 관계를 정적으로 다루는 반면, 개념적 혼성 이론에서는 담화의 전개에 따른 여러 공간의 형성과 이들의 상호 관계를 동적으로 다룬다(정희자 2004:181-182 참조).[10) 정희자(2004)에서는 이러한 차이점으로, 의미가 많이 확장되고 추론 작용이 많이 요구되는 은유일수록 개념적 혼성이 중요한 역할을 한다고 하였다.

최근에는 개념적 은유 이론의 한계점을 극복하고자 한 혼성 이론에 관심을 가지고 연구의 방향을 돌리는 연구들이 많이 나오고 있으나 모든 이론이 그러하듯이 개념적 혼성 이론도 한계점을 가진다. 개념적 혼성 이론에 대해 자세한 이론적 배경을 설명하고 있는 김동환(2002:267-268)에서도 개념적 혼성 이론의 한계점을 지적하고 있는데 '개념적 혼성 이론이 의미구성에 대한 이론이므로, 의미가 해석되고 구성되는 방식에만 초점을 둔다는 점에서 청자 중심적이어서 화자가 언어를 생성하는 방식에 대해서는 관심을 가지지 않는다는 것', '개념적 혼성 이론이 대체로 임시방편적이며, 특정한 실례를 다룰 때 종종 일시적이고 즉흥적인 절차를 사용한다는 점' 등을 들고 있다.

본서에서 연구 대상으로 삼고 있는 관용구는 언중들에 의해 생성되어 관습적으로 사용되는 표현이므로 의미의 생성 측면에 초점을 맞추고 있는 개념적 은유 이론을 기반으로 하고 영상도식적 은유 양상을 통해 설명할 수 있는 분석을 틀을 세워 연구하는 것이 적합하리라 본다.[11) 그리고 기본적

---

10) 이 내용은 Grady et al(1991:101)에서 언급된 내용이다.

11) 개념적 은유 이론은 개념적 혼성 이론과는 달리 은유 해석이 일방향적이다. 다시 말하면 개념적 은유는 보통 더 추상적인 개념을 목표 영역으로 채택하고 더 구체적이고 물리적인 개념을 근원영역으로 채택한다. 이것은 우리가 이해하기 어려운 추상 개념을 이해하기 위해 더 구체적이고 물리적이고 실체가 있는 개념을 사용하는 것이 훨씬 더 이해하기 용이하기 때문인데 대부분의 일상 은유의 경우에 근원영

으로 은유는 두 ICM 사이에서의 심리적 접촉이라는 인지적 관점을 가지고 연구를 진행하므로 이상적 인지모형의 상정은 은유 분석의 근간을 이루고 있다고 할 수 있다.

2. 환유 이론

환유는 전통적으로 문학에만 사용되는 수사적 장치로 간주되었으며, 기존의 언어학에서는 환유를 언어만의 문제로 보고, 각 환유를 서로 관련 없이 독립된 언어 표현으로 보았다. 그러나 최근 Lakoff & Johnson(1980), Lakoff(1987), Lakoff & Turner(1989), Radden & Kövecses(1999), Barcelona(2000), Kövecses(2002) 등의 인지의미론자들은 환유가 우리의 사고와 언어에 널리 편재하고 있다는 것에 주목하였고, 환유를 개념의 층에 존재하는 환유적 개념과 그 개념으로부터 파생되는 환유 표현으로 구분하였다. 또한 이러한 환유적 개념은 인간 개념 체계의 기본적 요소라고 주장한다.

Lakoff & Johnson(1980)에서는 환유에 대한 사전적 정의가 명확하게 내려져 있지 않으나 인지의미론 관점에서 환유는 '인접성'에 기반한 인지의 과정으로 '어떤 개체(a)와 관련되는 동일 영역의 개체(a)를 지시하기 위해서

역과 목표영역이 역전되지 않는다. 이것을 은유의 일방향성(unidirectionality) 원리라 부르는데(김동환 2002:166-167 참조) 관용구의 경우에는 그 의미를 더 선명하게 전달하기 위해 은유 표현을 사용하므로 이러한 일방향성을 지키고 있는 것으로 보인다. 또한 정희자(2004:181-182), 김동환(2002:267-268)에서 언급한 바와 같이 개념적 혼성이론이 가지는 한계점과 그 이론에서 초점을 두는 내용을 고려하여 본다면 관용구의 설명에 개념적 혼성 이론을 도입해야 할 당위성이 없다고 판단하였다. 따라서 본서에서는 한국어 관용구에 나타나는 은유 영상을 포괄하기 위해 Lakoff & Johnson(1980)의 존재론적 은유 개념과 영상도식적 은유의 개념을 포괄하여 새로운 분류 기준을 세워 연구를 진행할 것인데 자세한 내용은 3장에서 다룰 것이다.

그 개체의 이름(a)을 사용하는 것'이라고 할 수 있다. 전통 수사학자들은 '제유(synecdoche)'를 환유의 특수한 경우로 포함시키고 있는데, 본서에서는 환유를 제유까지 포함하는 개념으로 사용하기로 한다. 환유의 특징은 하나의 개념 영역에만 관여한다는 것이다. 환유적인 사상(mapping)은 다른 영역들 사이에서가 아니라, 단일 영역 안에서만 일어난다는 것이 은유와 구분되는 특징이라고 할 수 있다. 환유적 개념들은 은유와 마찬가지로 우리의 경험 속에 토대를 두고 있는데 그 근거는 보통 직접적인 물리적·인과적 연상을 포함한다. 예를 들면 [부분으로 전체를 대신함(THE PART FOR WHOLE)] 환유는 일반적으로 부분이 전체와 관계가 있는 방식으로 우리의 경험에서 나타난다. 이렇게 인지언어학에서 환유는 그 의미특성이 인간의 주요한 인지기제라는 것과 환유의 개념화는 우리의 경험에 바탕을 둔 것이라는 점을 파악하게 되었다(임지룡 1997:189-190 참조).

인지언어학적 관점에서는 환유가 은유보다 더 기본적이고 의미 확장의 근간이 되는 것으로 본다. 그 까닭은 두 사물이 인접해 있음으로써 의미적 연상, 즉 의미전이가 신속하고 자연스럽게 일어나기 때문이다(임지룡 1995b:202-213 참조). 아래에서 여러 학자들이 분류한 환유 개념과 유형에 대해 살펴보기로 한다.

1) 개념적 환유 이론

Lakoff & Johnson(1980)에서는 환유가 언어뿐만 아니라 사고, 태도, 행위까지 구조 짓는다고 한다. 환유가 이러한 작용을 할 수 있는 것은 환유가 우리의 신체적인 경험에 뿌리를 두고 있기 때문이라는 것이다. 이 점은 은유와 유사하지만 환유가 신체적 경험과 물리적 혹은 인과적 관련성을 더 직접적으로 나타내므로 은유보다 더 기본적이라고 파악한다. 그들은 우리의 신체적 경험이 문화적 맥락에서 이루어지기 때문에 환유가 문화적이라고 주장한다(김종도 2005:23 참조). 환유를, 실제 세계의 개체를 지시하는 언어표현 사이의 관계라는 사실을 부인하고 개념간의 관계로 보아야 한다는 획기적인 주장을 내놓은 것은 Lakoff & Johnson(1980)이었다. 그들은 근원 영역과 목표 영역 사이의 개념적 관계들을 아래와 같은 종류들로 나누어 보고 있다.

(13) Lakoff & Johnson(1980:38-39)의 환유 유형

    ㄱ. [THE PART FOR THE WHOLE]([부분으로 전체를 대신함])

       We don't hire longhairs. (우리는 장발은 고용하지 않는다)

    ㄴ. [PRODUCER FOR PRODUCT]([생산자로 생산품을 대신함])

       He bought a Ford. (그는 포드를 샀다)

    ㄷ. [OBJECT USED FOR USER]([사용되는 물건으로 사용자를 대신함])

       The buses are on strike. (버스는 파업중이다)

    ㄹ. [CONTROLLER FOR CONTROLLED]([통제자로 피통제자를 대신함])

       Nixon bombed Hanoi. (닉슨은 하노이를 공격했다)

    ㅁ. [INSTITUTION FOR PEOPLE RESPONSIBLE]([기관으로 책임자를 대신함])

       The Army wants to reinstitute the draft. (육군은 징병제도를 다시 도입하기를 원한다)

    ㅂ. [THE PLACE FOR THE INSTITUTION]([장소로 기관을 대신함])

       Washington is insensitive to the needs of the people. (워싱턴은 국민의 필요에 무감각하다)

    ㅅ. [THE PLACE FOR THE EVENT]([장소로 사건을 대신함])

       Watergate changed our politics. (워터게이트는 우리의 정치를 변화시켰다)

Lakoff & Johnson(1980)에서는 환유도 은유와 마찬가지로 개념적 현상으로 보아야 한다고 했지만 위에서 제시한 유형 분류만을 본다면 전통적 환유관의 테두리를 벗어나지 못한 것처럼 보인다. 그래서 Lakoff & Johnson은 환유는 일차적으로 지시 기능을 가지지만 순전히 지시의 장치만은 아님을 분명히 하고 있다. 환유도 은유와 마찬가지로 이해를 돕는 기능을 하는데, 예를 들어 [부분으로 전체를 대신함]이라는 환유의 경우에 그 전체를 대신할 수 있는 부분은 많지만 어느 부분을 우리가 선택하는가는 우리가 그 전체의 어느 부분에 초점을 맞추고 있는가를 결정한다는 것이다. 그래서 'We need some good heads on the project.(우리는 그 계획에 몇 사람의 훌륭한 브레인이 필요하다)'라고 말한다면 'heads'를 이용하여 목표 지시대상의 어떤 특정 국면들 즉, 지적 능력이 탁월한 점에 초점을 두고 있음을 보여 우리의 이해를 돕는다. 이렇게 환유적 개념은 은유와 마찬가지로 인간의 언어뿐만 아니라 인간의 사고와 태도, 행동을 구조화한다. 그리고 환유의 개념의 토대는 직접적인 물리적·인과적 연상을 포함하기 때문에 은유의 경우보다 일반적으로 더 분명하다.

2) 인지적 환유 이론[12]

Lakoff & Johnson(1980)에서 환유가 개념 세계의 현상이라는 것을 밝힌 후 많은 학자들이 은유와 더불어 환유에 대해서도 관심을 기울이게 되었다.

---

12) '개념적 환유'와 '인지적 환유'라는 용어는 김종도(2005)를 따랐음을 밝혀둔다. 엄밀히 말하면 이 둘은 모두 개념적 환유 이론으로 설명하여도 되나 Radden & Kövecses(1999), Kövecses(2002) 등에서는 환유가 '인지 과정(cognitive process)'이라는 점을 정의에서 분명히 드러내고 있으므로 이러한 논의들을 '인지적 환유'로 구분하여 다루었고 본서에서도 그 이론의 발전 과정을 보인다는 의미에서 이러한 용어를 따르고 있음을 밝혀둔다.

환유는 그 의미특성이 인간의 주요한 인지기제라는 것과 환유의 개념화는 우리의 경험에 바탕을 두었다는 기본적인 인지적 관점을 토대로 Radden & Kövecses(1999), Kövecses(2002)에서는 인지적 관점의 환유는 기존의 환유에 대한 개념과 가정을 달리함을 언급하고 있다. '환유는 개념적 현상이다, 환유는 인지적 과정이다, 환유는 하나의 ICM 안에서 이루어진다'는 것이다. 이러한 내용을 기반으로 Radden & Kövecses(1999)는 '환유는 동일한 이상적 인지모형 내에서 하나의 개념적 개체(매체)가 다른 개념적 개체(목표)에 심리적으로 접근하도록 해주는 인지적 과정'[13]이라고 정의한다. Lakoff & Johnson(1980)에서와 마찬가지로 환유를 '과정(process)'으로 보고 있으므로 기본적인 주장은 일치하지만 특별히 '인지(cognitive)' 과정이라는 말을 명시적으로 붙인 점과 '동일한 ICM'이라는 점을 덧붙여서 그 영역을 명확히 했다는 점에서 진일보한 논의로 생각할 수 있다. 특히 이상적 인지모형(ICM) 개념을 환유를 정의하는 데 이용함으로써 환유를 적용할 수 있는 범위를 실제 세계에 국한된 것에서 개념 세계 전체로 넓힐 수 있게 되었다(김종도 2005:26 참조).

또한 근원과 목표 사이의 환유적 관계를 환유 생산관계(metonymy-producing relationship)라 명명하고 이 관계의 유형을 40여 개로 제시하고 있다. 여기에서는 환유가 일어나기 위해서는 동일한 ICM 내에서 근원과 목표가 근접해야 하고, 구별이 뚜렷해야 하는 것으로 보았다. 환유를 크게 보아 전체 ICM과 부분 사이의 관계, ICM의 부분들 사이의 관계의 두 가지로 나누었는데 Radden & Kövecses(1999)에서 제시한 세부적인 분류는 아래와 같다.

---

13) Metonymy is a cognitive process in which one conceptual entity, the vehicle, provides mental access to another conceptual entity, the target, within the same idealized cognitive model(Radden & Kövecses 1999:21).

72

(14) 전체 ICM과 부분 사이의 관계 : Whole ICM and its part(s)[14]

ㄱ. Thing-and-Part ICM(물체와 부분 ICM)

(a) WHOLE THING FOR A PART OF THE THING([물체 전체로 (물체의) 부분을 대신함])

(b) A PART OF THE THING FOR WHOLE THING([(물체의) 부분으로 (그 물체의) 전체를 대신함])

ㄴ. Scale ICM(척도 ICM)

(a) WHOLE SCALE FOR UPPER END OF THE SCALE([척도 전체로 (척도의) 최상층을 대신함])

(b) UPPER END OF THE SCALE FOR WHOLE SCALE([척도 최상층으로 척도 전체를 대신함])

ㄷ. Constitution ICM(구성 ICM)

(a) OBJECT FOR MATERIAL CONSTITUTING THE OBJECT([물체로 (그 물체의) 재료를 대신함])

(b) MATERIAL CONSTITUTING THE OBJECT FOR OBJECT([(물체의) 재료로 물체를 대신함])

ㄹ. Event ICM(사건 ICM)

(a) WHOLE EVENT FOR SUBEVENT([사건 전체로 성분 사건을 대신함])

(b) SUBEVENT FOR WHOLE EVENT([성분 사건으로 사건 전체를 대신함])

ㅁ. Category-and-Member ICM(범주 구성원 ICM)

(a) CATEGORY FOR A MEMBER OF THE CATEGORY([범주로 범주 구성원을 대신함])

(b) GENERIC FOR SPECIFIC([총칭적인 것으로 특정적인 것을 대신함])

ㅂ. Category-and-Property ICM(범주와 속성 ICM)

(a) CATEGORY FOR DEFINING PROPERTY([범주로 (규정적) 속성을

---

14) 김종도(2005:52)에서는 이 분류에는 속성을 부분으로 보는 은유가 전제되어 있다는 것을 기억해야 함을 강조하고 있다.

대신함])
  (b) DEFINING PROPERTY FOR CATEGORY([(규정적) 속성으로 범주를 대신함])
ㅅ. Reduction ICM(축약 ICM)
PART OF A FORM FOR THE WHOLE FORM([어떤 형태의 부분으로 형태 전체를 대신함])

(15) ICM의 부분들 사이의 관계 : Parts of an ICM
  ㄱ. Action ICM(행위 ICM)
    (a) AGENT FOR ACTION([행위자로 행위를 대신함])
       ACTION FOR AGENT([행위로 행위자를 대신함])
    (b) INSTRUMENT FOR ACTION([도구로 행위를 대신함])
    (c) ACTION FOR INSTRUMENT([행위로 도구를 대신함])
  ㄴ. Perception ICM(지각 ICM)
    (a) THING PERCEIVED FOR PERCEPTION([지각대상으로 지각을 대신함])
  ㄷ. Causation ICM(사역 ICM)
    (a) CAUSE FOR EFFECT([원인으로 결과를 대신함])
    (b) EFFECT FOR CAUSE([결과로 원인을 대신함])
  ㄹ. Production ICM(생산 ICM)
    PRODUCER FOR PRODUCT([생산자로 생산품을 대신함])
  ㅁ. Control ICM(통제 ICM)
    (a) CONTROLLER FOR CONTROLLED([통제자로 피통제자를 대신함])
    (b) CONTROLLED FOR CONTROLLER([피통제자로 통제자를 대신함])
  ㅂ. Possession ICM(소유 ICM[15])
    (a) POSSESSOR FOR POSSESSED([소유자로 소유대상을 대신함])

---

15) 김종도(2005:60)에서는 소유 ICM을 통제 ICM과 분리하는 것이 바람직한 일인지 아닌지를 생각해 볼 필요가 있다고 언급하고 있다. 소유한다는 것은 통제할 수 있다는 것을 의미할 수도 있기 때문이다.

    (b) POSSESSED FOR POSSESSOR([소유대상으로 소유자를 대신함])
ㅅ. Containment ICM(포함 ICM)
    (a) CONTAINER FOR CONTENTS([그릇으로 내용물을 대신함])
    (b) CONTENTS FOR CONTAINER([내용물로 그릇을 대신함])
ㅇ. Location ICMs(위치 ICM)
    (a) PLACE FOR INHABITANTS([장소로 주민을 대신함])
    (b) PLACE FOR INSTITUTION([장소로 기관을 대신함])
ㅈ. Sign and Referenc ICMs(기호와 지시 ICM)
ㅊ. Modification ICM(수식 ICM)

Kövecses(2002:145)에서는 Radden & Kövecses(1999:21)에서와 거의 유사하게 '환유는 한 개념적 개체, 즉 매개 개체가 같은 영역이나 동일한 이상적 인지모형(ICM) 안의 다른 개념적 개체, 즉 목표 개체에 대한 심리적 접근을 유도하는 인지 과정'[16]이라 정의한다. Kövecses(2002)에 와서 달라진 것은 Radden & Kövecses(1999)의 정의에서 ICM 이외에 '동일한 영역(same domain)'이라는 용어가 추가되었다는 점이다.

Kövecses(2002)에서는 전통적인 견해에서 표현되어 왔던 '두 개체가 서로 관련되어 있거나 인접하여 있다'는 주장은 수용되고 유지되지만 인지언어학적 관점에서 보면 '매개 개체와 목표 개체가 동일한 인지모형(ICM)에 속해 있을 때, 그 매개 개체는 그 목표 개체에 정신적 접근을 제공할 수 있다'는 점이 제안되었음을 강조한다. Kövecses(2002)에서는 가장 생산적인 환유는 한 영역이나 이상적 인지 영역 안에서 관련된 두 개념—개념적 개체—이 있는 환유라 하며, 환유가 가장 흔하게 일어나는 이상적 인지모형

---

16) Metonymy is a cognitive process in which one conceptual entity, the vehicle, provides mental access to another conceptual entity, the target, within the same domain, or idealized cognitive model(ICM)(Kövecses 2002:145).

이 무엇인가에 주목하고 있다. 전체와 부분 사이의 환유로는 '구성 ICM, 복합 사건 ICM, 범주 구성원 ICM, 범주와 속성 ICM'의 실례들이 많이 나타나며, 부분과 부분 환유의 실례로는 '행동 ICM, 인과 작용 ICM, 제조 ICM, 통제 ICM, 소유 ICM, 그릇 ICM, 불확실한 관계를 아우르는 다채로운 ICM'에서 주로 나타난다고 하였는데(이정화 외 공역 2003:268-280 참조) 이를 보이면 아래와 같다.

(16) The Thing and Its Parts ICM (사물과 그의 부분 이상적 인지모형)
　　ㄱ. Constitution ICM(구성 이상적 인지모형)
　　　(a) OBJECT FOR MATERIAL CONSTITUTING THAT OBJECT([물체로 그 물체를 구성하는 재료를 대신함])
　　　(b) THE MATERIAL CONSTITUTING AN OBJECT FOR THE OBJECT ([물체를 구성하는 재료로 물체를 대신함])
　　ㄴ. Complex Event ICM(복합 사건 이상적 인지모형)
　　　(a) SUCCESSIVE SUBEVENTS FOR COMPLEX EVENT([연속적 하위 사건으로 복합 사건을 대신함])
　　　(b) CO-PRESENT SUBEVENTS FOR COMPLEX EVENT([공존하는 하위 사건으로 복합 사건을 대신함])
　　ㄷ. Category-and-Member ICM(범주와 구성원 이상적 인지모형)
　　　(a) CATEGORY FOR A MEMBER OF THE CATEGORY([범주로 범주 구성원을 대신함])
　　　(b) MEMBER OF A CATEGORY FOR THE CATEGORY([범주 구성원으로 범주를 대신함])
　　ㄹ. Category and Property ICM(범주와 속성 이상적 인지모형)
　　　(a) CATEGORY FOR DEFINING PROPERTY([범주로 정의 속성을 대신함])
　　　(b) DEFINING PROPERTY FOR CATEGORY([정의 속성으로 범주를 대신함])

(17) Part and Part(부분과 부분)

　　ㄱ. Action ICM(행동 이상적 인지모형)

　　(a) INSTRUMENT FOR ACTION([도구로 행동을 대신함])

　　(b) AGENT FOR ACTION([행위자로 행동을 대신함])

　　(c) ACTION FOR AGENT([행동으로 행위자를 대신함])

　　(d) OBJECT INVOLVED IN AN ACTION FOR THE ACTION([행동에 관련된 대상으로 행동을 대신함])

　　(e) ACTION FOR OBJECT INVOLVED IN THE ACTION([행동으로 행동에 관련된 대상을 대신함])

　　(f) RESULT FOR ACTION([결과로 행동을 대신함])

　　(g) ACTION FOR RESULT([행동으로 결과를 대신함])

　　(h) MEANS FOR ACTION([수단으로 행동을 대신함])

　　(i) MANNER OF ACTION FOR THE ACTION([행동 방법으로 행동을 대신함])

　　(j) TIME PERIOD OF ACTION FOR THE ACTION([행동의 시기로 행동을 대신함])

　　(k) DESTINATION FOR MOTION([목적지로 이동을 대신함])

　　(l) TIME OF MOTION FOR AN ENTITY INVOLVED IN THE MOTION([이동시간으로 이동 관련 개체를 대신함])

　　ㄴ. Causation ICM(인과 작용 이상적 인지모형)

　　(a) STATE/EVENT FOR THE THING/PERSON/STATE THAT CAUSED IT([상태/사건으로 그것을 야기한 사물/사람/상태를 대신함])

　　: The Action and Causation ICMs can combine and produce the metonymy(행동 이상적 인지모형과 인과 작용 이상적 인지모형은 결합하여 환유를 만들어 낼 수 있다).

　　(b) SOUND CAUSED FOR THE EVENT THAT CAUSED IT([야기된 소리로 그것을 야기한 사건을 대신함])

　　ㄷ. Production ICM(제조 이상적 인지모형)

　　(a) PRODUCER FOR PRODUCT([제조자로 제품을 대신함])

    (b) AUTHOR FOR HIS WORK([작가로 작품을 대신함])

    (c) PLACE FOR PRODUCT MADE THERE([장소로 거기서 만들어진 제품을 대신함])

  ㄹ. Control ICM(통제 이상적 인지모형)

    (a) CONTROLLER FOR CONTROLLED([통제자로 피통제자를 대신함])

    (b) CONTROLLED FOR CONTROLLER([피통제자로 통제자를 대신함])

  ㅁ. Possession ICM(소유 이상적 인지모형)

    (a) POSSESSOR FOR POSSESSED([소유자로 소유되는 것을 대신함])

    (b) POSSESSED FOR POSSESSOR([소유되는 것으로 소유자를 대신함])

  ㅂ. Containment ICM(그릇 이상적 인지모형)

    (a) CONTAINER FOR CONTAINED([그릇으로 담겨진 물건을 대신함])

    (b) CONTAINED FOR CONTAINER([담겨진 물건으로 그릇을 대신함])

  ㅅ. Assorted ICMs Involving Indeterminate Relationships. (불확실한 관계들을 아우르는 다채로운 이상적 인지모형들)

이 밖에도 Seto(1999)[17]에서는 Radden & Kövecses(1999)와는 다르게 시공적 근접성에 기초를 둔 개체들 사이의 지시전이 현상이라 정의하고 환유를 분류하고 있는데, 기준은 다르지만 실제 그 분류는 위의 (14), (15)에서 보인 Radden & Kövecses(1999)와 크게 다르지 않다.

한편 Barcelona(2000)에서는 '환유는 하나의 인지 영역에서 또 다른 하나의 영역으로의 개념적 사상이다. 두 영역이 동일한 영역 혹은 ICM에 포함되어 있어서 근원이 목표에 심리적 접촉을 제공한다'고 이전의 환유 개념을

---

17) 김종도(2005:62-65)에서는 Seto(1999)의 분류를 제시하고 있는데, 먼저 그는 환유를 시공적 근접성에 기초를 둔 개체들 사이의 지시전이 현상이라 정의하고 이 정의에 따라서 환유를 분류한다. 그는 먼저 개체를 공간적 개체, 시간적 개체, 추상적 개체로 나눌 수 있으며 이 개체들이 각각 다른 종류의 환유를 낳는 것으로 본다. 공간적 개체는 전체-부분 환유, 그릇-내용물 환유, 인접성 환유를 낳고, 시간적 개체는 사건 전체-하위사건 환유, 앞서-후속 환유를 낳고, 추상적 개체는 물체-자질 환유를 낳는 것으로 본다.

발전시켜 제시하였다. Barcelona(2000)의 정의는 기존의 정의가 가지는 장점을 그대로 계승하였는데 심리적 접촉 개념을 도입하여 환유의 인지적인 역할을 강조하면서도 환유가 반드시 지시적 기능을 가지지 않을 수도 있다는 점을 수용하고 있다. 그러나 Radden & Kövecses(1999)의 정의와 다르게 정의에 사상(mapping) 개념을 도입시킴으로써 은유와 관련시킬 수 있는 연결고리를 제공하고 있으며 영역과 ICM을 유사한 개념으로 보고 있다. Barcelona(2002)에 이르러서는 '환유는 동일한 전국적 인지영역 내에서 근원이라 불리어지는 (하위)인지 영역이 목표라 불리어지는 (하위)인지영역에 사상되어 후자를 심리적으로 활성화시키는 사상이다'로 발전시켰는데, 여기에서 주목할 점은 '목표 영역을 활성화시킨다'는 것을 강조한 점이다(이신우 2004:15 참조).

본서에서도 '동일한 이상적 인지모형(ICM)' 내에서 환유가 이루어진다고 보는 관점을 따르고자 하는데, Lakoff & Johnson(1980)의 '영역(Domain)'이든 Radden & Kövecses(1999), Kövecses(2002)의 '이상적 인지모형(ICM)'이든 용어만 다를 뿐, 그 개념에는 큰 차이가 없어 보인다. 다만 ICM이 실제 세계에 국한된 것이 아니라 개념 세계까지도 아우를 수 있다는 점은 분명히 해야 할 것이며, 한국어 관용구의 환유를 설명하는 데 이러한 Kövecses(2002)의 이상적 인지모형 도식을 이용하게 될 것이다.

이상에서 논의한 은유와 환유에 관한 인지적 관점의 연구들을 토대로 한국어 관용구에 나타나는 은유와 환유에 대하여 살피게 될 것이다. 관용구의 의미와 글자 그대로의 구의 의미 혹은 구성요소의 의미와의 연관성을 찾기 어렵다고 했던 기존의 견해와는 달리 한국어 관용구의 의미는 상당 부분이 은유나 환유에 의해 동기 부여됨을 밝히게 될 것이다. 관용구의 의미에 대하여 논할 때, 은유에 관한 관심은 꾸준히 제기되어 왔으나 환유의 작용에 대해서는 거의 관심을 기울이지 않았다. 그러나 한국어 관용구를 살펴보면 그 의미가 환유에 의해 동기 부여되는 부류가 많이 보이므로 이러한 측면에도 초점을 맞추어 분석하게 될 것이다.

제3장 한국어 관용구의 은유 분석

본 장에서는 한국어 관용구에 나타나는 은유의 양상들을 살피고 개념적 은유에 의해 의미를 가지게 되는 관용구들을 통해 우리의 개념체계가 언어 세계와 어떻게 연결되어 있는지를 살피고자 한다. 우리가 사용하는 일상 언어에는 매우 광범위하게 은유 표현이 사용된다. 은유 표현은 단어 차원, 구 차원, 문장 차원에 이르기까지 다양한 형태로 나타나는데 본 장에서 논의의 대상으로 삼는 것은 구 차원의 은유 표현인 관용구이다. 은유는 우리가 어떠한 개념을 더 쉽게 인지할 수 있게 해주는 해석 기제인 동시에 새로운 표현의 형성 기제이기도 하다.[1] '어제 그 사람 때문에 열(을) 받았잖아', '내가 너에게 큰 짐을 지우는 것 같아 미안하다', '십여 년간 몸(을) 담았던 곳을 떠나려니 많은 생각이 듭니다'와 같은 문장에서 '열을 받다', '짐을 지우다', '몸을 담다'는 관용구로 사용된 것이며 개념적 은유에 의해

---

1) 일찍이 관용구에 대한 관심을 기울인 Chafe(1970:47)에서는 어떤 표현의 구체적이고 손에 잡힐 수 있는 의미가 추상적인 의미로 바뀔 때 관용구가 생긴다고 하고, 구체적인 의미가 추상적인 의미로 바뀌는 추상화 과정을 관용화 과정과 동일시하고 있다. '은유'라는 언급은 하고 있지 않으나 의미 전이의 기제는 '은유'라 할 수 있다. Chafe(1970)에서는 글자 그대로의 의미와 비유적 의미 사이의 관계에 대해서는 큰 관심을 갖지 않았으나 그 시기에 이러한 문제에 관심을 가진 것은 상당한 안목이 있었음을 보여준다(이기동 1997:65 참조). 본서에서는 여기에 덧붙여 관용구의 의미 전이의 기제로 환유도 제시하는데 이 내용은 4장에서 다룰 것이다.

생겨나고 해석되는 표현이다. 관용구의 상당수는 글자 그대로의 의미로 사용되던 구 구성 전체가 개념적 은유에 의하여 의미가 전이되어 새로운 의미를 가지게 된 것으로 볼 수 있다.

(1) ㄱ. 어제 그 사람 때문에 열(을) 받았잖아.
　　ㄴ. 열을 받다(관용구)
　　ㄷ. [화는 열이다](위의 관용구에 작용된 은유)

(2) ㄱ. 내가 너에게 큰 짐을 지우는 것 같아 미안하다
　　ㄴ. 짐을 지우다2)(관용구)
　　ㄷ. [부담이나 고통은 짐이다](위의 관용구에 작용된 은유)

---

2) 인지적인 관점에서는 위의 예문 중 '짐을 지우다'를 통해서 구성성분의 분석 가능성을 제시해 볼 수 있다. 즉 [부담이나 고통은 짐이다] 은유에 의해 '부담'이 무게감이 느껴지는 '짐'으로 이해하고, 부담을 주는 것이므로 짐을 '(줘서) 어깨에 지게 하는 것'으로 보면 의미적 연결이 가능한 것이다. 이는 Langacker(1987)의 도식을 통해 이해할 수 있다. Langacker(1987)는 비유적 표현은 문자적 의미와 완전히 독립된 것이 아니라, 문자적 의미와 비유적 의미 사이의 상호작용 관계로 본다. 예를 들어 'let the cat out of the bag'은 문자적 의미와 비유적 의미로 쓰일 수 있는데, 문자적으로 쓰일 때 이 표현의 뜻은 '고양이를 주머니에서 나가게 했다'이고, 비유적으로 쓰일 때에는 '비밀을 누설했다'이다. Langacker(1987:93)는 'the cat out of the bag'을 예로 들어서, 이의 문자적 의미와 비유적 의미 사이의 관계를 보여주고 있다. 이기동(1997)에서 재인용한 그림을 보이면 다음과 같다.

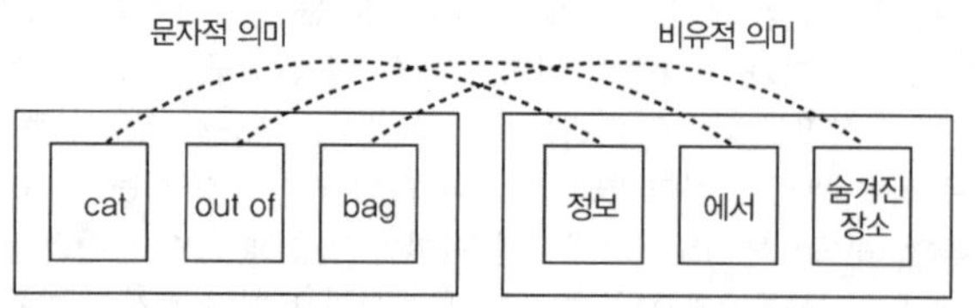

'cat'은 정보와 대응되고 'out of'는 거의 그대로의 뜻을 지니고 있다. 'bag'은 숨겨진 장소의 뜻으로 확대되어 쓰였다. 여기서 우리는 비유적 의미는 문자적 의미와 어느 정도의 관련성이 있음을 알 수 있다(이기동 1997:66-67 참조).

(3) ㄱ. 십여 년간 몸(을) 담았던 곳을 떠나려니 많은 생각이 듭니다.
   ㄴ. 몸을 담다.(관용구)
   ㄷ. [사회는 그릇이다], [사람은 그릇 안의 내용물이다](위의 관용구에
      작용된 은유)

언중은 관용구에 은유가 작용하고 있다는 인식도 하지 못하고 사용하고 있지만 글자 그대로의 사용이 아닌 위와 같은 비유적 의미로의 사용은 개념적 은유를 상정하지 않으면 이해하기 어려운 내용이다. 역으로 말하면 위와 같은 개념적 은유를 생각해 보면 위의 관용구들이 어떻게 '화나다', '부담을 주다', '일하다(소속되다)'의 의미를 가지게 되며, 우리가 그 의미를 어렵지 않게 이해할 수 있는지를 알게 된다. 전통적인 관점에서는 관용구의 의미적 비합성성을 주장하므로 위의 관용구들은 모두 그 구성요소들의 의미에서는 관용구의 의미를 추측할 수 없고, 글자 그대로의 의미와 관용구의 의미도 자의적으로 연결되어 있는 것으로 보았다. 그러나 위와 같은 은유의 작용을 생각해 본다면 '글자 그대로의 구'와 '관용구'의 의미를 어렵지 않게 연결시킬 수 있다.

임지룡(2006a:25)에서는 은유를 사용하는 동기를 "첫째, 글자 그대로의 용법으로 표현하기 불가능한 대상을 표현한다. 둘째, 표현의 생생함을 제공한다. 셋째, 복잡한 개념에 대해서 간결성을 제공한다. 실제로 은유의 기제가 아니면 '시간, 이론, 마음'과 같이 추상적인 개념은 표현이 불가능할 뿐 아니라 생생하게 전달할 수 없으며, '감정'과 같이 복합적이고 강렬한 개념을 제대로 포착해 낼 수 없게 된다."고 하였다. 관용구에 나타나는 은유의 경우에는 특히 어떠한 단어나 표현으로 나타내는 것보다 더 현저한 표현적 효과를 드러내기 위하여 사용하는 측면이 강한 것으로 보인다. Kövecses(2002)는 어떤 관용구가 은유에 의해 동기가 부여되는 경우에

그 관용구의 더 많은 일반적 의미는 문제의 그 관용구에 적용될 수 있는 목표 영역에 기반을 두며 어떤 관용구 의미의 더 구체적인 측면은 그 관용구에 적합한 개념적 사상(mapping)에 기초를 둔다고 하였다(이정화 외 공역 2003:374 참조). 물론 개념적 은유에 기반을 두고 있는 모든 은유적 언어 표현들이 관용구라고 주장할 수는 없으며, 개념적 은유에 의해 생성되는 은유적 표현 부류는 은유적 관용구 부류보다 더 많다. Kövecses(2002)는 이러한 점에도 불구하고 개념적 은유에 의해 만들어진 은유적 관용구들의 수가 상당히 많음에 주목할 필요가 있다고 하였다(이정화 외 공역 2003:359 참조).

(4) [화는 불] After the row, he **was spitting fire**. (그 말싸움 후에 그는 불을 뿜어내고 있었다)

[사랑은 불] The fire between them finally **went out**. (그들 사이에 불은 마침내 꺼졌다)

[상상력은 불] His imagination **caught fire**. (그의 상상력에 불이 붙었다)

[갈등은 불] The killing **sparked off** riots in the major cities. (그 살인은 주요 도시에서 폭동을 촉발하였다)

[에너지는 불의 연료] I am **burned out**. (나는 녹초가 됐다)

[열광은 불] He was **burning** with excitement. (그는 흥분으로 불타고 있었다)

위의 예문은 Kövecses(2002)에서 관용구에 대한 주목을 강조하기 위해 제시한 것인데 관용구의 예문과 관용구가 아닌 경우에 나타나는 은유 예문이 모두 포함되어 있다. 이 개념적 은유들은 위의 낱말들이 들어 있는 관용구에서 이 낱말들의 사용을 개념적으로 동기 부여한 것으로 이해할 수 있다. 이 개념적 은유가 주어지면, 이 관용구들이 왜 현재와 같은 일반적인 의미를 가지는지 이해할 수 있다. 즉 그것들이 왜 화, 사랑, 상상력

등과 각각 관련되는지를 알 수 있는데, 그 이유는 이 개념적 은유들이 존재하기 때문이며, 이러한 은유들이 없었다면 독립적으로 존재하게 되었을 두 개의 개념적 영역 사이를 연결하기 때문이다. 우리의 개념체계 내에서 개념적 은유들이 만드는 연결 때문에, 이것들은 우리에게 한 영역(예를 들어, 불)의 용어를 사용하여 (화와 같은) 다른 영역을 이야기하도록 해 준다. 이러한 용어들을 사용하는 관용구들이 '화'와 같은 목표 영역에 관한 관용구가 되는 이유는 [화는 불]과 같은 개념적 은유가 존재하기 때문이라 할 수 있다(이정화 외 공역 2003:360-362 참조). 이러한 설명은 인지적 관점에서 관용구를 고찰하는 데에 타당한 설명력을 부여한다. 영어와 마찬가지로 국어의 관용구도 이러한 개념적 은유가 주어지면 왜 그러한 의미를 가지게 되는지 쉽게 연관지을 수 있다.

한국어 관용구를 분석하기에 앞서 분석의 기준을 세우는 작업이 선행되어야 하는데 본서의 연구를 위하여 채택한 은유관은 2장에서 언급하였듯이 개념적 은유 이론과 영상도식에 기반을 둔 은유 이론을 결합한 것이다.[3] 한국어 관용구에 나타나는 은유 양상을 포괄하려면 Lakoff & Johnson(1980)의 존재론적 은유 개념과 함께 Johnson(1987)에서 제시한 그릇, 경로, 방향, 연결 등의 영상도식을 이용하여 은유를 설명하는 것이 유용하다. 본서의 이러한 틀은 영상도식 개념과 Lakoff & Johnson(1980)의 존재론적 은유 개념을 모두 포괄하여 새롭게 분류 기준을 제시한 Ruiz de Mendoza(1996, 1997), Santibanez(1999), Kövecses(2002),[4] Peña(2003)의 분류법[5]에 의해 지지된다.

---

3) Lakoff & Johnson(1980, 2003)에서 구조적 은유, 존재론적 은유, 지향적 은유로 분류한 이래로 대부분의 연구에서 이러한 큰 틀을 따르고 있다. 그 이후의 연구들에서는 개별 은유에 대한 연구에 집중되었고, 새로운 은유의 분류 기준을 제시한 것이 많지 않아 한국어 관용구에 나타나는 은유 전체를 분류하기에 적절한 새로운 은유의 틀을 찾을 필요가 있다.

4) Kövecses(2002)에서는 존재의 대연쇄(The Great Chain of Being) 은유와 사건 구조(The

Peña(2003)에서는 "Ruiz de Mendoza(개인교신)과 Santibanez(1999)의 연구는 Lakoff & Johnson(1980)의 분류법을 개선한 것으로 간주되며, 일반적으로 상황적 은유,6) 존재의 대연쇄 토대적 은유, 영상도식적 은유와 같은 구분에 따라서 은유를 분류할 수 있다고 가정한다"고 하였다. 또한 이들의 분류 체계에 대하여 "존재의 대연쇄 토대적 은유만 일-대응 은유의 모형과 일치하고, 다른 종류의 은유는 근원 영역과 목표 영역 사이의 완전한 대응체계를 확립한다. Ruiz de Mendoza(개인교신)에 따르면 구조적 은유 표현은 개략적으로 상황적 은유에 해당된다. 그러나 상황적이라는 개념은 구조적이라는 개념보다 더 포괄적인데, 전자는 고유한 명제적 구조뿐만 아니라 다른 상황에 의해 개념화되는 상황도 통합하기 때문이다. Lakoff & Johnson이 방향적 은유라고 부르는 영상도식 은유에 관해서, 이 두 저자는 위-아래나 앞-뒤와 같은 방위를 분석하는 데 전념하는 반면에 Ruiz de Mendoza의 용어는 그릇 및 경로와 같은 다른 유사한 영상도식을 포함할 수 있는 장점을 가지고 있다. 마지막으로 사물에 대한 우리의 경험은 존재론적 은유를 개념화하는 데 기초가 되며, 존재론적 은유는 존재의 대연쇄 토대적 은유와 동일하다."

Event Structure) 은유를 제시하였는데 사건 구조 은유는 Lakoff(1999)를 따른 것으로 주로 영상도식에 기반을 둔 은유에 해당된다.

5) 이들의 분류 방식과 세부 내용이 모두 동일하지는 않다. 사용하는 용어나 그 은유의 포함 범위가 다르지만 공통적으로 Lakoff & Johnson(1980)의 존재론적 은유와 영상도식에 기반을 둔 은유를 분리하여 동등한 지위를 부여하고 있다는 공통점이 있다.

6) Ruiz de Mendoza(2000)에서 논의하는 은유 표현 "He got up on his hind legs to defend his views(그는 자신의 견해를 보호하기 위해 일어섰다)"를 고려해 보면 말이라는 동물의 공격적인 행동은 어떤 상황과 관계하여 또한 어떤 상황에서 사람의 행동으로 사상된다. Ruiz de Mendoza(2000:12)는 "그 상황의 요소가 동물의 행동에서 사람의 행동으로 이루어지는 사상을 가능하게 하기 위한 유사성의 배경을 제공해 준다는 의미에서만 그런 요소가 적절하다"고 주장한다고 밝히고 있다(임지룡·김동환 옮김 2006:52 참조).

고 설명하고 있다(임지룡·김동환 옮김 2006:52 참조). Peña(2003)에서는 이러한 연구 성과를 토대로 영상도식 은유가 상황적 유형 범주에 포함되는 것으로 보고 Ruiz de Mendoza(1996, 1997)와 Santibanez(1999)의 연구 결과를 정리하여 '상황적 은유(Situational Metaphor)와 존재의 대연쇄 토대적 은유(Metaphor based on Great Chain of Being)'로 분류하였다. Peña(2003)의 '상황적 은유'[7]란 구조적 은유를 포함하는 영상도식 은유를 말하며, 존재의 대연쇄 토대적 은유는 Lakoff & Turner(1989)[8]에서 형식화한 것으로 존재의 대연쇄가 특성의 척도와 함께 존재물의 척도에 관여함에 기초한다. 따라서 이는 존재론적 은유와 동일한 개념으로 이해할 수 있다. 여러 학자들의 은유 분류에 대한 새로운 시도는, 본서에서 다루려고 하는 영상도식 은유와 존재론적 은유를 같은 위계로 놓고 분석할 수 있는 타당성을 뒷받침해 준다.[9]

---

7) 임지룡·김동환 옮김(2006:55-57)에서는 상황적 은유 중 장면적 은유는 기술할 수 있는 사건을 가리키며, 경험적 은유는 사태에 관여하는 주체에게 어떤 식으로 영향을 미치는 사건을 표현하는 역할을 한다고 설명한다. 이 두 은유를 구분하는 기준적 자질은 장면적 은유에는 외부 관찰자에게 투명한 외부 신호가 존재한다는 것을 들면서 "He's just blowing off steam"과 같은 문장이 외부 신호가 강한 장면적 은유의 예가 된다고 하였다. 그러나 Santibanez(1999)에서도 장면적 은유와 경험적 은유를 구분하지 않고 있다.

8) Lakoff & Turner(1989:167-168)에 따르면 "예컨대 인간은 하등 존재물에 부여되는 모든 특성과 인간을 인간으로 만들어 주는 일련의 자질을 가지고 있다"고 하였다. 이러한 은유 체계에 의해서, 사람을 하등 존재물인 동물이나 식물을 통해 이해할 수 있다는 설명이다(임지룡·김동환 옮김 2006:54 참조).

9) 이들의 새로운 은유 분류 기준은 상당히 체계적이며 타당한 기준이므로 큰 틀을 따르는 입장이다. 그러나 이들의 논의를 살핀 것은 한국어 관용구를 분석하기 위한 하위 분류 기준을 정립하기 위한 것이므로 Ruiz de Mendoza(1996, 1997), Santibanez(1999), Peña(2003)에서 기술하고 있는 세부적인 내용까지 동일하게 따르지는 않는다. Peña(2003)의 경우에도 세부 분석은 감정 표현에 초점을 맞춘 것이며 영어를 대상언어로 하고 있으므로 모든 세부적인 내용이 국어와 일치할 것이라 생각할 수는 없기 때문이다.

위에서 언급한 은유 체계의 새로운 분류 기준을 따르되 한국어 관용구에 나타나는 은유의 성격을 반영할 수 있는 용어인 '영상도식 은유(Image-schematic Metaphors)'[10]와 '존재의 대연쇄 은유(The Great Chain of Being Metaphors)'[11]로 나누고, 영상도식 은유를 세분하여 그릇 은유, 이동 은유, 방향 은유, 연결 은유로, 존재의 대연쇄 은유를 세분하여 사물 은유, 동물 은유, 의인화로 나누어 분석하기로 하겠다.

1. 영상도식 은유

1) 그릇 은유

인간에게는 실체가 없는 개념이나 사건 개념을 구체화시키고 경계를 부과하여 영역 개념으로 이해할 수 있는 인지능력이 있다. 추상적인 대상에 경계를 부과하게 되면 경계 안과 밖을 자연스럽게 구분할 수 있으며 이렇게 경계를 부과한 대상을 우리는 그릇(Container)으로 인지하기도 한다.

---

10) 본서에서는 상황적 은유 중에서 Peña(2003)가 장면적 은유라 본 것을 주로 존재의 대연쇄 토대적 은유(존재론적 은유에 해당)에 포함시켜 기술할 수 있다고 본다. 한국어 관용구에 나타나는 은유는 영상도식 은유를 제외하고는 주로 일대일 사상 관계를 이루는 존재론적 은유의 범위 내에서 설명 가능하므로 이러한 상황적 은유라는 용어와 개념을 동일하게 따르지 않는 입장임을 밝혀둔다. 또한 본서에서는 용어도 '영상도식 은유'라 부르기로 한다.

11) '존재론적 은유'라는 용어를 사용해도 개념상으로 큰 무리가 없겠으나 Lakoff & Johnson(1980:30-32)에서는 '그릇 은유'를 존재론적 은유 안에서 설명하는 데 반해 본서에서는 영상도식에 기반을 둔 것으로 설명할 수 있는 은유는 모두 '영상도식 은유'의 틀 안에서 설명하는 입장이므로 구별을 하는 입장에서 '존재의 대연쇄 은유'라는 용어를 사용하기로 하겠다. Lakoff & Turner(1989)에서 '존재의 대연쇄 토대적 은유(Metaphor based on Great Chain of Being)'라고 한 것을 Kövecses(2002)에서 '존재의 대연쇄(The Great Chain of Being) 은유'라 칭하였는데, 의미상 차이가 없으므로 로 후자의 용어를 사용하기로 한다.

Lakoff & Johnson(1980:30-32)에서는 우리가 사건(event), 행위(action), 활동(activities), 상태(states)를 그릇으로 인지한다고 하였으며, Lakoff(1987:332)에서는 우리는 언제나 자신의 몸을 그릇으로서 경험하고 또 그릇 속의 것으로서 경험한다고 하면서 시야는 그릇으로 이해된다는 은유의 실례를 들고 있다. 이를테면, 사물은 시야 안에 들어오고, 또 시야 밖으로 나간다. 인간관계 역시 그릇에 의거해서 이해된다. 사람은 결혼 생활에 갇히고 또 거기에서 풀려날 수 있다는 것이다. Lakoff(1987)에서 그릇 도식은 내부와 외부를 구별하는 경계로 이루어져 있는 도식이라 설명한다. 사람은 자신의 몸을 그릇으로 이해하고 있는데, 가장 기본적인 일은 섭취와 배설하는 일, 공기를 폐 속에 넣었다가 다시 품어내는 일이다. 이러한 경험을 통하여 그릇 은유의 근거가 마련된다고 할 수 있으며 막대한 수의 활동들을 '그릇'이라는 관점에서 개념화한다(이기우 옮김 1994:332 참조).

우리는 대상을 그릇 자체로 보는 경우도 있고, 그릇 안에 담겨 있는 내용물로 보는 경우도 있는데 한국어 관용구에서는 이들이 모두 다양하게 나타나고 있다. 그릇과 내용물을 구분하는 방식보다는 어떠한 개념이 그릇으로 인식되는가에 따라 구분하여 살펴보기로 하겠다.

(1) [사람은 그릇]

사람을 그릇으로 보는 것은 우리의 신체를 '그릇'으로 경험하는 데에서 비롯되어 상당히 자연스러운 은유이다. 이 은유에는 [사람은 그릇], [몸은 그릇], [입/귀/눈은 그릇], [말은 그릇 안의 내용물], [화는 그릇 속의 내용물] 등의 은유가 모두 포함된다. 한국어 관용구에서 이러한 은유가 활발하게 작용하고 있음을 어렵지 않게 발견할 수 있다.

(5) ㄱ. 뚜껑이 열리다

　　ㄴ. 그 사람이 어찌나 사람 속을 긁던지 참다 참다 결국에는 뚜껑이
　　　열렸지.12)

　화가 나서 참을 수 없게 되었을 때 '뚜껑이 열리다'를 사용하는 경우에는 사람을 화를 담고 있는 그릇으로 보아 그 뚜껑이 열리고 그 다음 단계에서는 안에 있던 내용물인 화가 밖으로 나오게 되는 것을 의미하는 은유로 볼 수 있다. '뚜껑이 열리다'라는 관용구는 '뚜껑'이라는 단어 자체나 '열리다'라는 단어 자체에서는 '화를 내다'는 의미를 추출할 수가 없다. 하지만 [사람은 그릇이다], [화는 그릇 속의 액체이다]라는 은유를 통해 이 의미를 추적할 수 있다.

　임지룡(1997:175-176)에서는 개념화의 사상관계가 존재론적 대응관계와 인식론적 대응관계로 나누어짐을 언급하면서 [화는 그릇 속의 액체이다] 은유에 대해 다음과 같이 설명한 바 있다.

(6) ㄱ. 존재론적(ontological) 대응

　　근원 영역 : 액체의 열　　　　　목표 영역 : 화
　　a. 그릇　　　　　　　　　　　몸
　　b. 액체의 열　　　　　　　　　화
　　c. 열 척도　　　　　　　　　　화 척도
　　d. 그릇의 압력　　　　　　　　경험화된 압력
　　e. 끓는 액체의 소동　　　　　　경험화된 소동
　　f. 그릇의 저항에 대한 한계　　　화를 참는 사람 능력의 한계
　　g. 폭발　　　　　　　　　　　자제력 상실

---

12) 본서에서 사용하는 예문은 필자가 만든 예문이거나 KAIST 자연어처리연구실에서 만든 Kaist Concordance Program Demo의 말뭉치 혹은 고려대학교 민족문화연구원 전자텍스트연구소 용례추출기의 용례에서 가져온 것이다. 필자가 만든 예문에는 표시를 하지 않고 Kaist Concordance Program Demo의 용례는 예문 뒤에 KCP로, 고려대학교 민족문화연구원 전자텍스트연구소의 용례는 CETConc로 표시한다.

ㄴ. 인식론적(epistemic) 대응
근원 영역(액체의 열) → 목표 영역(화)

a. 그릇 속의 액체가 어떤 한계를 넘어서 열을 받을 경우, 압력은 그릇이 폭발할 지점까지 높아진다. → 화가 어떤 한계를 넘어서 증대할 경우, 압력은 사람의 자제력을 상실한 지점까지 높아진다.
b. 폭발은 그릇을 손상시키고 주변 사람들에게 위험하다. → 자제력의 상실은 그 사람을 다치게 하고 다른 사람에게 위험하다.
c. 폭발은 적절한 힘과 반-압력을 가함으로써 방지될 수 있다. → 화는 의지력에 의해서 억제될 수 있다.
d. 압력의 통제된 해제를 통하여 위험을 줄일 수 있다. → 화는 통제된 방식으로 해소되거나 적절히 발산시킬 수 있다.

따라서 [화는 그릇 안의 액체이다]를 통해 '화'가 그릇 속에 담긴 액체의 열로 이해되고, 근원 영역과 목표 영역의 실재물에 관한 존재론적 대응을 할 수 있으며, 그 실재물에 관한 인간의 지식의 관계를 포함하여 인식론적 대응을 할 수 있다. 특히 '뚜껑이 열리다'는 그릇 속의 액체가 어떤 한계를 넘어서 열을 받는 경우에 해당하는 아주 구체적인 장면에 해당한다. (5ㄴ)과 같은 상황에서처럼 아주 화가 나는 경우, '뚜껑이 열리다'라는 관용구를 사용하지만, '뚜껑을 열다'라는 관용구는 거의 사용하지 않으며 부자연스럽게 느껴진다.

(7) ㄱ. ?그 사람이 (내) 뚜껑을 열더라고.
ㄴ. 그 사람이 (나를) 뚜껑이 열리게 하더라고.
ㄷ. (그 사람 때문에) 뚜껑이 열렸지.

위의 두 표현 중에서 자연스러운 것은 (7ㄴ)과 (7ㄷ) 두 문장이다. 이는 위에서 언급된 대응 양상 중에서 '자제력 상실'에 해당하는 부분으로, 내부·외부적인 요인에 의해 어느 순간 폭발하는 상황을 나타내는 것이므로, 피동 의미 표현인 '뚜껑이 열리다'가 사용되는 것은 자연스러우나 '다른 사람이 억지로 나의 뚜껑을 여는 상황'을 상정하여 표현하는 것은 우리의 인지 체계 내에서 개념적으로 자연스러운 상황이 아니다. 이렇게 우리가 가지고 있는 은유적 개념이 은유적 표현으로 나타남을 알 수 있다.

(8) ㄱ. 속을 끓이다, 속이 끓다,[13] 피가 끓다
    ㄴ-1. 집안이 편할 날 없이 끔찍해요. 애 아버지는 개 때문에 하도 속을 끓여 회사도 그만두고 속병으로 앓아 누웠어요.(KCP)
    ㄴ-2. 추락하는 주가지수와 함께 사라져버린 돈을 생각하면 피가 끓지만, 증권투자자들은 이제 흥분할 기력조차 잃어버렸습니다.(KCP)

---

13) '속이 끓다'와 같은 관용구를 연어로 보는 입장과 관용구로 보는 입장이 있을 수 있다. 김진해(2000:147)에서는 '속이 타다'에서 '속'은 '마음'의 뜻으로 전이된 것으로 보아 연어로 분석하고 있으며, 박만규(2002)에서도 비슷한 견해를 취하고 있다. 그러나 '세종계획 전자사전 보고서'의 연어-관용어 목록을 보면 '속이 끓다' 류는 관용구로 처리되어 있다. 본서에서는 '속이 끓다'나 '속이 타다'의 경우 글자 그대로의 의미로는 사용이 자연스럽지 않으나 논리적으로 불가능한 것이 아니므로 본서에서 규정한 관용구의 개념 범주에 들어온다고 판단하여 관용구로 처리하는 입장이다(연어와 관용구의 검증에 대해서는 임근석(2006)을 참고하기 바란다). 사람을 그릇으로 보는 개념적 은유와 화를 그릇 안에 담긴 뜨거운 액체로 보는 은유가 있기에 '속이 끓다'가 '화가 나다'의 의미와 연결될 수 있으므로 가능한 표현이다. 앞에서 언급한 바 있는 관용구의 정도성이라는 측면에서 그 구성요소의 의미가 비교적 전체 의미의 예측에 쉽게 기여하는 부류라 보는 것이 적절할 것이다. 연어 가운데 비유적인 의미로 사용되는 부류와 관용구 가운데 투명성이 높은 부류는 거의 맞닿아 있기 때문에 그 구분에 있어서 의견이 엇갈리게 되는 것으로 보인다. 이동혁(2004:33)에서는 연어 표현의 범주적 위치에 대한 설명을 위해 아래와 같은 도표를 제시하고 있다.

    ←——————————— 결합의 고정성/제한성/긴밀성

관용	연어	자유
표현	표현	표현

    ——————————→ 의미 결합의 투명성/합성성

또한 (8)에서도 '화'를 [그릇 안의 뜨거운 액체(ANGER IS HEATED FLUID IN A CONTAINER)]로 보고 있음을 알 수 있다. 이 경우에는 위에서 제시한 임지룡(1997)의 존재론적 대응에서 경험화된 소동을 끓는 액체의 소동으로 개념화한 경우로 볼 수 있다. 사전에서는 '화가 나다' 정도로 설명하고 있어 앞에서 제시한 '뚜껑이 열리다'와 거의 유사한 표현으로 볼 수 있지만 그것이 사용되는 상황을 생각하면 전달하는 의미에 상당히 차이가 있음을 알 수 있다. '속이 끓다'는 그릇 안의 뜨거운 액체가 끓는 것과 마찬가지로 심리적인 소동 상태에 초점이 맞추어진 표현이다. 그릇 안의 물이 끓고 있는 것을 생각해 본다면, 밖으로 화가 표출되는 상태와는 달리 화를 사람의 내부에 담고 있으면서 점차 위험한 수준으로 올라가고 있는 상태로 개념화 된다.

(9) ㄱ. 그릇이 작다, 그릇이 크다, 통이 작다, 통이 크다
　　ㄴ-1. 그 집은 아내가 남편보다 그릇이 큰 것 같더라고.
　　ㄴ-2. 내 남편은 통이 크지는 못 하지만 성실하고 자상한 사람이다.(KCP)

(10) ㄱ. 속이 차다
　　ㄴ-1. 마른 도라지는 부피는 작으나 속이 알차서 무게가 있다.(KCP)
　　　　 (글자 그대로의 의미로 사용)
　　ㄴ-2. 말이 많은 사람은 그 누구를 막론하고 속이 비어 있다. 속이 찬 사람은 말수가 적을 수밖에 없다.(KCP) (관용구로 사용)

(9ㄱ)은 사람의 능력이나 도량을 나타내는 표현인데, [몸은 그릇], [사람은 그릇] 은유가 사용된 예이다. 사람의 능력이나 도량은 사람이 가지고 있는 것이고, 이들을 그 그릇 안에 담기는 내용물로 본 것이다. 따라서 그 내용물을 많이 가지고 있다는 것은 그것을 담을 수 있는 그릇 또한 크다는 것을

의미하므로 '그릇이 크다'로 표현할 수 있는 것이다. 또한 (10)에서도 사람을 '그릇'으로 보고 '사람이 지녀야 할 좋은 자질, 배려심 등'을 '그릇 안의 내용물'로 보아 그것이 충족되는 사람을 '속이 찬' 사람으로 표현하는 은유가 나타난다.

한편 표준국어대사전에 따르면 '통이 작다, 통이 크다'를 그릇을 의미하는 '통10'이 아닌 '바지통'의 의미를 가진 '통4'의 아래에 제시하고 있다. 그러나 관용어 사전(1995)에서는 '큰 그릇'이라는 표제항과 연결되는 것으로 표시하고 있는데, '그릇이 작다'와 '통이 작다'의 의미의 근거는 우리의 은유적 지식에 비추어 보아 동일하게 그릇 은유에서 찾아 볼 수 있다.

(11) ㄱ. 속을 긁다, 속을 뒤집다, 속을 빼놓다, 속을 떠보다, 속이 깊다,
　　　 속이 뒤집히다,[14] 속이 들다, 속이 비다,[15] 속이 좁다, 속이 터지다
　　 ㄴ-1. 주희 앞에서 종호는 본의 아니게 '속이 좁은 남자 아이'가 되고만
　　　　 셈이니까요.(KCP)
　　 ㄴ-2. 그는 어려서부터 속이 깊어 남들이 헤아리기 어려웠다.(KCP)

'속이 들다'도 역시 내용물이 '그릇'인 사람 안에 들어 있다는 개념적 은유로 연결시켜 보면 '속이 차다'와 유사한 의미를 가지게 된다. 한편 그릇의 깊이가 깊다면 내용물이 많이 들어갈 수 있을 것이요, 그릇의 너비가 좁다면 내용물이 조금밖에 들어갈 수 없다는 것을 우리가 경험적으로 알고

---

14) 쓰레기통과 같은 그릇이 아니라 주머니와 같은 것으로 인식하여 주머니의 안을 밖으로 뒤집듯이 뒤집는 것 또한 생각해 볼 수 있다. 안에 있어야 할 것이 밖으로 나오는 것이므로 이것 또한 자연스럽고 편안한 상태가 아님을 의미하게 되는 것이다.

15) 자주 사용하는 관용구는 아니나 임신했음을 의미하는 '몸이 비지 않다'라는 표현이 있는데, 이것 역시 몸을 그릇으로 보고 태아를 그 그릇 안에 들어 있는 내용물로 보아 그릇 은유가 직접적으로 드러난 표현이라 할 수 있다.

있는데 이에 근거하여 '속이 깊다'나 '속이 좁다'와 같은 관용구가 사용될 수 있는 것이다. 이러한 우리의 관습적 지식이 관용구의 의미를 쉽게 연결시킬 수 있게 해 주고 은유적 개념화의 동기를 제공한다. '속을 뒤집다'와 '속이 뒤집히다'는 내용물이 원래 상태에 머물러 있는 것이 아니라 그 질서가 깨지는 것이므로 내면 상태의 혼란과 복잡함을 드러내게 된다. 또한 스스로가 속을 뒤집는 것이 아니라 타인이나 외부적인 원인에 의해 속이 뒤집히는 것이므로 '역겨운 냄새가 풍겨 와 속이 뒤집힐 것만 같았다'라든가 '화가 나서 속이 뒤집힐 지경이다'와 같은 상황에서 사용된다. 전자의 경우는 '비위가 상하여 욕지기가 날 듯하게 되다'의 의미로, 후자의 경우는 '몹시 아니꼽게 느껴지다'의 의미를 가지는데, 그 구성요소로부터 모든 관용구의 완벽한 의미를 분석해낼 수 있는 것은 아니나 구성요소의 의미들로부터 그 의미가 동기 부여된다는 것은 알 수 있다.

> (12) ㄱ. 입에 담다, 입에 담지 못하다, 입 밖에 꺼내다, 입 밖에 내다, 입 밖으로 나오다, 입 밖으로 내다, 입 밖으로 뱉다, 입 밖으로 새어나오다, 입 밖으로 튀어나오다
> ㄴ-1. 누구도 다시는 이스라엘에서 이런 속담을 입에 담지 못할 것이다.(KCP)
> ㄴ-2. 그러나 그런 말을 입 밖에 내지는 않았다.(KCP)

(12ㄱ)은 '말'을 그릇 안의 내용물로 보아 표현하고 있는 관용구들이다. [사람은 그릇이다], [입은 말을 담는 그릇이다], [말은 그릇 안의 내용물이다] 은유에 의해 표현되었다. 말을 하는 것을 그릇에 담는 것으로, 그릇에 담겨 있던 것이 밖으로 나오는 것으로 표현하고 있으며, 말을 그릇 밖으로 꺼내기도 한다. 또한 바람이 빠지듯이 그릇에서 말이 새어 나오기도 한다.

‘입에 담다’와 ‘입 밖에 꺼내다’의 경우는 모두 ‘말하다’의 의미를 가진다. 그런데 그 사용을 보면 ‘그런 말을 입에 담다니……’, ‘입에 담지도 못할 말을 해댔다’나 ‘그 일은 절대로 입 밖에 꺼내지 마’와 같이 말을 하는 것이 부정적인 영향을 준다는 의미를 가진 경우에 생산적으로 사용된다. 따라서 위 관용구에 사용된 [말은 그릇 안의 내용물이다] 은유에서 ‘내용물’은 ‘좋지 않은 내용물’이 되는 것이다. 또한 그릇 안에 담겨 있어야 할, 혹은 그릇 안에 숨겨 놓아야 할 ‘(좋지 않은) 내용물이 밖으로 나가게 되는 것’은 더욱더 부정적인 상황을 만들게 되는 것이다. 글자 그대로의 의미로 사용되는 ‘말하다’가 담을 수 있는 개념보다는 더 생생하고 풍부한 내용을, 우리가 더 쉽게 인지할 수 있도록 전달하고 있는데 이들 모두 우리가 사람 혹은 입을 그릇으로 인식할 수 있기에 가능한 표현이다. 이러한 내용을 고려한다면 예문(12ㄴ-2)를 다음과 같은 사상 관계로 나타낼 수 있을 것이다.

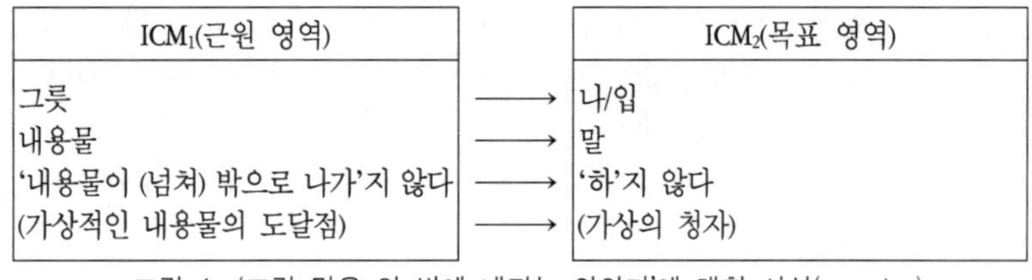

<그림 4> ‘그런 말을 입 밖에 내지는 않았다’에 대한 사상(mapping)

(13) ㄱ. 귀에 들어오다, 귀에 들어가다, 귀담아 듣다

　　　ㄴ-1. 너희는 이제 내가 하는 말에 귀를 기울여라.(KCP)

　　　ㄴ-2. 내가 하는 말을 귀담아 들어라.(KCP)

　　　ㄴ-3. 결국 이런 움직임은 멀리 떠나지 못하고 주변에서 숨어 다니던 그 애들의 귀에 들어갔던 모양이다.(KCP)

입을 그릇으로 본 것과 마찬가지로 [귀는 그릇이다], [말은 그릇 안의

내용물이다]에 해당하는 관용구도 있는데 (13ㄱ)의 '귀에 들어오다', '귀에 들어가다'가 그것이다. 관용구 '귀담아 듣다'는 '듣다'라는 단어가 포함되어 있기는 하나 앞의 '귀에 담다'에서 '귀를 그릇으로 보아, 그 그릇 안에 내용물인 말을 담는 것'으로 연결시켜 볼 수 있다. 그러나 입에 비해 귀는 그릇으로서의 쓰임이 많이 나타나지 않는다. 이것은 아마도 '귀'보다는 '입'을 '말'이라는 내용물을 담는 그릇으로서 개념화하는 것이 더 자연스러운 것으로 인식하기 때문인 것으로 보인다. 이는 말을 듣는 것보다는 말을 하는 것에 관련된 표현들이 더 발달된 것과도 관계가 있을 것이다.

(14) ㄱ. 눈 밖에 나다, 눈 밖에 벗어나다, 눈에 나다, 눈에 들다, 눈에 차다
    ㄴ-1. 언론인들은 사주의 눈 밖에 날까봐 전전긍긍하면서 사주의 비위를 맞추는 일에 큰 신경을 쓰고 있다.(KCP)
    ㄴ-2. 내 눈에 차는 것은 다혜 뿐이었다.(KCP)
    ㄴ-3. 언덕을 오를 때면 하늘에 떠 있는 별들이 간간히 눈에 들어왔다.(KCP)
    ㄴ-4. 사용자의 대부분을 차지하는 젊은이들의 눈에 들도록 심플하고 스마트한 디자인을 위해 안간힘을 썼다.(KCP)

위의 관용구들은 [눈은 그릇이다] 은유가 작용하여 의미를 가지는 예들이다. [입/귀는 그릇이다] 은유에서는 '말'과 관련된 내용에서 이러한 관용구가 사용되었으나 눈은 '말'이 아니라 '사람'을 담는 그릇으로 나타난다. 즉 [눈은 그릇]이며 [사람은 그 그릇 안에 담기는 내용물]인 것이다. 그릇 안에 담기지 않고 밖으로 나가는 것은 '신임을 잃거나 미움을 받는 것'으로 이해되며, '눈 밖에 나다', '눈 밖에 벗어나다', '눈에 나다'가 동일한 의미로 사용된다. 또한 '눈'이라는 그릇 안에 들어오는 것이나 '눈'이라는 그릇 안을 채우는 것은 '흡족하게 마음에 드는 상태'를 의미하게 된다. 앞에서

언급한 '속이 차다'와 마찬가지로 그릇 안을 채우는 것이 긍정적인 의미를 가지게 되는 것이다. 또한 위의 예문 중 '눈 밖에 나다, 눈 밖에 벗어나다'와 같은 표현들은 뒤에서 언급할 안-밖 지향적인 은유와도 연관시켜 볼 수 있다. 즉 그릇이라는 것으로 개념화함으로써 안과 밖의 경계선이 부여되는 것이고, 그 안에 들어오는 것은 일반적으로 더 긍정적인 의미를 가지게 되는 것과도 관련이 되는 것이다.

내용물을 그릇에 담듯이 '머리'라는 '그릇' 안에 '지식, 생각'을 넣는 것으로 표현하는 은유도 다수 보이는데, [머리는 그릇이다], [지식/생각/아이디어는 그릇 안의 내용물이다] 은유에 의해 나타나는 관용구들을 제시하면 아래와 같다.

(15) ㄱ. 머리에 넣다, 골이 비다, 머리가 비다, 머리에 떠오르다
    ㄴ-1. 이 많은 내용을 다 머리에 넣을 수가 없어!
    ㄴ-2. 지각이 있는 서양 사람들은 동양에서 삶의 지혜를 찾고 있는데, 골이 빈 동양인들은 서양인의 흉내 내기에 여념이 없다.(KCP)
    ㄴ-3. 여러분에게 가장 익숙한 어휘로써 머리에 떠오르는 그대로 순수하게 이야기하라.(KCP)

이해하거나 지식을 쌓는 것을 그릇 안에 어떤 내용물을 채워 넣는 것으로 개념화하여 '머리에 넣다'라는 관용구가 가능하게 되며, 지식이 없는 것을 그릇 안에 내용물이 없는 것으로 개념화하여 '골이 비다, '머리가 비다'라는 관용구가 형성되었는데 이들 모두 '머리'를 '그릇'으로 이해하는 개념적 은유가 있기에 이해 가능한 표현들이다. 즉 지식이나 생각이 없다는 것은 그릇 안에 채워져야 할 내용물이 없다는 것이므로 '머리가 비다'라는 표현이 생겨나는 근거를 마련해 준다. (15ㄴ-3)은 생각을 그릇 안의 내용물로

본 예인데 그릇이 액체로 채워져 있어서 그릇의 내용물인 생각이 그릇의 바닥으로부터 그릇의 위로 떠오르는 영상으로 연결되어 있다.

또한 [사람은 그릇이다] 은유와 함께 [기대감은 내용물이다] 은유가 작용한 관용구들이 있다.

(16) ㄱ. 바람을 넣다, 바람이 나가다, 바람이 들다[16]
    ㄴ-1. 왜 가만히 있는 사람에게 바람을 넣니?
    ㄴ-2. 핵심 인물들이 다 **빠**져나가서 바람 나간 모임이 되어 버렸다.
    ㄴ-3. 바람 든 사람의 마음을 다시 잡아오기란 정말 힘들다.

'바람(을) 넣다'는 '남을 부추겨서 무슨 행동을 하려는 마음이 생기게 만들다'의 의미인데 타이어에 바람을 넣듯이, 기대감이나 하고자 하는 마음을 '그릇'인 사람에게 넣는 것으로 이해할 수 있다. 또한 '한창 융성한 기운이 없어지다'는 뜻을 가지는 '바람이 나가다'의 경우에도 그러한 기운

---

16) '바람이 들다'와 의미적으로 비슷한 관용구로 '바람이 나다'가 있는데 이것은 명확하게 그릇 은유라고 보기는 어려워 함께 다루지 않았다. 그러나 '기대감이나 들뜬 기운'이 생겨 나오는 것에서 그 관용구의 의미를 연결할 수 있을 것이다. '바람이 나다'는 문맥에 따라 두 가지 의미로 해석될 수 있다.

(1) 하라는 공부는 안 하고 만날 거울만 들여다볼 거야? 저게 바람이 났나?
(2) 며느리는 아들이 월남 간 지 넉 달 만에 바람이 나서 어린 것도 버려둔 채 어디론지 행방을 감추었다네.('바람을 피우다'의 의미와 동일)

즉 예 (1)처럼 '바람이 들다'와 비슷한 의미로 사용되거나 (2)처럼 '바람을 피우다, 불륜에 **빠**지다'의 의미로 사용될 수 있는 것이다. (1)의 경우라면 '바람이 들다'와 비슷한 의미적 연결이 가능한 은유로 설명 가능하지만 (2)의 경우는 (1)의 관용적 사용에서 또다시 의미 전이가 일어난 것으로 보이나 그 설명 근거를 지나친 추측에서 찾아야 하므로 본서의 설명 범위를 넘어선다.

이 바람 빠지듯이 나가버리는 것으로 쉽게 이해할 수 있다. '허황된 생각이나 기대감이 마음에 차다'의 의미를 가지는 '바람(이) 들다'에서도 사람의 마음이라는 그릇을 특히 손에 잡히지 않는 내용물인 바람이 들어와서 채워가는 것으로 이해하게 되는데, 그 내용물은 뜨겁게 끓어오르거나 출렁거리는 물의 이미지가 아니라, 머물러 있지 않고 계속 흔들리면서 움직이는 바람에 대한 경험에 근거하여 동기 부여되는 것으로 보인다.

본서는 인지적 관점에서 관용구의 의미를 바라볼 때, 한국어 관용구가 구성요소의 분석 가능성이 있기는 하나 그 구성요소 각각의 의미로 해체 가능함을 강하게 주장하는 입장을 취하지는 않는다. 그보다는 글자 그대로의 의미와 관용구의 의미가 서로 연관성이 있느냐와 관련하여 그 의미적 투명성에 정도성이 있으므로 관용구 의미의 분석가능성을 제시하는 것이며, 관용구의 생성에 동기를 부여함을 인식하는 것이 논의의 초점이다.

(17) ㄱ. 김을 빼다, 김이 빠지다, 김이 새다
　　　ㄴ-1. 맞는 스피치를 하고서도 끝에 가서 공연히 쓸데없는 말을 하여 김을 빼 버리는 경우를 종종 본다.(KCP)
　　　ㄴ-2. 디지털시스템으로 설비를 바꾸는 대규모 투자를 해야 하는 제1통의 인수 작업은 다소 김이 빠질 수도 있는 것이다.(KCP)
　　　ㄴ-3. 형님들이 쩨쩨하게 나오니까 김이 팍 샙니다.(KCP)

(17ㄱ)은 그릇 안에 들어 있던 기체 내용물이 밖으로 나가는 것으로 보고 있는 은유 표현들이다. 일에 대한 기대감(김)이 우리 몸(그릇) 안에 들어 있다가 밖으로 나감으로써 사라져 버리는 것으로 개념화하고 있다. 앞에서 언급한 바 있는 '뚜껑이 열리다'의 경우와 마찬가지로 '김을 빼다'와 같은 관용구에는 반의 표현들이 존재하지 않는다. 즉, '김이 들어오다'와

같은 관용구는 존재하지 않는데 이것도 역시 우리의 개념체계 내에서 아주 자연스럽게 이해할 수 있는 현상이다. 즉, 가득 차 있던 김이 그릇 밖으로 **빠져나가는** 것은 우리의 인지 체계 내에 존재하는 현상이나 **빠져나갔던** 김이 다시 들어오는 것은 존재하지 않는 현상이기 때문이다. 따라서 그러한 개념 체계가 없으므로 그 표현 또한 나타나지 않는다.

(2) [추상적 실체는 그릇]

관용구 중에는 위에서 제시한 바와 같이 [사람을 그릇]으로 보는 은유가 상당히 많이 나타나는데 그 외에도 [사회/집단은 그릇이다], [상황은 그릇이다], [아이디어/자본은 그릇 안의 내용물이다]처럼 [추상적 실체를 그릇]으로 보는 은유가 작용하는 관용구도 보인다. 이 은유에 의한 관용구는 그 수는 많지 않으나 실제 사용을 생각해 보면 상당히 빈번하게 나타나는 표현들임을 알 수 있다.

(18) ㄱ. 몸을 담다, 몸을 두다
　　　ㄴ. 10년 동안 몸 담아 온 회사를 떠나려니 섭섭한 마음이 크다.

이 표현은 [사회/집단은 그릇이다], [사람은 그릇 안의 내용물이다] 은유에 의해 의미가 부여되는 관용구이다. '몸을 담다'는 사람이 속해 있는 '사회'나 '조직'을 '그릇'으로 보아 '그 조직 안에 속해 있다'는 뜻으로 사용하는 표현이며, '몸을 두다' 역시 사람을 그 그릇 안에 담겨 있는 내용물로 개념화한 은유라 할 수 있다. 이들 표현 모두 어떤 조직이나 사회인 '그릇' 안에 몸을 담고 있거나 몸을 두고 생활하는 것이다.

위의 예에서 관용구가 사용된 문장 (18ㄴ)은 추상적인 개념인 '사회'에 경계를 부여하여 그 '안'에 속하여 일해 왔다는 의미를 더 구체적으로 자연스럽게 전달한다. 즉 일할 때는 그 조직 안에 속해 있었으나 이제는 더 이상 그 조직 안에 속하지 않는다는 의미가 그릇 은유를 통하여 더 생생하게 전달되는 것이다.

(19) ㄱ. 물을 갈다, 물갈이를 하다[17)
ㄴ. 이번 구조 조정에서는 대대적인 물갈이를 할 것이라고 한다.

조직 개편과 관련된 상황에서 쓰이는 경우, 추상적 실체인 조직은 그릇이 되고, 그 조직 안에 속에 있는 구성원은 그 그릇 안에 담겨 있는 내용물 즉, 물(액체)이 된다. 그리하여 그 구성원을 바꾸는 것을 '물을 바꾸어 담는 것, 물을 가는 것'으로 인식하고 형성된 관용구다. 보통 수족관이나 수영장의 물을 갈거나 어항의 물을 갈 때 일부만을 가는 것이 아니라 모두 갈거나 아니면 일부를 남겨두고 상당 부분을 갈게 된다. '물갈이를 하다'라는 표현은 '기관이나 조직체의 구성원이나 간부들을 비교적 큰 규모로 바꿈'을 비유적으로 나타내는 표현인데 '인원을 교체하다'라는 의미를 나타내는 데에 우리가 경험적으로 알고 있는 구체적인 영상을 통하여 개념화하는 그릇 은유가 사용되었다.

사회나 조직을 그릇으로 본 은유와는 약간 달리 추상적 개념인 상황을 그릇으로 본 은유도 나타나는데 [처해 있는 상황은 그릇이다], [사람은 그 안에 담겨 있는 내용물이다] 은유가 작용하여 나타나는 관용구들이

---

17) '물을 갈다'라는 관용구로부터 '물갈이'라는 단어에 이미 '구조개편을 하다'라는 의미가 다 전이되었다고 본다면 이것을 더 이상 관용구로 보기 어려우나 그 판별이 애매하고, 구성요소의 의미와 관용구 의미와의 연관성을 설명하기에 적절하므로 포함하여 기술하였다.

있다.

(20) ㄱ. 숨구멍을 트다, 숨구멍이 트이다

　　　ㄴ-1. PKO 활동 참여는 제2차 대전 이후 억제돼 온 일본의 군사 활동에
　　　　　　숨구멍을 터주는 역할도 할 것으로 분석되고 있다.(KCP)

　　　ㄴ-2. 변호사가 되고 보니 막혔던 숨구멍이 조금 터진 듯했다.(KCP)

　답답한 상황에서 벗어나게 되는 경우에 '숨구멍을 트다' 혹은 '숨구멍이 트이다'라는 관용구를 사용하게 되는데, 우리는 경험적으로 밀폐된 공간 안에 갇혀 있을 때 답답함을 느낀다. 따라서 사람이 처해 있는 상황을 거의 닫혀 있는 밀폐된 그릇으로 인식하게 되고 거기에서 숨을 쉴 수 있는 작은 구멍을 만드는 것을 생각할 수 있다. 즉 [사람이 속해 있는 상황은 그릇이다], [사람은 그 안에 담겨 있는 내용물이다] 은유가 작용하는 것이다. 따라서 속해 있는 상황에 약간의 여유가 생기거나 상황이 나아지는 것을 위와 같은 관용구로 연결시키는 것이 가능하다. 만약 사람을 담고 있는 밀폐된 그릇에 숨구멍이 생기는 경우가 아니라 일반적인 그릇 도식에서 구멍이 나는 것을 생각해 본다면 안에 있는 내용물이 밖으로 흘러나올 가능성이 있으므로 부정적인 의미를 가지게 된다. 그러한 관용구는 다음과 같다.

(21) ㄱ. 구멍을 메우다, 구멍이 나다, 구멍이 뚫리다, 구멍이 많다, 구멍이
　　　　　생기다

　　　ㄴ-1. 감시체제에 구멍이 뚫려 있는 것이다.(KCP)

　　　ㄴ-2. 신용카드 제조와 배송 그리고 사용 과정 모두에서 신용거래에
　　　　　　구멍이 생긴 셈입니다.(KCP)

　　　ㄴ-3. 이번에 검거된 부부간첩의 침투경로를 보면 아직도 우리군의

해안선 경계망 곳곳에 구멍이 나있다는 사실을 확인할 수 있습니다.(KCP)

ㄴ-4. 보안체계에 허술한 구멍이 많다.

ㄴ-4'. 어떤 문제가 생기더라도 빠져나갈 구멍은 많으니까 걱정하지 마.

또한 처해 있는 상황에 문제가 생기는 것을 그릇에 구멍이 나서 그 안에 내용물이 새어 나오는 것으로 보고 있는 은유도 나타난다. '구멍이 많다'의 경우에는 관용적 의미가 두 가지로 사용되는데, 하나는 (21ㄴ-4)처럼 '허점이나 약점이 많다'는 의미이며, 다른 하나는 (21ㄴ-4')와 같이 '어려움을 헤쳐 나갈 수 있는 길이 많음'을 의미하는 것이다. 이 두 경우에서 사용되는 상황은 다르나 [처해 있는 상황은 그릇이다] 은유와 [사람은 그 안에 담겨 있는 내용물이다] 은유를 연결시켜 보면 그 의미와의 연관성을 쉽게 생각해 볼 수 있다. 문제점이 밖으로 나가게 되는 길이나 그릇 밖으로 도망갈 수 있는 길은 모두 온전한 그릇에 생긴 '구멍'으로 개념화할 수 있다. 따라서 문제가 생겨서 그릇에 구멍이 났을 때 그것을 해결하는 방법은 그 뚫린 구멍을 막는 것이므로 '구멍을 메우다'라는 표현 또한 가능하게 된다.

(22) ㄱ. 바닥을 드러내다, 바닥이 드러나다

ㄴ-1. 이제 내 아이디어도 바닥이 드러나기 시작하는 것 같아.(소비되어 없어지다)

ㄴ-2. 자금은 점점 바닥을 드러내기 시작했다.(KCP)

ㄴ-3. 때 아닌 한밤중 곡성 끝에 아내가 다시 보아온 술상은 금방 바닥이 났다.(KCP)

ㄴ-4. 그 사람도 이제 슬슬 바닥이 드러나기 시작한다.(정체가 드러나다)

(22ㄱ)은 [생각/아이디어/밑천은 그릇 안의 내용물이다], [정체는 그릇(혹은 그릇 안의 내용물)이다] 은유에 의해 형성된 관용구이다. 생각이나 밑천이 다 없어지거나 사람의 정체가 드러나는 것을 그릇 안의 내용물인 생각이나 밑천이 다 소비되어 그릇의 바닥이 보이게 되는 것으로 이해하는 것이다. (22ㄴ-1), (22ㄴ-2), (22ㄴ-3)은 '소비되어 없어지다'의 의미를 가지는 관용구이다. 사람이 가지고 있는 아이디어, 자금 등이 그릇 안에 담겨 있는 내용물로 개념화된 예인데, 다 소비되어 없어지는 것을 그릇 안의 내용물이 소비되어 그릇의 바닥이 보이게 되는 것으로 본 관용구라 할 수 있다. 그릇 혹은 그릇의 내용물을 '추상적인 실체'라고 할 때 추상성의 정도가 (22ㄴ-1)>(22ㄴ-2)>(22ㄴ-3)의 순서로 달라 보이기는 하지만 모두 추상적인 실체의 소비, 소멸을 의미하므로 동일한 부류로 설명할 수 있다. 이처럼 추상적인 실체를 그릇 안의 내용물로도 볼 수 있으나 그릇 자체로 보아도 이해 가능하다. (22ㄴ-4)는 어떤 사람의 숨겨져 있던 정체가 드러나 보이게 되는 것을 뜻하는데 추상적 실체인 '사람의 정체'라는 그릇이 그 '사람의 본질'과는 다른 것으로 채워져 있어서 그 사람의 정체를 알기 어려웠는데 채워져 있던 것들이 소멸되면서 결국에는 정체가 드러나게 되는 것으로 이해 가능하다. 동일한 관용구가 문맥이나 표현 대상에 따라 (22ㄴ-1), (22ㄴ-2), (22ㄴ-3)과 (22ㄴ-4)에서처럼 관용구의 의미에 차이를 보이는 것이 특이한데, 표현하고자 하는 바를 그릇 안의 내용물로 개념화하는지 그릇 자체로 개념화하는지에 따라 달리 나타나는 것으로 해석해 볼 수 있다.

위에서 제시한 바와 같이 한국어 관용구에서 찾아볼 수 있는 그릇 은유는 크게 보아 [사람은 그릇이다] 은유와 [추상적 실체는 그릇이다] 은유 두 가지로 분류할 수 있을 듯하다. 특히 이 중에서도 [사람은 그릇이다] 은유와 관련된 표현이·더 많이 나타나는 것으로 보인다. 그러나 이는 관용구의 수적인 면에서 많이 나타난다는 의미이고 이러한 관용구들이 실제 언어생활에서 어느 정도의 빈도로 활발하게 사용되느냐의 문제는 물론 다른 차원의 문제이기는 하겠지만 [사람은 그릇이다] 은유가 관용구의 생성에 생산적으로 관여하는 은유임에는 분명하다.

2) 이동 은유

Lakoff(1987:337)에서는 '기점/경로/목표의 도식'에 대한 신체적 경험으로 '우리가 어디로 이동할 때는 언제나 우리가 출발하는 장소가 있으며, 이동을 끝내는 장소가 있고, 출발 지점과 종료 지점을 잇는 일정한 장소의 연결이 있으며, 그리고 방향이 있다'는 것을 들고 있다. 명확하게 공간적인 종료 지점을 가리키는 경우에는 '목표(goal)'와 대립시켜서 '목적지(destination)'라는 말을 사용하기로 하자고 하였는데 목적(purpose)은 목적지에 의해서 이해되고, 목적을 달성하는 것은 출발 지점에서 종료 지점으로 경로를 통해서 가는 것으로 이해된다. 따라서 사람은 자기의 목적 달성을 향해서 크게 전진한다는 것이 있을 수 있다. 혹은 옆길로 빗나가는 수도 있을 것이며, 혹은 무엇인가가 가는 쪽을 막고 있어 방해가 되는 경우도 있을 수 있다. 일반적으로 복잡한 사상도 '기점/경로/목표의 도식'에 의거해서 이해된다. 복잡한 사상에는 시발 상태(기점)가 있으며, 몇 가지 중간 단계의 연결(경로)이 있고, 최종 상태(목적지)가 있다. Lakoff & Johnson(1999)에서는 근원지－경로－행선지 도식을 제시하고 있는데 아래의 <그림 5>에서 제시된 것과 같이 탄도체(TR)가 근원지에서 행선지로 이어지고 있는 두 끝점을 연결하고 있다.

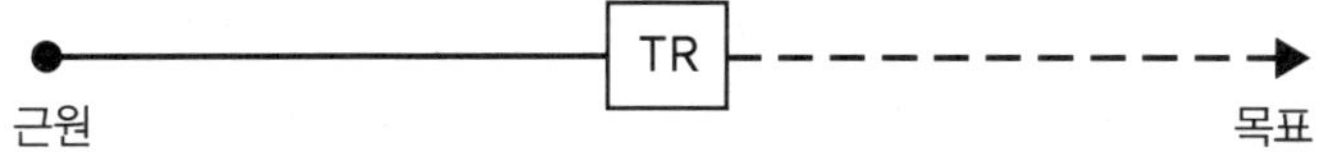

<그림 5> Lakoff & Johnson(1999)의 근원지-경로-행선지 도식

한국어 관용구의 설명을 위해서는 경로 도식을 바탕으로 하여 이보다 조금 더 넓게 포괄할 수 있는, 반드시 기점이나 목표점을 상정하지 않아도 좋은 이동 은유의 개념을 적용하는 것이 좋을 듯하다.

(1) [변화는 이동]

(23) ㄱ. 이승을 떠나다, 세상을 떠나다, 세상을 뜨다
　　　ㄴ-1. 소박했던 한 친구는 이제 그 흔한 묘비 하나 없이 한줌의 재로 이승을 떠났다.(KCP)
　　　ㄴ-2. 결혼한 지 한달된 이 구조대원은 신혼의 단꿈도 펴지 못하고 세상을 떠나 주위를 더욱 안타깝게 하고 있습니다.(KCP)
　　　ㄴ-3. 그가 암으로 세상을 뜨기 수개월 전이었다.(KCP)

이들은 모두 지금 살고 있는 세상을 떠난다는 시발점을 표현함으로써 목표점인 망자의 세상 즉 죽음으로 이르게 된다는 것을 드러낸다. 보통 부정적인 내용은 직접적으로 언급하지 않고 완곡하게 표현하거나 돌려서 말하는 경향이 있는데, 이 표현 또한 '죽음'이라는 단어를 직접 말하지 않고 죽는 것을 지금 살고 있는 세상으로부터 다른 곳으로의 이동으로 표현한 관용구이다. [변화는 이동이다], [죽음은 이동이다] 은유에 의해 위의 관용구에 의미 부여가 가능하다.

한편 이러한 관용구는 [인생은 여행]이라는 은유 안에서 이러한 의미에 동기를 부여한 것으로도 볼 수 있다. 목표 개념으로서의 이동 개념과 여행

개념의 차이점과 관련하여 Kövecses(2002)에서는 은유적 사상에 있어 지식의 개념적 요소에 의한 경우와 영상도식의 개념적 요소에 의한 경우를 구분하기도 하며(이정화 외 옮김 2003:59-65 참조), Lakoff & Turner(1989: 80-82)에서는 은유의 층위를 총칭 층위 은유(generic-level metaphor)와 구체 층위 은유(specific-level metaphor)로 나누기도 한다. 곧 이동 도식은 단지 처음 위치, 경로를 따르는 움직임, 마지막 위치만을 가지고 있어 총칭 층위로 볼 수 있으며, 여행은 여행자, 출발지, 수단, 일정, 경로, 어려움, 목적지 등의 요소를 통해 이동 개념이 상세하게 채워짐으로써 구체화된 것이기 때문에 구체 층위의 실례라는 것이다(이정화 외 옮김 2003:62-63; 임혜원 2004:31 참조). 그러나 실제 관용구의 용례를 살펴보았을 때 반드시 구조적인 사상이 일어난다기보다는 특정하게 부각되는 측면에 초점을 맞추어 동기 부여하게 되는 이미지 은유의 성격을 많이 가지고 있는 것으로 보인다.[18]

(24) ㄱ. 고택골[19]로 가다, 골로 가다, 골로 보내다, 저승에 가다, 저승으로 보내다, 지옥에 가다, 천당에 가다, 하늘나라로 가다, 황천에 가다, 황천으로 가다, 황천으로 보내다

    ㄴ-1. 녹음테이프를 다 듣고 난 미스 황이 천사장의 눈치를 살피며 이렇게 말했다. "돈을 내놓겠소? 아니면 한번 골로 가보겠소? 돈이 아까우면 골로 가는 게 좋을 거요."(KCP)

    ㄴ-2. 내 주먹은 맵죠. 마음 먹고 한방이면 황천으로 보낼 거고 적당히 봐줘도 한달은 입원해야 할 겁니다.(KCP)

---

18) 개념상으로는 구조적 은유에 의해 동기 유발되는 경우이나 은유 표현으로는 관용구의 종류가 다양하게 나타나지 않는다는 의미이다.

19) 지금의 서울특별시 은평구 신사동에 해당하는 마을의 옛 이름으로 공동묘지가 있었던 곳이다.

위의 관용구들도 모두 '죽음'을 의미하는 표현들이며 주로 이동의 목적지를 부각시킨 은유로 볼 수 있는 표현들이다. 그러나 관용구의 글자 그대로의 의미와 비유적인 의미 간에 상관성이 있다고 보는 인지적 관점에서는 아직 도착점에 도달하지는 않은 중간 경로, 특히 '-(으)로'가 포함된 표현으로 이동 방향을 표시함으로써 목적지이자 결과인 죽음에 이르게 됨을 개념적으로 연결시키는 이동 은유가 사용된 예들로 볼 수도 있다.

(25) ㄱ. 삼수갑산에 가다, 홍콩에 가다
　　 ㄴ. 삼수갑산을 가더라도 딸자식 하나는 구하고 보자는 심산에서 땅문서를 갖다 주었습니다.(KCP)

위험하거나 마음에 들지 않는 일을 해야 하는 것을 조선시대 귀양지 중의 하나였던 '삼수갑산에 가는 것'으로, 기분이 좋아지는 것을 화려한 도시인 '홍콩에 가는 것'으로 연결시키고 있다. 여기에는 모두 [변화는 이동]으로 보는 사건 구조[20] 은유가 작용하는 것으로 보인다.

(2) [일의 진행은 이동]

앞에서 설명한 [변화는 이동] 은유와 유사한 개념으로도 볼 수 있으나 단순한 상태의 변화라기보다는 사건의 진행, 일의 진행을 이동으로 본 은유적 관용구들이 나타난다.

(26) ㄱ. 노상에 오르다

---

20) 이와 같이 한국어 관용구에 나타나는 이동 은유는 여러 개념적 은유와 함께 작용하며 생산적인 사용에 동기를 부여받고 있다. 임혜원(2004:115)에서는 이동 도식 안에서 제시한 국어 사건 구조 은유와 Lakoff(1993)의 사건 구조 은유를 비교하여 제시하고 있는데 이를 보이면 아래와 같다.

　　ㄴ. 선거 운동이 본격적으로 노상에 올랐다.(표준국어대사전)

(27) ㄱ. 궤도를 바꾸다, 궤도를 벗어나다, 궤도를 수정하다, 궤도를 이탈하다, 궤도에 들어서다, 궤도에 오르다, 궤도를 벗어나다

　　ㄴ-1. 여기서 전문체인점으로 궤도를 수정, 오늘에 이르게 된 것이다.(KCP)

　　ㄴ-2. 이 같은 사회현상은 우리사회 각 분야의 역할을 담당하고 있는 일부 구성원들이 그들이 지켜야 할 궤도를 벗어나고 있기 때문이라고 할 수 있다.(KCP)

(28) ㄱ. 옆길로 빠지다, 옆길로 새다, 엇길로 나가다, 엇길로 들어서다

　　ㄴ-1. 혼자서 도회지에 나와 하숙집에 산다는 것은 자칫하면 옆길로 빠지기에 딱 좋다.(KCP)

　　ㄴ-2. 이거 얘기가 옆길로 새 나갔군.(KCP)

　　ㄴ-3. 대체 어디 사는 뉘시기에 젊은 나이에 과거공부나 열심히 해

국어에 나타난 사건 구조 은유	Lakoff(1993)의 사건 구조 은유
[일은 장소] [상태는 처소]	[상태는 위치]
[변화는 이동]	[변화는 이동] [긴 시간의, 목적 지향적인 행위는 여행] [행동은 스스로 추진하는 이동]
[변화 전은 출발점, 변화 후는 도착점] [지향은 이동 방향]	[목적은 도착지] [기대하는 진전은 여행 계획, 계획은 실제 여행자가 예정된 시간에 예정한 도착지까지 다다르게 되는 것]
[과정은 경로]	[방법은 도착지로 가는 경로] [어려움은 동작의 장애물]
[태도는 이동 방법]	
	[원인은 힘] [외적인 사건은 크고 움직이는 대상]

한국어 관용구에서는 사건 구조 은유가 임혜원(2004)에서보다 더 부분적으로 나타나는 것으로 보인다. 한국어 관용구는 다양한 사건 구조에 대한 표현이 다양하게 존재하는 것이 아니라 주로 관용구를 통하여 의미를 전달하는 것이 더 효과적인 경우에 유사한 의미를 전달하는 다양한 표현의 관용구가 집중적으로 나타나는 것이다.

입신출세를 할 청운의 꿈 대신 엇길로 들어서려 하는고?(KCP)
(29) ㄱ. 내리막길로 접어들다, 내리막길을 가다, 내리막길을 걷다
　　　ㄴ-1. 부동산 경기가 내리막길로 접어들고 있다.(KCP)
　　　ㄴ-2. 미국의 자동차산업은 미국 정부가 일본에 대해 자율적인 수출규
　　　　　제를 요구한 때부터 내리막길을 걷기 시작했다.(KCP)

출발점을 떠나서 목적지에 이르기까지 그 사이를 연결하는 부분인 경로
가 존재한다. 명시적인 경로가 드러나는 경우도 있고 이동 방향이나 이동
방법으로 그 경로를 표현할 수도 있다. 위의 구 표현들이 글자 그대로의
의미로 쓰인다면 실제의 공간적인 이동을 나타내겠지만, 이것이 실제의
공간적 이동을 언급하는 경우가 아닌 관용구로 사용되었을 때에는 경로를
부각시키는 이동 은유에 의해 그 의미에 동기를 부여한다. '어떤 일의
진행 과정에 들어서는 것'을 '노상에 오르다'라고 표현하는데 이제 출발
지점을 떠나서 길에 올라선 이동의 상태를 말하는 것이다. 즉 일의 진행을
이동하는 것으로 인지하여 그 경로를 통하여 일이 진행되고 있음을 전달하
게 된다. 또한 목적지를 향하여 궤도를 따라 가는 것이 일반적인데, 정상
궤도에서 벗어나는 것은 목적지에 정상적으로 도달해가기 어려운 상황이
며, 궤도를 수정하는 것은 원래 계획한 목적지에 다다르지 못하고 그 경로를
수정하는 것이 되므로 그 진행 과정 또한 달라지는 것이다. 이러한 궤도
수정은 우리의 실제적인 경험에 근거하여 물리적인 이동이 아닌 어떤 일의
진행이나 심리적인 변화를 표현하는 데 사용됨으로써 그 의미를 좀더 쉽게
이해하게 한다. 옆길로 빠지거나 엇길로 나가는 것도 마찬가지이다. 이동의
목적은 목적지에 도달하는 것인데, 옆길로 빠지거나 새는 것은 기대하는
목적지에 도달하기 어려워지는 것을 의미하게 되며 이러한 내용이 이동
은유를 통하여 전해진다. 내리막길을 가는 것도 평지를 걷는 것에 비하면

112

수월한 일은 아니다. 이 관용구에는 [좋음은 위, 나쁨은 아래]라는 공간적인 지향성을 가지는 은유도 함께 작용하여 여러 가지 상황이 나빠지고 기세가 약해진다는 의미를 연결시키고 있는데 '내리막길에 접어들다', '내리막길을 가다'를 통해 그 과정을 시작하거나 진행하고 있음이 드러난다. 은유 표현은 하나의 은유만 관여하는 경우도 있지만 여러 도식적 은유가 함께 나타나는 경우도 많이 있다.

   (30) ㄱ. 원점으로 돌아가다
        ㄴ. 굴업도에서 활성단층의 징후가 발견됨에 따라 방사성폐기물 처분
           장 부지 확보가 사실상 원점으로 되돌아가게 됐다.(KCP)

'원점으로 돌아가다'는 원하는 목적지에 가지 못하고 다시 제 자리로 가는 것인데 출발지가 다시 원하지 않은 도착지가 된 셈이다. 앞에서 언급하였듯이 이동의 목적은 목적지에 도달하는 것이다. 사건이나 상태가 의도한 대로 진행되지 않는 것을 이동의 방향이 바뀌는 것, 그 중에서도 다시 출발한 지점으로 돌아오는 것을 통해 아무런 변화나 진전이 없었음을 의미하게 된다. 사건의 진전이나 상태의 변화가 다시 원래 상태로 돌아가는 것을 공간적인 이동 도식에 근거하여 표현하는 관용구이며 이는 물리적인 경험에 근거하고 있다. Peña(2003)에서는 Johnson(1987:126)에서 언급되었지만 상세하게 다뤄지지 않은 과정 영상도식에 관해 설명하고 있다. [과정은 경로를 따르는 이동이다]라는 은유적 사상에 따라 과정 영상도식이 발생한다고 하였는데 이 도식에 의하면 '원점으로 돌아가다'가 가지는 의미를 더 선명하게 설명할 수 있을 것이다. Peña(2003)에서 제시된 과정 영상도식을 보이면 아래와 같다.

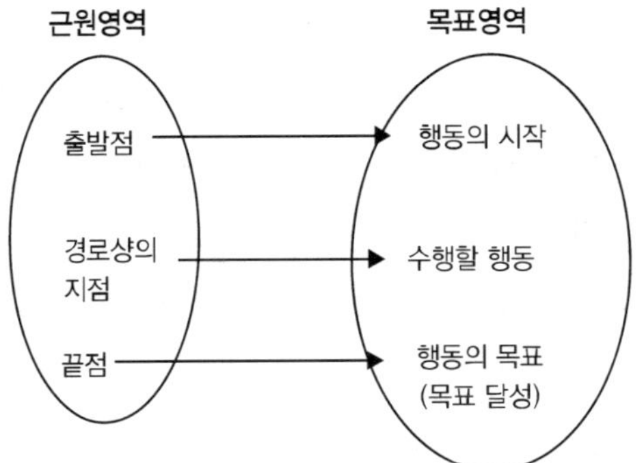

<그림 6> 과정은 경로를 따르는 이동이다(임지룡 외 공역 2006:263)

위의 그림에서 볼 수 있듯이 과정 영상도식의 주요한 구조적 요소는 출발점, 행선지나 끝점, 어떤 방향성인데 Peña(2003)에서는 과정 영상도식의 내적 논리를 제시하고 있다. 즉 "1) 경로를 따라 근원지에서 목적지로 간다면 경로 위의 각 중간 지점을 통과해야 한다, 2) 경로를 따라 더 멀리 있을수록 그 출발 이후로 더 많은 시간이 지나간다, 3) 경로를 따르는 이동은 반드시 목적지로 이어진다"는 것이다(임지룡 외 공역 2006:264 참조). 따라서 (30ㄱ)의 관용구는 이러한 과정 영상도식의 실패로 이해될 수 있을 것이다. 왜냐하면 끝점은 행동의 목표 달성이 되어야 하나, 위의 관용구에서는 끝점이 다시 출발점이 되어 경로를 따르는 이동이 되지 못하였기 때문이다.

(31) ㄱ. 펑크가 나다

    ㄴ-1. 일이 엉뚱한 데서 펑크가 났다.

    ㄴ-2. 약속이 갑자기 펑크 났어.

    ㄴ-3. 검찰 조사결과 '어음전문가'인 장씨의 어음이 펑크가 나기 시작한 건 93년 9월. 사위인 김주승 씨가 (주)부산과 체결했던 장씨 소유의 부산 범일동 땅 2천여 평에 대한 매매계약이 해지되면서였다.(KCP)

114

어떤 일을 진행하는 것은 자동차를 타고 움직이는 것 혹은 이동하는 것으로 이해하고 있음을 알 수 있는 관용구이다. 따라서 어떤 일이 진행됨에 있어 더 이상 앞으로 가지 못하고 멈추어 서서 지체되고, 문제를 일으키는 것을 자동차에 펑크가 나는 것으로 인지하고 있음을 알 수 있다.[21] Lakoff(1993)에서는 [어려움은 동작의 장애물]이라는 은유가 사건 구조 은유에서 나타난다고 한 바 있는데, (31)의 예에서는 그 장애물이 이동 수단의 고장(펑크)을 통하여 개념화됨을 알 수 있다.

(32) ㄱ. 막차를 타다, 한 배를 타다
　　 ㄴ-1. 산업시대의 선진국형 막차를 타는 것보다 정보화시대의 선진국형
　　　　 첫차를 타기위해 모두 함께 노력하는 것이 미래 한국을 창조하는
　　　　 정도가 아닌가 한다.(KCP)
　　 ㄴ-2. 금융위기를 넘기기 위해 더욱 중요한 것은 정부와 국민 모두가
　　　　 한배를 탄 만큼 고비를 넘길 때까지 만이라도 서로 믿고 인내해야
　　　　 할 것이라는 점입니다.(KCP)

또한 '막차를 타다'나 '한 배를 타다'도 [일의 진행은 이동] 은유, 특히 [방법은 이동] 은유에 의하여, 그 이동 방법이나 수단으로써 차나 배를 선택하여 타고 이동하는 것으로 개념화된 표현이다. 즉 뒤늦게 시류에 편승하는 것을 막차에 탑승하는 것으로 연결시켰고, 같이 일을 해나가는 것도 같은 배를 타고 앞으로 나아가는 것으로 개념화하였다.[22] (32ㄴ-1)

---

21) 이러한 관용구에 대한 은유 해석은 일을 타이어로 보고 일에 문제가 생긴 것을 타이어가 터지는 것으로 보는 은유도 가능할 것이다. 이는 인지적 차원이 아닌 전통적 관점에서 은유를 언어적인 현상에 머무르는 것으로 보는 글자 그대로의 유사성에 따른 은유이므로 우리의 개념 체계 안에서 이러한 이동 은유가 작용하여 '일이 펑크 나는 것'으로 보는 것이 더욱 자연스럽다. '일'을 '타이어'와 언어적 차원에서 연결시켰을 때에는 그 유사성을 찾기가 어렵기 때문이다.

예문을 보면 관용구 '막차를 타다'와 함께 '첫차를 타다'라는 표현이 나오는데, 본서에서 수집한 관용구 목록에는 포함되지 않으나 이 역시 거의 관용구로 자리 잡은 표현으로 볼 수 있다.

다른 한편으로 위의 관용구들과는 달리 [일의 상태는 위치]로 나타나는 이동 은유의 예가 있다.

(33) ㄱ. 갈 데까지 가다
    ㄴ-1. 갈 데까지 가보자 이거지?(싸움의 상황)
    ㄴ-2. 이제 사태는 갈 데까지 갔다는 생각이 들었다.(KCP)

명확한 도달점은 제시되지 않았으나 갈 수 있는 가장 끝 지점에 도달하였음을 말하고 있다. 보통 이동도식에서는 목적지를 언급함으로써 최종상태나 목적지에 다다랐음을 뜻하게 된다. 그런데 이 관용구에서의 도달점은 처음부터 계획한 목적지가 아니다. 목적지를 지향하여 끝까지 가는 것이 아니고 단순하게 더 이상 이동하기 힘든 위치에 도달함이 드러나는 관용구인 것이다. 장소의 이동에서 목적지에 도착하는 것은 그 상황이 종료되는 것이고, 이동을 끝내는 장소를 언급함으로써 목적을 달성하였음이 드러나게 되는데 이 경우에는 목적지가 정해지지 않은 채, 목적지로 정하지 않은 장소에 도달하는 것이므로 부정적인 의미를 가지게 된다.

---

22) 이 이동 은유와 관련하여 관용구 '닻을 감다, 닻을 내리다, 닻을 올리다, 닻을 주다'도 함께 다룰 만한데 [일의 진행은 이동이다] 은유를 상위 은유로 하고, 더 구체적으로는 [일의 진행은 항해이다] 은유가 이러한 관용 표현의 형성에 동기 부여한 것으로 볼 수 있다. 그러나 이들 관용구는 이동 은유를 기반으로 하고 있기는 하나 항해의 준비 과정상의 구체적인 이미지 은유에 기반을 두고 있고 뒤의 사물 은유 부분에서 구체적으로 다룰 것이다.

(34) ㄱ. 거리가 멀다, 거리가 있다, 거리를 두다
　　　ㄴ-1. 이렇게 예측할 수 있는 내용이라면 홍미하고는 거리가 멀어진
　　　　　 다.(KCP)
　　　ㄴ-2. 내가 거리를 두는 법을 아는 것보다는 훨씬 빠르게 아이들은
　　　　　 나에게 거리를 두는 법을 터득해 갔다.(KCP)

경로 영상도식에 부차적인 영상도식으로 '가까움-멂' 영상도식이 있는
데 위의 예는 이러한 은유가 작용한 관용구가 사용된 문장으로 볼 수 있다.
이동 은유는 반드시 물리적인 이동이 있어야 하는 것은 아니다. 가까움-멂
영상도식은 정적인 경로와 동적인 경로에서 모두 발견할 수 있는데
Peña(2003)에서는 가까움-멂 영상도식의 활성화를 인가하는 구조적 요소로
'둘이나 그 이상의 실체(그 중 하나는 보통 다른 실체에 대한 참조점 역할을
한다), 경로, 두 실체 사이의 거리'를 제시한다. 따라서 위의 관용구들도
이러한 도식적 은유가 작용한 것이라 볼 수 있는데 (34ㄴ-1)에서는 다소
동적인 경로가 나타나고, (34ㄴ-2)에서는 정적인 경로가 나타남을 알 수
있다. (34ㄴ-2)처럼 단순히 경로를 따라 있는 주어진 실체나 일련의 실체가
또 다른 실체들에 관해서 차지하는 위치에 윤곽 부여하는 경우에도 이동
은유가 작용한 것으로 볼 수 있다(임지룡 외 공역 2006:275 참조).
　우리가 특정한 근원에서 목표로 사상을 하는 것은 특정한 목표의 개념화
를 하기 위해 다른 몇몇 근원보다 특정한 근원을 선택해야 할 더 좋은
이유나 인간적인 이유를 가지고 있기 때문이다. 수많은 잠재적 근원 중에서
'직관적으로 의미가 통하는' 근원들을 '선택'23)하는데, 선택하는 근원은

---

23) 전통적인 견해에서 근원의 선택은 근원과 목표 사이의 객관적이고 글자 그대로의
　　선재하는 유사성을 가정한다. 그러나 인지언어학적 견해에서는 근원 영역의 선택
　　은 근원과 목표 사이의 객관적이지 않고, 글자 그대로가 아니며 선재하지 않는
　　유사성을 반영하는 인간적 요인에 달려 있다고 주장한다. 이것을 개념적 은유의

주로 인지적이거나 생리적이거나 문화적이거나 생물학적인 인간의 경험에서 발생하는 것들이다. 앞에서 언급하였듯이 체험적 기반은 특정한 언어에서 은유에 동기를 부여하지만 예측하지는 않는다. 즉 모든 인간은 화와 관련된 신체의 열처럼 물리적인 경험을 가지고 있지만, 어떤 언어는 특정한 은유를 가지고 있지 않을 수도 있다. 그러나 어떤 언어도 목표를 내포하는, 어떤 보편적인 감각 운동 경험에 상반되는 근원 영역을 가지지 않는다는 것은 쉽게 생각해 볼 수 있다(이정화 외 공역 2003:134 참조).

3) 방향 은유

방향 은유는 Lakoff & Johnson(1980)의 지향적 은유(orientational metaphors)나 Lakoff(1987)가 말한 영상도식－방향도식(orientational schema)－에서와 같이 위-아래, 안-밖, 앞-뒤, 접촉-분리, 깊음-얕음, 중심-주변 등의 공간적인 방향성에 근거하고 있는 은유이다. 한국어 관용구에서는 앞-뒤, 위-아래, 안-밖 영상도식에 근거한 방향 은유를 찾아볼 수 있는데 이들을 살펴보겠다.

(1) 앞-뒤 영상도식 은유

(35) ㄱ. 뒤가 구리다, 뒤가 깨끗하다, 뒤가 꿀리다, 뒤가 드러나다, 뒤가
　　　　 저리다, 뒤를 캐다, 뒤로 들어가다, 뒷구멍으로 들어가다
　　　 ㄴ-1. 물론 월급쟁이의 목돈이라 뒤가 구릴 리가 없었다.(KCP)
　　　 ㄴ-2. 뒤가 깨끗해서 말썽부리지 않는 게 그녀의 기질이라고도 했
　　　　　　 다.(KCP)

체험적 기반 또는 동기부여라고 부른다. 이런 유사성의 흔한 종류 중의 일부는 체험적 상관성, 지각된 구조적 유사성, 기본 은유가 유도하는 지각되는 구조적 유사성, 목표의 뿌리인 근원(생물학적, 문화적 뿌리)을 포함한다(이정화 외 공역 2003:134 참조).

ㄴ-3. 벌써부터 뒤가 꿀리니까 우선 많은 돈부터 앞세우는 게 아닌
　　　 가.(KCP)

ㄴ-4. 건들면 건든 사람을 뒷조사해서, 한 달이고 두 달이고 꼬리 잡힐
　　　 때까지 뒤를 캐서 아주 파렴치범으로 몰아 때리는 세상이라곤
　　　 하더라.(KCP)

(36) ㄱ. 앞에 내세우다, 앞을 닦다

ㄴ. 아닐세, 민족개조론이니 하는 것들은 문화를 앞에 내세워 우리
　　 민족의 독립혁명 의지를 마모시키자는 것에 다름 아닐세.(KCP)

사람들은 보통 좋고 당당한 일은 앞에서 하고, 좋지 않은 일은 다른
사람들 눈에 띄지 않게 숨어서 하는 경향이 있다. 이것을 앞과 뒤라는
공간적인 관련성과 연결시켜 보아도 [앞은 좋음; 뒤는 좋지 않음]이라는
지향적 은유가 우리 생활을 통해서 드러나며 이러한 의식이 언어에도 반영
되는 것으로 볼 수 있다. 예를 들어, '뒤가 구리다'는 방향 은유와 존재론적
은유(후각화)가 사용되었으며 '뒷구멍으로 들어가다'와 같은 경우에는 정
상적인 절차가 아닌 경로로 입학하거나 입사하는 행위의 표현이 부정적
의미를 드러내는 방향 은유로 나타난다. 또한 뒤는 잘 보이지 않는 곳,
앞은 드러나는 부분이므로 (36ㄱ)의 '앞에 내세우다'는 다른 것보다 더
두드러지게 드러내 놓거나 중요시한다는 의미를 가짐을 쉽게 연결할 수
있다. 또한 '앞을 닦다'는 자기 할 일을 잘하고 행동을 바르게 한다는 의미로
사용하는데 잘 드러나는 부분인 앞쪽에 관한 지향성이 드러나는 은유라고
할 수 있다.

(37) ㄱ. 앞을 다투다, 뒷전으로 밀리다

ㄴ-1. 삼일 동안 태풍주의보로 발이 묶였던 똑딱선들이 태풍주의보
　　　 해제로 앞을 다투어 선착장을 빠져 나가고 있었다.(KCP)

　　ㄴ-2. 그런 한국 상품이 세계 시장에서 소비자들의 외면을 받아 뒷전으
　　　로 밀려나게 된 이유는 뻔하다.(KCP)
(38) ㄱ. 한걸음 더 나아가다, 한발 앞서다, 한발 더 나아가다
　　ㄴ-1. 우리 모두는 생계를 책임져야만 한다. 아니, 한걸음 더 나아가
　　　지금뿐만 아니라 퇴직 후에도 우리 자신을 부양할 대책을 마련해
　　　야만 한다.(KCP)
　　ㄴ-2. 이 신상 조사 상담에서는 그것보다 한 발 더 나아가 고객을
　　　대화에 끌어들이기 위해 온갖 노력을 다해야 한다.(KCP)
　　ㄴ-3. 우리가 이번에 개발하고 있는 신제품보다 한발 앞선 성능의
　　　제품을 경쟁사에서 발표했습니다.(KCP)
(39) ㄱ. 한발짝 물러서다, 뒤로 물러서다, 뒤로 빠지다
　　ㄴ-1. 경제성장률을 2.5%까지 낮출 것을 요구하고 있고, 당초 4.5%선을
　　　제시했던 정부는 한발 물러섰지만 최소 3% 이상은 돼야한다는
　　　입장을 고수합니다.(KCP)
　　ㄴ-2. 실명제 보완을 위한 시의 때문에 보다 중요한 세제의 장기목표와
　　　구조적 개혁작업은 한발 뒤로 물러섰다.(KCP)
　　ㄴ-3. 살아가는 일은 어려운 거야. 부부 관계든 비즈니스든 밀어붙일
　　　것인가, 뒤로 빠질 것인가?(KCP)

　　(37)에서는 더 좋은 성적을 거두거나 우위에 서는 것을 '앞'이라는 개념을
통해 인식하여 사용하는 [앞섬은 좋음] 은유를 볼 수 있다. 우리는 좋지
않은 의미를 전달할 때 직접적으로 말하기 보다는 우회적으로 돌려서 말하
거나 비유적으로 말하는 경향이 있는데 위에서 나타난 관용구의 경우에도
이러한 의식이 반영된 것으로 보인다. 이 관용구들 역시 [앞은 좋음; 뒤는
좋지 않음]이라는 지향성에 의해 이해되는 표현들인데, 경쟁에서 이기는
것을 앞으로 나가는 것, 지는 것을 뒤에 서게 되는 것으로 개념화하고
있는 예들이다.[24] 따라서 뒤를 다투지 않고 앞을 다투게 되며 다른 사람보다

우수한 것을 (38)처럼 한발 앞서는 것으로 인식한다. 달리기 경주에서의 경험을 통해 경쟁 관계를 더 쉽게 이해하고 경험적으로 인지한다. 또한 (39)의 '뒤로 물러서다, 뒤로 빠지다'는 어떤 일에 개입하지 않거나 하던 일에서 잠시 비켜나는 것을 의미하는데 계속 진행하지 않고 앞자리를 차지 하려는 노력을 멈추거나 양보하는 것을 의미하게 된다. '뒷전으로 밀리다' 는 자신의 의지와 관계없이 경쟁에서 뒤쳐지는 것을 의미하게 되며, '뒤로 물러서다, 뒤로 빠지다'는 신체의 물리적인 경험에 근거하여 자신의 의지로 어떤 일을 포기할 때 사용하게 된다. 여기에 제시된 관용구는 모두 어떠한 상황에서 실제로 앞의 공간을 차지하려고 했던 경험, 뒤쪽 공간으로 밀려났 던 경험에 근거하여 쉽게 이해할 수 있는 표현들이다.

또한 [미래는 앞이다] 은유에 의해 동기 부여받는 관용구들이 있다.

(40) ㄱ. 앞을 내다보다, 앞을 보지 못하다, 앞이 깜깜하다, 앞이 창창하다,
앞이 캄캄하다, 앞길을 막다, 앞길이 구만리이다, 앞길이 멀다, 앞날
이 깜깜하다
ㄴ-1. 네놈이 이제 보니 계획적으로 우리의 앞길을 막았구나!(KCP)
ㄴ-2. 거시정책은 2-3년 앞을 내다보고 안정적으로 운용하고 임금 부동
산 등 부문별 안정시책을 강화한다.(KCP)
ㄴ-3. 이제 다시 대주 어른을 상면치 못한다고 생각하니 앞이 캄캄하였
습니다.(KCP)
ㄴ-4. 앞길이 구만리같이 창창한 네가 무슨 우스꽝스런 짓이냐. (KCP)
(41) ㄱ. 뒤를 돌아보다
ㄴ. 무대에서의 무기력은 많은 사유(思惟)를 낳고 뒤를 돌아보게 한

---

24) 방향 은유와 함께 이동 은유가 작용한 경우인데 영상도식 은유의 경우에는 두
가지 이상의 은유가 함께 작용하는 경우가 많이 나타난다. 국어의 관용구에서도
이렇게 여러 가지의 은유가 복합적으로 작용한 예들을 많이 찾아볼 수 있다.

다.(CETConc)

이러한 관용구들은 [미래는 앞이다], [과거는 뒤이다] 은유가 작용하여 의미를 가지게 된 표현들이다.

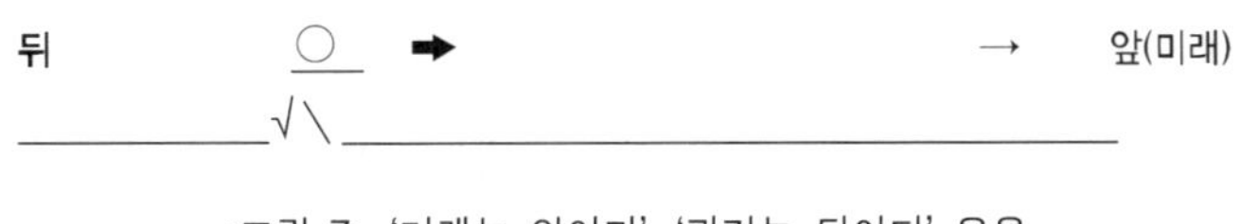

<그림 7> '미래는 앞이다', '과거는 뒤이다' 은유

일반적으로 우리의 눈은 우리가 움직이는 방향인 앞쪽을 바라본다. 아직 가지 않았고 마주치지 않은 공간은 우리가 경험하지 못한 공간이기에 이러한 우리의 경험에 근거하여 [미래는 앞이다] 은유가 가능하게 되고, 우리는 그러한 공간적인 경험에 근거하여 미래를 예측하거나 예측하지 못할 때 '앞을 내다보다'나 '앞을 보지 못하다'와 같은 관용구를 자연스럽게 사용할 수 있게 된다. 또한 우리가 걸어가야 할 공간이 깜깜하면 답답하다는 경험적 근거에 의해 '앞이 깜깜하다'가 미래가 어둡고 불확실하다는 의미를 가지게 된다. 이러한 은유 개념에서는 시간이 움직이는 것이 아니라 사람이 '앞'에 있는 미래를 향하여 움직이는 것으로 인식하는 것이다. 이러한 시간에 대한 은유 체계는 영어에서도 마찬가지인데 Lakoff & Johnson(1999)에서는 이를 시간 지향(Time Orientation) 은유라 부르면서 '관찰자의 위치→현재, 관찰자 앞의 공간→미래, 관찰자 뒤의 공간→과거, 대상→시간, 관찰자를 지나쳐 가는 대상의 운동→시간의 경과'로 사상됨을 제시한 바 있다.

그런데 다른 한편으로는 일상 언어에서 위의 은유와는 정반대인 [미래는 뒤이다], [과거는 앞이다]라는 은유도 가능하다. '먼 훗날'이나 '앞에서 언급한 대로……'와 같은 표현도 아주 자연스럽게 사용하는 표현이다. 이때는

122

시간을 움직이는 개체로 인식하여 우리의 뒤에 보이지 않게 존재하던 '미래'가 우리의 뒤쪽으로부터 앞쪽을 향하여 나와서 계속 진행해가는 것으로 파악하게 된다.[25] 그런데 이러한 은유에 기초한 [미래는 뒤이다], [과거는 앞이다] 은유는 관용구 목록에서는 찾아볼 수 없다. 다음의 예들을 살펴보기로 하겠다.

> (42) ㄱ. 이 사람들 말이 공장을 건설할 때는 <u>20년 뒤를 내다보고</u> 시설을 마련해야 한다고 합디다.(KCP)
> ㄴ. *이 사람들 말이 공장을 건설할 때는 <u>뒤를 내다보고</u> 시설을 마련해야 한다고 합디다.
> ㄷ. 이 사람들 말이 공장을 건설할 때는 <u>앞을 내다보고</u> 시설을 마련해야 한다고 합디다.

관용구 '앞을 내다보다'처럼 (42ㄱ)에서 '뒤를 내다보다'라는 표현을 사용하기는 하지만 '뒤를 내다보다'는 '앞을 내다보다'처럼 단독적으로 사용하지는 않는 것으로 보인다. 위의 (42ㄱ)에서 볼 수 있듯이 '-년 뒤를 내다보다'의 형식으로 나타나며, (42ㄴ)처럼 '-년'을 제외하고 단독적으로 '뒤를 내다보-'로 사용된 용례는 'KCP'와 'CETConc'에서 모두 단 1회도 나타나지 않는다. 그리고 '미래의 상황을 고려한다'는 의미를 담는 (42ㄴ)에서 표현하고자 한 상황을 표현하기 위해서는 (42ㄷ)과 같이 '앞을 내다보다'를 사용하

---

25) 일상 언어에서는 [과거는 앞이다], [미래는 뒤다] 은유가 작용하는 경우도 많이 찾아볼 수 있다. 위에서 제시한 예 이외에도 '앞에서 지적한 바와 같이……'라고 할 때나 '뒷일을 부탁해'와 같은 경우에는 [과거는 앞이다], [미래는 뒤다] 은유가 작용한 것으로 볼 수 있다. 이 경우에는 사람은 정지해 있고 시간이 움직이는 것으로 보는 은유가 된다. 즉 시간은 뒤에서 우리의 앞으로 다가온다. 그리하여 과거는 우리 앞으로 지나가고, 미래는 우리의 뒤에서 우리의 앞으로 다가오는 것이다.

게 된다. 다른 관용구 목록을 살펴보아도 한국어 관용구에는 [미래는 뒤이다]와 [과거는 앞이다] 은유가 작용된 예는 나타나지 않는 것으로 보이므로, 한국어 관용구에는 시간과 관련하여 [미래는 앞이다], [과거는 뒤이다]의 시간 지향 은유만이 작용하고 있음을 알 수 있다.

(2) 위-아래 영상도식 은유

(43) ㄱ. 발 아래로 보다, 발 아래에도 못 가다, 손 아래에 넣다, 손 아래에 굴리다

ㄴ. 세상이 다 발 아래로 보이는 건지 원.(KCP)

(44) ㄱ. 정상에 우뚝 서다

ㄴ. 세계 정상에 우뚝 솟아 있는 조선 산업이 본격 출범의 닻을 올린 것은 그보다도 훨씬 뒤인 70년대 들어서였다.(KCP)

일반적으로 [위는 좋음/많음/힘 있음/기쁨] 등으로 나타나고 [아래는 나쁨/적음/힘 없음/슬픔] 등으로 인식하는 경향이 있는데 (43)의 예들에서 이러한 은유가 드러난다. 이들은 [높은 지위는 위이다; 낮은 지위는 아래이다] 은유가 작용한 예들인데 지위는 보통 사회적 힘과 상관관계가 있고, 물리적 힘은 '위'가 된다는 것에 근거를 둔다. 특히 [통제를 하거나 힘을 갖는 것은 위; 통제나 힘에 복종하는 것은 아래] 은유에 의해 '정상에 우뚝 서게' 되며, 힘이 있는 사람은 '높은 자리에서 다른 사람을 아래로 보게 되는' 근거를 갖게 한다.

공간화 은유는 물리적, 문화적 경험에 뿌리박고 있다. 즉 그 은유들은 자의적으로 주어지는 것이 아니다. 은유는 어떤 개념을 오직 은유의 체험적 근거에 의해서만 이해하기 위한 매체(vehicle)의 역할을 하는 것이다(노양진 · 나익주 역 1995:41 참조).

124

    (45) ㄱ. 땅에 떨어뜨리다, 땅에 떨어지다

        ㄴ-1. 기술의 진보나 물질적 풍요와는 관계없이 미국의 윤리는 땅에
             떨어지고 사회는 무너져 내리는 것처럼 보인다.(KCP)

        ㄴ-2. 뛰어가서 내 진짜 이름을 밝히고, 그 놈의 겁쟁이가 나의 이름을
             땅에 떨어뜨렸다고 항의를 제출할 뻔하였네.(KCP)

    (46) ㄱ. 내리막길로 접어들다, 내리막길을 가다,[26] 내리막길을 걷다

        ㄴ. 80년대 후반까지는 고속성장을 해왔으나 그 후로는 경쟁력이 내리
           막길을 걷고 있다.(KCP)

    (47) ㄱ. 지하로 들어가다, 수면 아래로 내려가다

        ㄴ-1. 노동단체들은 1930년대 중일전쟁 발발 이전에 이미 지하로 들어
             가거나 아니면 활동이 정지되고 있었다.(KCP)

        ㄴ-2. 나라 전체를 떠들썩하게 했던 '루머 진압전'은 각종 악성루머들이
             일단 수면 아래로 내려가는 선에서 일단락 났다.(KCP)

    또한 [아래는 나쁨] 은유에 의해 동기 부여된 관용구들도 나타나는데 '명예나 권위 따위가 회복하기 어려울 정도로 손상되다'의 의미를 가지는 '땅에 떨어지다'가 그러한 예이다. 이 관용구는 '신용이 땅에 떨어지다'와 같이 실체화하는 존재론적 은유와 함께 지향적 은유가 함께 쓰인 예라고 할 수 있다. 아래쪽을 향하는 것은 부정적인 것을 의미하므로 명예나 권위에 문제가 생기는 좋지 않은 상황을 연결시키게 된다. 또한 '내리막길로 접어들다'도 아래쪽을 향해 움직이는 것이므로 이미 앞에서 언급한 바와 같이 이동도식과 관련된 은유가 작용하는 동시에 좋지 않은 방향인 아래를 향하는 은유의 개념화를 통하여 부정적 의미를 전달하며 상황이 점점 나빠지게 됨을 환기시켜 준다. '지하로 들어가다'는 잠적하거나 음성화되는 것을

---

26) '내리막길을 가다'는 이동도식에 근거한 은유로도 볼 수 있다. 영상도식에 근거한 은유는 하나의 영상도식만이 아니라 여러 도식이 상호 작용하여 그 표현에 의미를 부여하는 경우가 많이 나타난다.

의미하는데 보통 부정적인 것을 아래쪽으로 개념화하는 은유가 많이 나타
난다. 한편 위에서 제시한 관용구 이외에 '얼굴을 세우다'[27]도 아래를 향하
고 있는 얼굴을 위로 올려 세워주는 것이므로 좋음을 의미하는 위쪽 지향성
의 은유가 작용하였다고 할 수 있다.

(48) ㄱ. 눈이 낮다, 눈이 높다[28]
     ㄴ. 그 여자들은 모두 눈이 높아서 나 같은 사람은 눈여겨보지 않습니
        다.(KCP)

사람들은 누구나 나쁜 것보다는 좋은 것을 추구하고 더 많은 것을 가지려
고 하는 성향이 있다. [많음/좋음은 위], [적음/나쁨은 아래] 은유에 의해
'눈이 높다', '눈이 낮다' 관용구의 의미를 쉽게 이해할 수 있는데, 위의
(48ㄴ)에 사용된 관용구 '눈이 높다'의 경우 단순하게 사물을 평가하고
선택하는 기준이 높다는 정적인 의미(안목이 높다)가 아니라 더 높은 것을
선호하고 더 높은 것을 추구하려는 성향을 가지고 있음을 알 수 있다.
즉 '정도 이상의 좋은 것만 찾으려는 경향이 있다'의 의미로 사용된 관용구
인데 이러한 의미로 사용된 경우에는 단순하게 안목이나 사물을 판단하는
힘을 '눈'을 통하여 표현하는 연어 표현으로 보고, 환유로도 해석하기는
곤란하다. 단순히 '기준보다 높다 혹은 낮다'로 연결시키는 것보다는 [위는
좋음] 영상도식에 근거하여 높은 것, 좋은 것을 좇으려 한다는 의미에서

---

27) '얼굴을 세우다'는 환유에 의한 관용구로 보아야 하겠지만 이러한 방향적 은유에도
   동기부여된 것이므로 은유와 환유의 두 가지가 서로 상호 작용하는 예로도 볼
   수 있다.
28) '눈(이) 높다'는 표준국어대사전에서 "①정도 이상의 좋은 것만 찾는 버릇이 있다.
   ¶그 여자는 눈이 높아 웬만한 남자는 거들떠보지도 않는다. ②안목이 높다. ¶부인은
   눈이 높으시군요. 그럼 한번 괜찮은 것을 보여 드리지요."의 두 가지 의미를 가지는
   것으로 제시되어 있다.

'눈이 높다' 전체를 방향적 은유로 보는 데 무리가 없으리라 생각한다. 따라서 사람의 체험적 기반에 의거한 위쪽 지향성 은유에 의해 이러한 관용구에 동기를 부여하게 되는 것으로 이해할 수 있다.

(3) 안-밖 영상도식 은유

(49) ㄱ. 선을 넘다, 눈 밖에 벗어나다, 눈 밖에 나다
    ㄴ-1. 학원 문제는 단순히 교사-아이들-학부모가 고민하고 해결해야 할 선을 넘어 사회적 정부적 차원의 문제로 복잡하게 얽혀 있다.(KCP)
    ㄴ-2. 중간에라도 위원장의 눈 밖에 나면 꼼짝없이 현업에 복귀해야 한다.(KCP)

(49)의 예들도 모두 [안은 안정적/규칙 준수], [밖은 불안정/일탈] 은유를 나타내고 있는 표현들이다. 이들은 모두 '어떤 기준선을 넘는 것'으로 본 표현들이다. '기준선'이 존재하여 그 안에 있는 것은 좋은 것, 그 기준선을 넘어서 밖으로 나가는 것은 좋지 않은 것으로 파악하는 은유가 작용하고 있다. 이미 그릇 은유에서 언급한 바 있는 관용구 '눈 밖에 나다'는 위의 예문에서와 같이 그릇과 안-밖의 방향 도식이 모두 상호 작용한 것으로 볼 수 있다. 따라서 그릇 도식과 연결하여 생각했을 때, 눈 밖에 나는 것은 그릇 바깥에 위치하게 되는 것이므로 부정적인 내용을 가지게 된다.

(50) ㄱ. 울타리를 치다, 울타리를 벗어나다
    ㄴ-1. 기득권을 가진 자들이 자기들 마음대로 울타리를 치고 자기들만 특권을 누리는 발상은 비민주적인 발상이지요.(KCP)
    ㄴ-2. 서양 근대문명의 충격에 의해 일어난 중국문화의 변모는 이미 전통의 울타리를 벗어났다.(KCP)

사람들은 집 안에 있거나, 실제로 공간적인 영역이 아니라 정신적, 심리적인 영역을 표현할 때에는 [안은 좋음], [밖은 나쁨]이라는 방향 은유가 작용하여 그 의미를 연결시킨다. 경험적 근거에 의하여 울타리를 치고 그 안에 들어가는 것은 안전한 자리를 의미하게 되며, 그 울타리 안에 들어가 있지 않고 밖으로 벗어난다는 것은 안전한 곳에서 제외됨을 의미한다. 울타리의 안은 안전하고 좋은 곳, 울타리 밖은 보호 구역에서 벗어난 곳이라는 경험에 근거하여 안-밖 영상도식 은유가 작용한 것이라 볼 수 있다. 또한 '울타리를 벗어나는 것'은 좋은 곳(안)으로부터 좋지 않은 곳(밖)으로의 이동 은유가 함께 작용한 것으로 볼 수 있다.

한국어 관용구에서는 안-밖 영상도식 은유도 많이 나타나지 않고 중심-주변 영상도식 은유도 거의 나타나지 않는 것으로 보인다. 일상 언어를 대상으로 한 연구들에서는 안-밖, 중심-주변 도식에 근거한 은유 표현이 관용구에서보다는 많이 나타나나 한국어 관용구의 형성에서는 그리 생산적인 은유가 아닌 듯하다.

4) 연결 은유

은유는 자의적인 것이 아니며, 그 자체가 일상적인 신체적 경험에 본래 내재되어 있는 구조에 의해서 동기부여된 것이다. 사회관계 및 대인 관계는 흔히 '연결'이라는 개념에 입각해서 이해된다. 우리의 신체적 경험인 탯줄의 연결에 근거[29]하여 우리는 연결을 맺거나 사회적 연결을 끊거나 한다(이

---

29) Lakoff(1987)에서는 신체적 경험에 대하여 "우리로서 최초의 연결물은 탯줄이다. 유아기 및 유년기를 통해서, 우리는 부모나 그 밖의 것들을 단단히 붙잡고 있다. 그것은 우리의 장소 혹은 우리가 붙잡고 있는 것의 장소를 확보하기 위함이다. 상호간에 관련이 있는 두 사물의 장소를 확보하기 위해서는 우리는 끈이나 줄

기우 옮김 1994:335 참조). 이러한 은유에 의해 생겨난 관용구들을 제시하면
다음과 같다.

    (51) ㄱ. 선이 닿다, 선을 대다, 줄을 놓다, 줄을 대다, 줄을 잡다, 줄을 타다,[30)]
          줄이 닿다, 줄이 있다, 줄이 없다, 끈이 떨어지다, 끈을 붙이다, 끈을
          잡다
        ㄴ-1. 중앙 귀족과 선이 닿아 있는 수령과 인연을 맺으면 여러 가지
          유리한 점이 많았기 때문이다.(KCP)
        ㄴ-2. 새벽녘의 이 참기 어려운 시간, 두려움에 관해 공동의 유대를
          나눌 수 있는 그 누구도 없이 모든 피난처로부터 줄이 끊긴 채
          외로움 속에 던져져 있는 것이다.(KCP)
        ㄴ-3. 가문을 찾는 것도 학벌을 따지는 것도 같은 맥락이다. 기왕이면
          다홍치마라고 같은 사람이라도 끈이 닿는 사람을 끌어주게 마련이
          다.(KCP)
        ㄴ-4. 병들고 직장까지 잃게 된 그는 이제 끈이 떨어진 신세이다.(표준국
          어대사전)

위의 예들은 모두 이러한 연결과 관련된 은유라 볼 수 있는데 [관계는
줄] 은유에 의해 인간관계를 맺고 유지하려는 노력을 '연결'이라는 개념으
로 인지하고 있음이 위의 관용구들을 통해서도 드러난다. 어떤 인물이나
단체와 관계를 가지는 것을 '선을 대다'라는 관용구로 표현하는데 '그는
회사의 고위층에 줄을 대어서 취직을 했다'와 같은 예문을 통해서 보아도
그 관계를 연결이라는 개념에 입각하여 이해함을 알 수 있다. 사람과 사람

그 밖의 접속을 위한 수단들을 사용한다(이기우 옮김 1994:335)"고 언급하고 있다.
30) '줄을 타다'는 광대가 재주를 부리는 의미로서의 사용도 있지만 '힘이 될 만한
사람과 관계를 맺어 그 힘을 이용하다'의 의미를 가질 때는 연결 도식 은유에
해당하는 관용구로 볼 수 있다.

사이에 형성되는 관계는 눈에 보이는 것이 아니나 탯줄로부터 시작된 우리
의 경험에 근거하여 마치 줄로 연결되어 있는 것으로 인지하게 되는 것이다.
따라서 연결되어 있는 상태는 좋은 상태이고, 그 연결이 끊어지는 것은
좋지 않은 상태가 된다. 따라서 사람들은 줄을 잡으려고 노력하는 것이며,
줄이 있다는 것은 줄로 연결되어 있다는 것 즉 도움이 되는 존재와 나
사이에 연결 관계가 있음을 의미한다. 또한 '줄이 없다'는 아예 처음부터
관계 형성이 되어 있지 않다는 의미가 되며, '끈이 떨어지다'는 연결되어
있던 끈이 분리되어 나간다는 의미이므로 형성되어 있던 관계가 더 이상
유지되지 않음을 의미하게 되는 것이다. 따라서 이러한 연결 은유에 입각해
서 (51ㄴ-4)와 같은 예문을 쉽게 이해할 수 있게 된다.

직접적인 표현으로 나타내기보다는 연결 도식 은유를 사용하여 나타낸
관용구들은 우회적이지만 상당히 강한 인상으로 전달됨을 알 수 있다.[31]
연결 은유에 의해 나타나는 관용구는 위에서 제시한 예들이 전부이긴 하나
우리 일상생활에서 빈번히 사용된다.[32]

---

31) 우리말에서는 연결 은유에 의한 표현들이 상당히 빈번하게 사용된다. 관용구는
    아니나 '인맥, 연줄, 혈연, 지연, 학연 등'의 단어들도 모두 이러한 연결 도식에
    근거한 은유 표현들이다. 이렇게 다양한 단어의 형성은 우리가 중시하는 개념들이
    언어로 표현된 것이라 볼 수 있다.
32) 연결 은유와 관련하여, 쉽게 설명하기 어려운 신생 관용구 '가방끈이 길다'의
    의미 연결 가능성을 생각해 볼 수 있다.

연결 도식 은유

⇩ _ _ _

"<u>가방끈</u>이 길다"

⇧

환유(학교, 학력)

즉 '가방(끈)'은 학교나 학력을 나타내는 환유적인 표현이며, '학력이 높다'는
것은 학교를 오래 다녔다는 것이고, 그만큼 학교와의 연결 관계가 오래 지속되었다
는 의미를 가지므로 '끈(줄)이 길다'로 '연결 관계가 오래 지속되었음'을 나타낼

2. 존재의 대연쇄 은유

전술하였듯이 존재의 대연쇄(The Great Chain of Being) 은유는 Lakoff & Johnson(1980)의 존재론직 은유와 일치하는 개념으로 받아들일 수 있다. 우리들은 우리의 경험의 일부를 개체나 물체로 이해하기 때문에 경험을 한계가 분명한 개체나 물체로 취급한다. 이는 Lakoff & Johnson(1980)의 존재론적 은유의 개념인데, 본서에서 설명하는 모든 은유가 존재론적 은유라고도 볼 수 있으나 앞 절에서 다룬 것이 경험적 토대를 가지고 근원 영역과 목표 영역의 구조적 대응 체계가 있는 은유의 유형이었다면 특히 여기에서 설명하는 은유들은 주로 일대일 대응을 이루는 은유에 해당된다. Lakoff & Turner(1989)에 따르면 존재의 대연쇄는 인간과 하등 존재물 사이에서 존재하는 관계를 참조한다고 한다. 이런 문화 모형은 사람이 경험을 개념화하는 방식에 널리 퍼져 있어서 그것을 거의 알아차리지 못하지만 이러한 은유 체계에 의해서 사람은 하등 존재물인 동물이나 식물을 통해 이해할 수 있는 것이다. 실체가 없는 개념을 우리가 쉽게 인지 가능한 개념을 통해 이해할 수 있게 해 주는 은유가 사용되는 경우가 많은데 그 중에서도 특히 우리 주변에서 쉽게 찾아볼 수 있는 구체적 사물이라든지 사람의 신체, 혹은 좀더 익숙한 개념을 통해서 덜 익숙한 개념들을 쉽게 이해하도록 한다. 또한 물리적 대상에 대한 우리의 경험은 사건, 활동, 정서, 생각 등을 개체(Entity) 또는 물질(Substance)로 간주하는 방식인 매우 광범위하고 다양한 존재론적 은유의 근거를 제공한다. Lakoff & Johnson(1980), Lakoff & Turner(1989)를 비롯한 이후의 연구자들은 대상 자료에 많이 나타나는 은유의 유형을 부분적으로 묶어서 보이고 있기는 하나 언어 전체를 대상으로

수 있다. 실제 가방끈의 길고 짧음과는 그 의미적 연관성을 찾기 어려우나 이러한 연결 도식 안에서는 그 의미를 더 쉽게 이해할 수 있게 된다.

하여 체계화하는 작업을 하고 있지는 않아 존재의 대연쇄 토대적 은유 혹은 존재론적 은유는 그 하위 분류가 명확히 제시되어 있지 않다. 따라서 본서에서는 한국어 관용구에 나타나는 은유를 분석하고 유형화함으로써 한국인이 주로 어떠한 개체를 통하여 추상적인 사건, 활동, 생각 등을 개념화하고 있는지 살펴보고자 한다.

1) 사물 은유[33)]

Lakoff & Turner(1989)에서 제시한 존재의 대연쇄 은유는 '개체(사물)들의 위계가 있고, 위계에서 더 높은 개체들은 똑같은 분류 층위에서 더 낮은 개체를 통해 이해된다'는 것이 중심 내용이다. 따라서 사람과 관련되는 많은 내용들이 하위 층위인 사물이나 식물, 동물 등을 통해 이해되는 것이다. 이 절에서는 관용구에 나타나는 존재론적 은유 중에서 무정물을 통하여 대상이나 상황을 이해하는 은유들을 다룰 것이다. 사물의 범주에는 엄밀히 말하면 유정물과 무정물이 모두 포함될 수 있으나 여기에서 다루는 사물 은유는 동물을 제외한 '물건, 식물, 음식 등'이 포함되는 범주를 포괄하는 개념으로 사용될 것이다.

---

33) 본서에서 다루는 사물 은유는 Lakoff & Johnson(1980)의 존재론적 은유인 개체 은유에 해당하는 개념으로 엄밀히 말하면 그 안에 포함되는 개념이다. Lakoff & Johnson(1980)의 개체 은유라 하면 명시적으로 그릇 은유를 포함하고 있어 용어상 오해의 소지가 있고, 한국어 관용구를 살폈을 때 동물로 개념화하는 은유가 많이 나타나서 동물 은유를 따로 다루었기에 개체 은유라는 용어를 사용하지 않았다. 따라서 사물 은유는 개체 은유 중에서 그릇 은유나 동물, 인간으로 개념화하는 은유를 제외한 식물, 물건 등의 사물로 개념화하는 은유를 뜻하는 용어로 사용하였음을 밝혀둔다.

(1) 물건으로 개념화

한국어 관용구에는 사람이 처한 상황이나 상태, 생각 등을 물리적 대상에 대한 경험에 근거하여 물건을 통하여 이해하는 은유가 많이 나타난다.

(52) ㄱ. 살얼음 위를 걷다, 살얼음을 디디다, 살얼음을 밟다, 살얼음판을 걷다, 살얼음판을 딛다, 살얼음판을 밟다
    ㄴ. 9개 종금사의 업무정지 이후 금융시장이 살얼음판을 걷고 있습니다.(KCP)

(52)는 [위태로운 상황은 깨지기 쉬운 살얼음이다]라는 존재론적 은유가 작용한 예인데, 위태롭고 아슬아슬한 상황을 '살얼음'이라는 실체에 대한 우리의 경험을 통해 이해하는 관점이다. 즉 살얼음은 단단하게 굳어 있는 상태가 아니므로 딛고 건너기에는 안정적인 상태가 아니다. 살짝 얼어 있어서 언제 깨질지 모르는 실체에 대한 우리의 경험이 '아슬아슬한 상황'을 의미적으로 연결시키게 된다.

(53) ㄱ. 금이 가다
    ㄴ. 이번 일로 우정에 금이 갔다.

(53)에서는 [관계는 깨지기 쉬운 물건이다]라는 은유가 작용하여 인간관계에 문제가 생기는 것을 물건에 금이 가는 것으로 개념화[34]하고 있다. 예를 들어 도자기를 생각해 보았을 때, 금이 갔다는 것은 완전히 깨진

---

34) 투사라고 한다면 근원 영역의 모든 것이 목표 영역에 투사되어야만 하지만 실제로 근원 영역의 어떤 부분은 사상되지 않는다. 부분적 사상의 특정한 측면에 체계성이 존재한다는 점 때문에 혼란을 겪을 때도 있지만 모든 것이 체계적으로 동일해야만 은유가 성립하는 것은 아니다.

것은 아니나, 그 가치나 안정성에 위험을 주는 상태가 되었음을 우리는 경험적으로 알 수 있다. 일단 금이 간 이상 더 이상 손상되지 않는다고 해도 원래 상태로 복구되기는 어려우며 그 이후의 보관 상태나 외부적인 영향에 따라 더 손상되거나 아예 깨져버리는 결과까지도 예측해 볼 수 있다. 이러한 경험에 근거하여 '우정에 금이 가다'라고 했을 때는 물리적인 개체에 나타날 수 있는 여러 상황이 인간관계에도 사상된다. 물론 모든 내용이 투사(projection)되는 것이 아니라 일부 내용만이 사상(mapping)되는 것이다.

(54) ㄱ. 안개에 싸이다, 베일에 감추어지다, 베일에 싸이다, 베일을 벗기다, 베일을 벗다
　　 ㄴ-1. 어떤 의미에서 보면 바르 코크바는 거성 같은 존재였다. 40년 전까지만 하더라도 바르 코크바의 존재는 안개에 싸여 희미했을 뿐이었다.(KCP)
　　 ㄴ-2. '만물의 상품화'를 통한 세계적 규모의 축적과정은 불완전한 상품화 상태에서 존재하는 시장의 베일을 벗긴다.(KCP)

(54)는 어떤 존재나 사건이 보이지 않게 감추어져 있는 개체, 물건으로 표현된 은유이다. 잘 드러나지 않는 상황이나 비밀을 나타내기 위해 우리가 주변에서 쉽게 경험할 수 있는 것을 통하여 그 의미를 전달하고 있는 것이다.

어떤 사건이나 인물의 존재가 비밀스럽게 가려져 있는 상태인데 현재 그 존재성이 확보되지 않은 상태에서 존재성을 부여하는 은유가 작용한 것이 된다. 특히 (54ㄴ-2)의 예문에서는 무형의 '시장'이라는 개념을 베일에 싸인 존재로 보고 그것을 벗김으로써 그 안의 실체를 확인하는 것으로 개념화하고 있다.

(55) ㄱ. 테이블에 오르다

ㄴ. 정계 개편 문제는 지역정당을 만들어 낸 사람들의 반성이나 사과 없이 곧바로 테이블에 올랐다.(KCP)

(55)는 어떤 사건이나 사람이 비판의 대상이 되는 것을 이르는 표현들인데 [사건/문제는 물건이다] 은유가 작용한 예이다. 특히 우리는 비판의 대상이 되는 것을 우리가 쉽게 다룰 수 있는 작은 물건으로 인지하고 있음을 알 수 있다. 협상의 의미를 가지는 '테이블에 오르다'는 회의의 안건을 '물건'으로 인지하여 테이블에 올려놓을 수 있는 것으로 개념화하고 있다. 실체가 없는 개념을 우리가 쉽게 인지 가능한 개념을 통해 이해할 수 있게 해 주는 은유가 사용되었음을 알 수 있다.

(56) ㄱ. 어깨를 짓누르다, 어깨에 걸머지다, 어깨에 지다, 어깨에 짊어지다, 등에 지다, 짐을 덜다, 짐을 벗기다, 짐을 지다, 짐을 지우다, 십자가를 메다, 십자가를 지다, 십자가를 지우다

ㄴ-1. 그는 회의를 시작하기 전부터 어떤 책임의 중량이 자기 어깨를 짓누르는 듯한 거북한 기분에서 어서 벗어나고 싶었다.(KCP)

ㄴ-2. 수고하며 무거운 짐을 진 사람은 모두 내게로 오너라, 내가 너희를 쉬게 하겠다.(KCP)

ㄴ-3. 어째서 가해국이 아닌 피해 민족이 분단의 십자가를 메어야 합니까?(KCP)

(56)은 [고통은 짐이다] 은유가 나타난 예들이다. 고통이나 부담감, 책임감을 '짐'으로 개념화하여 부담감이 증대되는 것에서 그 무게감에 의해 어깨가 짓눌러지는 것으로, 부담감을 가지게 되는 것을 어깨에 짐을 지는 것으로 개념화하고 있다. 고통을 짐으로 개념화하지 않는다면 '어깨를 짓누르다,

등에 지다' 등의 관용구의 의미와 글자 그대로의 의미를 연결시킬 수가 없다. 또한 (56ㄴ-3)의 예문에서 쓰인 관용구와 같이 '십자가를 지다, 십자가를 메다'는 종교적, 문화적 해석을 요구한다. 예수가 모든 사람의 죄를 대속하기 위하여 십자가에 못 박혀 죽은 데서 유래하였는데, 예수와 죄인들이 십자가를 어깨에 메고 산에 올랐던 내용에 근거하여 관용구의 의미에 동기를 부여한다.[35]

(57) ㄱ. 꼬리표가 달리다, 꼬리표가 따라다니다, 꼬리표가 붙다, 꼬리표를 달다, 꼬리표를 떼다, 꼬리표를 붙이다
　　ㄴ-1. 눈에 띄게 비판은 안 해도 얼마간의 문제점을 들어 걱정을 하든가 다른 대안을 제기해도 벌써 '이단'의 꼬리표가 붙는다.(KCP)
　　ㄴ-2. 그는 80년대의 시인이란 꼬리표를 떼기 어렵다.(KCP)

이 관용구 역시 사람을 물건 즉, 짐과 같은 수화물로 개념화했기에 가능한 표현이다. 수화물에 꼬리표를 붙여서 목적지나 소유관계를 표시하는데, 사람에게 꼬리표가 달리는 경우에는 긍정적인 의미가 아니고 부정적인 의미로 사용된다. '꼬리표가 붙다'와 같은 관용구는 '어떤 사람에게 나쁜 평가나 평판이 계속 따라다니는 것'을 의미하는데 수화물에 꼬리표를 붙이면 거기에 쓰여진 내용을 누구나 볼 수 있다는 경험에 근거하여 관용구의 의미가 연결된다. 사람이 느끼는 감정을 짐으로 본 (56)과 사람의 존재성 자체를 짐으로 본 (57)은 부정적 의미의 개입 정도에서 확연한 차이가 난다.

---

35) 연구자에 따라서는 '십자가' 자체에 '희생, 고통'의 의미가 있는 것으로 보아 관용구가 아니라 볼 수 있겠으나 '십자가를 들다', '십자가를 느끼다' 등의 표현에서는 이러한 의미가 나타나지 않는다. 임근석(2006)의 견해처럼 '십자가'의 쓰임이 빈번해지다 보니 '희생, 고통'의 의미를 가지는 '십자가'가 독립된 어휘요소로 분할된 것으로 보는 것이 타당할 것이며 공시적 관점에서는 '십자가'는 독립된 어휘요소로 사용되는 경우도 많지만 관용적 표현으로 생성된 것이라 보는 것이 타당할 것이다.

이는 사람을 물건으로 인지하는 것에서 이미 낮추어 평가하는 개념이 들어가기 때문인 것으로 보이는데 여러 관용구의 은유 분석을 통하여 '사람'의 특성이나 상태가 아니라 '존재 자체'를 하등 존재물로 보았을 때에는 모두 비하나 부정적인 의미를 부여하게 됨을 알 수 있다.

(58) ㄱ. 적신호가 켜지다, 청신호가 켜지다, 빨간불이 켜지다, 파란불이 켜지다
    ㄴ-1. 건강에 적신호가 켜졌다.
    ㄴ-2. 수출 전선에 적신호가 켜졌다.
(59) ㄱ. 뱃속이 검다, 뱃속이 까맣다, 뱃속이 새까맣다, 뱃속이 시커멓다, 속이 검다
    ㄴ. 그 사람 얼굴은 선해 보여도 뱃속은 시커먼 사람이니 조심해야 해.

(58)은 신호등의 색깔인 '빨간불'과 '파란불'이 가지는 관습적 지식이나 사회적 해석에 의해 형성된 관용구이다. 빨간불은 위험을 경고한다. 즉 신호등에서 각 색깔이 교통을 통제하고 지시하는 것과 마찬가지로 우리 생활에서도 작용하는 것이고 이러한 표현은 개념적 은유인 [위험은 빨간색]36)이라는 은유에 근거한다(박경선 2001:75 참조). 또한 그 기저에는 [변화는 이동이다], [일의 진행은 이동이다]라는 영상도식 은유가 존재한다고 볼 수 있다. 즉 '건강에 적신호가 켜지거나', '수출 전선에 적신호가 켜지는 것'이 모두 건강하게 살아가는 것이나 어떤 일의 진행에 문제가 생기는 것이므로 움직이고 이동해 나가야 하는 것에 제동이 걸리는 것으로 받아들이는 것이다. 이는 신호등이 가지는 문화적 해석과 연결된 것이다. 우리의

---

36) 이는 관습적 은유로 교통 신호등의 정지 신호가 빨간색이라는 것, 위험 표지판이나 경고 표지판이 빨간색 글씨로 쓰여 있다는 것 등에 근거한다.

일상생활의 경험에 근거하여 이러한 색깔이나 신호등이 위험이나 안전을 나타내는 것을 자연스럽게 개념화하게 되므로 위의 관용구들이 동기 부여되는 것으로 볼 수 있다. 이것과는 조금 다르지만 (59)의 예들도 모두 색채 은유가 작용한 것으로 검은색은 어둠과 관련지어 '부정적, 어두움, 믿기 어려움' 등의 의미를 표현하고 있다. [악은 검은색]이라는 은유가 작용한 경우라 할 수 있다.

(60) ㄱ. 벽에 부닥치다, 벽에 부딪치다, 벽을 깨다, 벽을 넘다, 벽을 쌓다, 벽을 없애다, 벽을 허물다, 벽이 쌓이다, 벽이 없다, 벽이 있다

　　ㄴ-1. 유럽공동체 시장에 속한 나라들도 자유롭게 국경을 넘어 기술과 데이터를 이전하려면 제도와 재정이 모두 벽에 부딪친다.(KCP)

　　ㄴ-2. 내부적으로는 사람들을 서로 갈라놓는 벽을 허물고, 외부적으로는 우리와 고객을 갈라놓는 벽을 허무는 회사를 만드는 것이다.(KCP)

(61) ㄱ. 담을 쌓다, 담을 헐다, 담이 높다, 담이 얕다

　　ㄴ. 그러나 우리 교육은 비생산적인 입시교육에 치중한 나머지 현장교육, 기술교육과 담을 쌓고 있으며 개인의 창의성을 키워주기는커녕 오히려 억압하고 있다.(KCP)

우리는 인생을 살아가면서 문제가 생기면 잠깐 멈춰서 해결하기도 하고 문제에 부딪히기도 한다. 우리는 문제를 장애물로 인식하고 그것에 부딪히기도 하고 그것을 깨기도 하고 넘기도 하는 것이다. 한국어 관용구에서는 이러한 장애물이 벽이나 담으로 나타난다. 우리의 주변 공간에서 쉽게 접할 수 있는 벽과 담은 우리를 타인과 경계지어주는 익숙한 사물이기에 이러한 개념적 은유 안에서 쉽게 동기 부여될 수 있는 것이다. [장애물은 벽이다] 은유가 작용한 (60ㄴ-1)은 더 이상 앞으로 갈 수 없고 마음대로

드나들 수 없게끔 벽이 가로막혀 있는 것을 의미하고, (60ㄴ-2)에서는 인간 사이의 단절을 의미하는 벽을 허물어서 다시 소통하게 하려는 의미를 표현한다. 눈에 보이지 않는 장애물이나 문제를 '벽'으로 개념화하고 있는 것이다. (61ㄴ)에 사용된 관용구 '담을 쌓다'는 집 주변에 담을 쌓고 담의 바깥과 단절함으로써 외부 세계에는 관심을 기울이지 않는다는 의미를 갖게 된다. 관용구의 의미는 의도적으로 담이나 벽을 쌓아서 관계를 단절시키고, 다시 헐어서 관계를 개선하기도 하는 경험에 의해 동기 부여된다. 즉 관계에서 생기는 문제점이나 장애를 벽이나 담을 통하여 개념화하게 된다. 이러한 개념적 은유가 없다면 이러한 관용구의 의미를 연결시킬 수가 없는 것이다.

(62) ㄱ. 필름이 끊기다, 필름이 끊어지다
　　 ㄴ. 대학생 천여 명에 대한 조사 결과, 75%의 학생이 이른바 필름이 끊긴 경험이 있는 것으로 나타났고, 30%의 학생이 음주운전 경험이 있으며, 25%는 술을 끊겠다고 한 번쯤 결심한 적이 있는 것으로 나타났습니다.(KCP)

위의 관용구 '필름이 끊기다'는 술을 많이 마셔서 어느 순간이 기억나지 않을 때 사용하는 표현으로 [기억은 필름이다]의 은유가 작용한 것으로 볼 수 있다. 영화 필름을 돌려서 영화를 상영하게 되면 시작해서 끝날 때까지의 연결되는 이야기의 흐름이 있고, 중간에 상영자의 의도나 실수에 의해 멈추거나 멈춰질 수 있지만 필름이 끊어지면 다시 연결될 수 없고 여러 가지 문제가 발생된다는 점이 우리의 기억과 유사하다. 즉 외부적인 영향(과음)으로 인해 '기억이 단절된 것'을 '필름이 끊긴 것'으로 나타내어 '기억이 안 난다'와는 다른 여러 가지 의미를 전달하고 있다. 즉 본인의 의지로 필름을 끊은 것이 아니라 어느 순간 문제가 발생하여 필름이 끊어지는 과정이 영화 상영이라는 과정을 통해 자연스럽게 이해 가능하다. '내가 필름을 끊었다'는 표현이 존재하지 않는 것은 위의 개념적 은유를 통해 생각해 보면 아주 자연스러운 일이다.

(63) ㄱ. 냄새가 나다, 냄새를 맡다, 냄새를 풍기다, 냄새를 피우다, 구린내가 나다, 구린내를 내다, 젖내가 나다, 젖비린내가 나다, 몸에 배다
 ㄴ-1. 그 언어 속에는 죽음의 냄새가 난다.(CETConc)
 ㄴ-2. 수사관은 냄새를 잘 맡는 법이야.(CETConc)
 ㄴ-3. 경찰측에서는 다만, '방화벽을 가진 정신병자의 소행'일 것이라느니 '시국에 불만을 품고 사회불안을 야기시킬 목적을 가진 불순분자의 소행'일 것이라느니 하는 추측성 발언만 무성하였는데 그러한 추측 자체가 어딘지 모르게 불순한 냄새를 풍겼다.(CETConc)

(63)은 [부정적인 대상은 냄새나는 대상이다] 은유가 작용한 관용구라 할 수 있다. 어떤 사물이나 상황에서 느낄 수 있는 수상한 기운을 우리가 느낄 수 있는 '냄새'를 통하여 개념화하였다. 냄새가 나는 것은 부정적인 느낌을 전달하며, 냄새를 맡는 것은 의심이 가는 일에 대해 낌새를 눈치 챘다는 것을 의미한다. 냄새는 분명한 존재성이 있어야만 후각에 의해 인식하게 되는 것이므로 단순히 눈치를 챈 것과 다르게 관용구 '냄새를 맡다'라고 하면 매우 선명한 의미를 전달하게 된다. 또한 '(젖)비린내가 나다'는 상대방을 어리게 보거나 업신여길 때 사용하는 관용구인데 젖내가 나는 대상이 가진 미성숙하고 어린 점을 냄새를 통하여 개념화한다.

(64) ㄱ. 찬바람을 맞다, 찬바람을 일으키다, 찬바람이 돌다, 찬바람이 불다, 찬바람이 일다, 냉기가 돌다, 찬물을 끼얹다
 ㄴ-1. 이 가상은 재산공개 등으로 김 대통령의 개혁 서슬이 찬바람을

불러일으킬 무렵 개혁의 지속적 추진을 위해서는 집권당내 소수세력인 민주계만으로는 한계가 있다는 전제 아래 제법 설득력 있게 회자되던 시나리오다.(CETConc)

ㄴ-2. 특히 이날 북한의 남북 정상 회담 거부 보도가 한소 정상 회담을 계기로 어느 정도 안정된 증시 분위기에 찬물을 끼얹어 매물이 많이 나왔다.(CETConc)

(64)의 예들은 추상적인 개념인 냉랭한 분위기를 '찬바람을 맞거나 찬물을 끼얹은 경험'과 연결시켜 형성된 은유 표현들이다. 실제로 차가운 기운이 주는 긴장감이 추상적인 분위기를 드러내는 관용구로 사용되었는데 우리의 신체적인 경험 혹은 이상적 인지모형 안에서 자연스럽게 연결시킬 수 있는 은유들이다.

(65) ㄱ. 빛을 내다, 빛을 발하다, 빛이 나다, 빛이 바래다, 빛이 없다, 빛을 잃다

ㄴ-1. 가치중립성이 성숙한 바탕 위에서 '이념'이 비로소 그 빛을 낼 수가 있을 것입니다.(CETConc)

ㄴ-2. 특히 그의 언어에 대한 일가견은 그를 단순한 물리학자로 보아 넘기기에는 그의 철학에 관한 저력이 빛을 발하고 있다.(CETConc)

ㄴ-3. 'KS 규격'이라는 일반적인 상징성은 컴퓨터와 한글에 관한 한 그 빛을 잃어버리고 있다.(CETConc)

(66) ㄱ. 빛을 보다

ㄴ. 이 실험에 의해 유전의 참모습이 처음으로 빛을 보게 되었다.(CETConc)

(65)는 [뛰어난 능력, 희망은 빛이다] 은유가 작용한 예들이다. 즉 뛰어난 능력을 가진 존재를 빛을 낼 수 있는 존재, 발광체로 개념화한 관용구들이라

할 수 있다. 사람의 '능력이나 재능'이라는 것은 가시적인 것이 아니나 인간의 능력이나 희망의 표출을 일상 체험의 하나인 '빛'으로 개념화하고 있는 예들이다.[37] (66)의 관용구는 (65)의 관용구들과는 의미적으로 차이가 있는데, (66ㄴ)에서 알 수 있듯이 업적이나 보람 따위가 드러나는 것을 뜻하는 표현이다. 빛이 없는 곳에서 주목 받지 못했던 대상이 밝은 곳으로 나와서 주목받게 되는 것을 그 '대상물이 빛을 보게 되는 것'으로 개념화한 관용구로 볼 수 있다.

　(67) ㄱ. 화살이 향하다, 화살이 쏟아지다, 화살을 맞다,[38] 집중 사격을 맞다

---

37) Lakoff & Johnson(1999)에서는 '마음은 신체적 경험을 바탕으로 짜여질 뿐만 아니라 우리의 개념 체계가 대체로 우리의 신체와 우리가 몸담고 있는 환경의 공통성에서 유래된다'라는 주장을 '몸의 철학'의 출발점으로 삼는다. 이러한 주장은 신체적 경험을 나타내는 의미가 먼저이고 이 의미에서 추상적 의미로 확대되는 것으로 보아야 하는 것을 의미한다. 바꾸어 말하면 이 주장은 신체적 경험에 의해서 동기가 부여된 의미와 추상적 의미 사이를 은유적 고리로 연결할 수 있다는 것으로 이해할 수 있다. Kövecses(2002)에서는 이 두 개의 영역을 연결짓는 연결고리 역할을 하는 은유를 [마음은 몸]이라 하고 이 은유는 아래와 같은 사상들로 이루어진 것으로 본다(김종도 2004:227 참조).

목표 영역 : **마음**		근원 영역 : **몸**
심리적 조작, 통제	⇒	물리적(육체적) 조작
시각	⇒	물리적(육체적) 조작
지식, 심리적 시각	⇒	시각
내적 감수성	⇒	청각
정서	⇒	느낌
개인적 선호	⇒	맛

38) 우리 문화권에서는 전쟁 ICM에 총이 아니라 화살이나 칼이 더 원형적인 것으로 존재한다. 이는 경험에 근거하여 사용 빈도가 높았거나 일상생활에 더 가까운 도구로 표현하려는 인식의 반영으로 보인다. 이와 관련하여 Barcelona(2001)에서는 문화가 다르면 변이형이 생길 수 있는 이유가 있다고 지적하고 있다. 그 이유는 각 문화의 지식 체계가 다른 것이라 한다. 그는 스페인 문화권에서는 투우와 관련시킬 수 있는 은유가 많은데 비해 미국인들이 즐기는 야구나 미식축구와

    ㄴ. 일상적으로 매춘여성만이 비난의 화살을 맞게 된다.(CETConc)
(68) ㄱ. 칼을 맞다, 칼을 갈다, 칼을 대다, 칼을 들이대다, 칼을 빼 들다,
       칼을 빼다, 칼을 뽑다, 칼을 품다, 칼을 휘두르다, 철퇴를 가하다,
       철퇴를 내리다, 철퇴를 맞다
    ㄴ-1. 지금도 어딘가에서 날카로운 비판의 칼을 갈고 있을 또 하나의
         한스를 찾으러 낯짝 두껍게 들어선 남의 나라 강의실은 별다른
         게 없었다.(CETConc)
    ㄴ-2. 그래서 막무가내로 철면피적 판촉 행위를 벌이다가 본국에서
         철퇴를 맞자 이번에는 다른 나라에서 이를 자행하는 것이
         다.(CETConc)

(67), (68)은 [화는 공격이다], [공격 도구는 무기류이다] 은유에 의해 동기
부여된 관용구들이다. (67ㄴ)의 예에서처럼 비난을 받는 것을 '화살을 맞는
것'으로 개념화하고 있는데, 공격이나 비난을 많이 받을 때는 '화살이 쏟아
지는 것'으로 개념화한다. 우리 문화권에서는 '총'과 관련된 관용구보다는
'화살'이나 '칼'과 관련된 관용구의 비율이 상당히 높다. 이는 우리의 문화적
경험에 근거하여 사용 빈도가 높았거나 일상생활에 더 가까운 도구로 표현
하려는 인식의 반영으로 보인다. 싸우려는 마음을 가지거나 복수를 준비할
때 '칼을 갈다'나 '칼을 품다'와 같은 관용구를 사용하는데 위의 관용구들과
마찬가지로 물리적인 공격이 아니더라도 무기를 사용하는 행위로 개념화
하고 있음이 드러난다.

(69) ㄱ. 칼자루를 쥐다, 칼자루를 잡다
    ㄴ. 매장에서 점원과 청소부의 관계는 서로 이용하고 이용당하는 대등

관련된 은유는 없다고 한다. 이는 스페인에서는 투우가 여가 생활에 중요한 몫을
하고 있는 반면 야구나 미식축구는 상대적으로 중요성이 약하기 때문이라 한다(김
종도 2004:290 참조).

한 관계지만 그래도 칼자루를 쥐고 있는 쪽은 점원이었으므로 이윤의 분배의 몫은 점원 쪽이 많았다.(CETConc)

(69)의 관용구 '칼자루를 쥐다'는 주도권을 가졌거나 상대편보다 유리한 입장에 있음을 나타내는 표현이다. 주도권을 가지는 것은 힘이 있는 것인데, 이것은 칼싸움의 개념을 통해 인지된다. 칼자루를 잡고 있는 사람은 상대방의 목숨을 좌우할 수 있는 힘을 가지게 되므로 이러한 경험적 지식에 근거하여 위의 관용구가 의미를 가지게 되는 것이다. 이러한 관용구는 우리의 관습적인 지식과도 관련이 있다. 문화권에 따라서는 이러한 의미를 가지는 관용구가 그 문화적 배경에 근거하여 다른 언어 표현으로 나타날 것이기 때문이다.

(70) ㄱ. 벼락을 맞다, 서릿발을 맞다, 된서리를 맞다
 ㄴ. 내가 그랬지요. 일단 받아 주고 내가 불성실했으면 처벌을 하든 벼락을 내리든 하면 될 거 아니냐고요.(KCP)
 ㄴ-1. 그때 우리는 자다가 벼락을 맞은 셈인데 무슨 북침이냐는 말입니다.(KCP)
 ㄴ-2. 건강식품을 과대 선전해 폭리를 취해 온 업자들이 된서리를 맞고 있다.(CETConc)

(70)의 예는 예상치 못한 공격을 당하거나 야단을 맞아 피해를 보는 상황에 사용되는 관용구이다. '벼락'이나 '서리'는 갑자기 나타나는 자연 현상이라서 미리 대비하고 피하기 어려우며, 그 피해도 상당히 심각하다는 경험에 근거하여 개념적으로 연결된 관용구라 할 수 있다. '서릿발을 맞다'나 '된서리를 맞다'는 '모진 억압이나 재앙을 당하다'의 의미를 가지는데 '벼락을 맞다'가 갑작스러운 공격의 부분이 부각되었다면, 이들은 억압이나

공격의 강도가 부각된 표현으로 볼 수 있다.

(71) ㄱ. 불꽃을 튀기다, 불꽃이 튀다, 불똥이 튀다, 불씨가 꺼지지 않다,
　　　 불을 끄다, 불을 놓다, 불을 당기다, 불을 붙이다, 불을 뿜다, 불을
　　　 지르다, 불을 지피다, 불이 꺼지다, 불이 붙다
　　ㄴ-1. 국회 법사 위원회 주최로 11일 열린 '성폭력 대책 관련 입법에
　　　　 대한 공청회'에서 특별법 제정의 필요성 및 친고죄 폐지 등 쟁점
　　　　 사항에 대한 찬반 양론이 불꽃을 튀었다.(CETConc)
　　ㄴ-2. 썰렁한 관중석과는 달리 그라운드에서만큼은 불꽃이 튀겼다.
　　　　 (CETConc)

위의 (71)은 [경쟁은 불], [열정은 불] 은유가 작용한 관용구들이다. (71ㄴ
-1)은 토론이나 논쟁이 치열하게 벌어졌다는 의미로 사용된 경우로 서서히
불이 타오르는 것이 아니라 '불꽃이 튀는 것'으로 개념화하고 있다. (71ㄴ-2)
의 경우에서 스포츠 경기에서 선수들의 경쟁이나 열정을 '불꽃이 튀는
것'으로 개념화하고 있는데 금속이나 돌 등이 부딪쳐서 일어나는 불꽃을
통하여 그 경쟁 관계와 열기를 드러내는 관용구라 할 수 있다. 추상적인
개념을 '불'을 통하여 이해하는 관용구는 아래와 같이 '사랑'을 나타낼
때도 사용한다.

(72) ㄱ. 불꽃을 튀기다, 불꽃이 튀다, 불씨가 꺼지지 않다, 불씨가 되다,
　　　 불을 놓다, 불을 당기다, 불을 붙이다, 불을 지르다, 불을 지피다,
　　　 불이 꺼지다, 불이 붙다
　　ㄴ-1. 쟝이 혜린을 만나러 빈에 간 것을 계기로 두 사람의 감정에는
　　　　 불꽃이 일기 시작했다.(CETConc)
　　ㄴ-2. 그게 눈에 띄는 순간 가슴에서 불꽃이 파바박 일어납디
　　　　 다.(CETConc)

(72)의 관용구는 모두 사랑을 불로 개념화한 관용구들이다. 위의 (71)에서는 경쟁이나 열정을 불의 개념을 통하여 이해하였지만 동일한 관용구가 사랑에 관한 내용을 의미하기도 한다. 사랑을 시작하게 되는 것을 '불씨가 되다', '불을 붙이다', '불을 지르다', '불이 붙다' 등으로 표현하며, 순간적으로 서로 사랑의 감정을 느끼게 되는 것은 '불꽃이 튀다'와 같이 강한 영상을 가진 관용구를 사용하게 된다.

> (73) ㄱ. 불똥이 번지다, 불똥이 튀다, 불씨가 꺼지지 않다, 불씨가 되다,
>   불이 나다, 천불이 나다[39]
>   ㄴ. 속에서 천불이 나서 못 견디겠네.(표준국어대사전)
> (74) ㄱ. 기름을 끼얹다, 기름을 붓다
>   ㄴ. 안 그래도 영희가 화가 나 있었는데 기름을 또 끼얹었구나.

(73), (74)는 [화는 불이다] 은유에 해당되는 관용구들이다. 특히 (74)는 [격앙된 상태는 불이다] 은유로 문제가 더 커지게 만드는 것을 '기름을 끼얹다, 기름을 붓다'로 표현하고 있다. 우리는 심각한 문제나 발생한 문제를 불이 난 것으로 인식하고 있기 때문에 기름을 끼얹는 것으로 충분히 이해 가능한 것이다. 위에서 살펴 본 경쟁이나 열정, 사랑, 화 등은 모두 다른 상태를 표현하는 것이지만 조금씩 다른 상황이 모두 '불'로 개념화되고 있다. 따라서 이들을 Kövecses(2002)에서 제시한 [상황은 불] 은유로 확대시켜 보아도 좋을 것이다.

> (75) [상황은 불](A SITUATION IS FIRE)[40]

---

39) '천불'은 하늘이 내린 불이라는 뜻으로, 저절로 일어난 불을 이르는 말이며, '천불이 나다'는 몹시 거슬리거나 속이 상한다는 뜻이다.
40) 이정화 외 역(2003:204)에서 제시한 불에 관련된 설명을 참조하였다.

근원		목표
불타는 물체	⇒	상황에 관여하는 개체
불	⇒	상황(행동, 사건, 상태)
불의 열	⇒	상황의 강도
불의 원인	⇒	상황의 원인

우리가 강렬한 상황－행동, 사건, 상태－에 관여할 때, 체열을 만들어 내므로 위의 내용 중 '상황의 강도'라는 것이 중심적인 사상(mapping)이 될 것이다. 상황의 강도가 강해지면 '열을 올리다', '열이 뻗치다'로 표현하고 상황의 강도가 약해지면 '열이 식는다'고 표현하는 것은 모두 체험적 근거에 의한 것이기 때문이다. 이러한 내용에 해당되는 '열'로 개념화되어 나타나는 관용구들도 있는데 제시하면 아래와 같다.

(76) ㄱ. 열을 올리다, 열을 내다, 열을 받다, 열을 식히다, 열이 나다, 열이 오르다, 열이 뻗치다, 열이 식다, 열기가 식다, 열기를 뿜다

　ㄴ-1. 장내에 충만한 열기를 의식한 탓인지 그는 악을 쓰며 열을 올리고 있었다.(KCP)

　ㄴ-2. 국영기업인 한국전력이 특별히 부스를 마련해 기업홍보에 열을 올려 눈길을 끌었다.(KCP)

　ㄴ-3. 나는 갑자기 열을 받았다.(KCP)

　ㄴ-4. 그는 중국인들은 마치 적을 본 벌떼처럼 뭔가 좀 있으면 '우' 하고 일단 몰려들었다가 혼자서 열이 식으면 그냥 아무 일 없이 돌아선다고 했다.(KCP)

　ㄴ-5. 어린이 대권후보들의 선거전은 어른들 선거 못지않은 열기를 뿜어내고 있습니다.(KCP)

위에서 언급한 바와 같이 (76)은 [화는 열이다] 은유에 의하여 생겨난

관용구들이다. (76ㄴ-1), (76ㄴ-2)는 흥분한 상태나 의욕을 가지고 적극적으로 일하는 상태를 의미하고, (76ㄴ-3)에서는 화가 나는 것을 '열을 받다'로 개념화하고 있다. 또한 (76ㄴ-4)에서는 관심이나 열정과 같은 마음이 서서히 사라지는 것을 '열이 식는 것'으로 연결하고 있으며, 흥분된 분위기를 '뜨거운 기운'을 통하여 이해하고 있다. 이는 엄밀히 말하면 환유와 은유의 상호작용에 의해 형성된 관용구의 예들로 볼 수 있다. [어떤 감정의 생리적 효과는 그 감정을 대표한다(THE PHYSIOLOGICAL EFFECTS OF AN EMOTION STAND FOR THE EMOTION)] 환유로부터 [감정은 (불의) 열이다]라는 은유가 생겨난 것으로 볼 수 있기 때문이다.

(77) ㄱ. 주사위가 던져지다, 주사위를 던지다
　　　ㄴ-1. 이왕에 주사위가 던져진 만큼 이번 실명제의 문제점을 보완, 부작용과 시행착오를 최소화시키면서 조속한 시일 안에 새 제도가 정착되도록 정부와 기업, 국민들이 합심 노력해야 할 것으로 여기고 있다.(KCP)
　　　ㄴ-2. 지금까지 역대 경제팀이 손을 대지 않았던 것도 위험부담의 잠재성이 컸기 때문이다. 정부는 이제 주사위를 던졌다.(KCP)

(77)은 일을 '게임'의 관점에서 보고 있는 것으로 [일은 게임이다], [인생은 게임이다] 은유에 의해 동기화된 관용구이다. 어떤 일이 이미 진행되었고, 그 일을 되돌릴 수 없는 경우에 '주사위가 던져졌다'라는 관용구를 사용하게 되는데, 우리가 머리를 써서 그 결과를 예측하거나 바꿀 수 있는 게임이 아니라, 우리의 노력이나 조작으로 그 결과를 바꾸거나 예측할 수 없는 게임의 한 종류인 '주사위 게임'을 통해 '일을 되돌릴 수 없는 상태'를 전달할 수 있게 되는 것이다.

(78) ㄱ. 땡을 잡다

ㄴ. 이게 웬 떡이냐…. 어젯저녁에 꿈이 괜찮더니 이런 땡을 잡을
양으로 그랬구나….(KCP)

땡은 화투에서, 같은 짝 두 장으로 이루어진 패를 말한다. 따라서 땡을
뽑는 것은 아주 운이 좋은 경우라고 할 수 있다. 화투에 관심이 많은 사람에
게는 이 관용구는 아주 자연스럽게 의미가 드러나는 표현이나 연령대나
문화가 다른 모든 사람들이 이 표현을 쓸 때마다 두 영역간의 인지적 사상을
활성화시키는 것 같지는 않다. 그렇지만 이러한 관용구의 경우에도 역시
[인생은 게임이다]라는 은유가 있기에 전혀 연관이 없어 보이는 두 개념
영역이 연결되고 '땡을 잡다'가 '운이 좋다'를 의미할 수 있는 것이다.

(79) ㄱ. 주판알을 굴리다, 주판알을 놓다, 주판알을 튀기다, 주판알을 튕기다,
주판을 놓다, 주판을 튕기다, 수판알을 튀기다, 수판알을 튕기다,
수판을 놓다

ㄴ-1. 백 20억 달러의 외환 보유고와 매년 1백억 달러를 상회하는 무역흑
자액을 모두 인프라 확충에 쏟아 붓겠다고 주판알을 놓고 있다.(KCP)

ㄴ-2. 금리파괴상품을 가지고 주판알을 튀겨보면 은행 입장에선 잘해야
본전이다.(KCP)

(79)는 여러 가지 상황이나 수지타산을 고려하는 것을 주판알로 '계산하
는 것'으로 나타낸 표현이다. 실제로 주판을 가지고 계산을 하는 것은
아니지만 '어떤 일에 대해 이해득실을 계산하다'는 의미를 나타내기에
그 의미적인 연결이 전혀 어렵지 않다. 계산을 하는 도구로서의 주판의
사용41)은 이러한 표현을 형성시킬 수 있는 은유적 개념화의 동기가 된다.

---

41) '주판을 놓다'는 환유로부터 생겨난 은유로도 볼 수 있다. 숫자를 계산할 때 사용하는

(80) ㄱ. 닻을 감다, 닻을 내리다, 닻을 올리다, 닻을 주다
　　　ㄴ-1. 서유럽 건축은 11세기에 이르러 로마네스크라는 독자적인 건축양
　　　　　식 속에 닻을 내린다.(CETConc)
　　　ㄴ-2. 독일 북부 항구도시 브레멘에 본부를 둔 ADFC[42]는 83년 5월
　　　　　'자동차만 위한 길에서 자전거를 위한 길로'라는 구호를 걸고 닻을
　　　　　올렸다.(CETConc)
　　　ㄴ-3. 그러나 GR과 BR 출범[43]을 둘러싸고 선진국과 개도국간 입장이
　　　　　팽팽히 맞서고 있어 닻을 올리기까지는 만만치 않은 진통이 따를
　　　　　전망이다.(KCP)

(80ㄱ)은 [조직은 배다], [일의 진행은 항해이다] 은유가 작용한 관용구들이다. 위의 (80ㄴ-1)에서는 건축 양식이 정착하게 되는 것을 '닻을 내리다'로, (80ㄴ-2), (80ㄴ-3)의 '닻을 올리다'는 이제 닻을 올리고 출항을 준비하는 것이므로 '어떤 일을 시작하거나 시작하려 하다'의 의미를 가진다. 또한 '닻을 감다'는 정박해 있던 배가 다시 출발할 준비를 하는 것인데 '하던 일을 그만두고 단념하다'의 의미를 가지며, '닻을 주다'는 '닻을 내리다'와 마찬가지로 닻줄을 풀어 닻을 물속에 넣는 것이므로 한 곳에 정박하는 것을 의미한다. 따라서 이러한 은유 개념 안에서 '일정한 곳에 머물다'의 의미를 가지게 된다. 위의 관용구는 (80ㄴ-1)처럼 어떠한 생활양식이 자리 잡게 된다는 의미를 나타낼 때 사용되기도 하지만 주로 '새로운 단체가

　　방법이므로 '계산하다'를 의미하는 사건 환유로 볼 수 있으나, 단순히 숫자의
　　계산이 아니고 이해득실을 따져보는 것이므로 이러한 사용은 은유 작용에 의한
　　것으로 보아야 할 것이다.
42) ADFC(Allgemeiner Deutscher Fahrrad Club)는 독일의 자전거 단체의 약자이다.
43) (80ㄴ-3)의 예문을 보면 일을 시작하는 것을 배가 출범하는 것으로 보고 있음을
　　알 수 있다. '출범(出帆)'이라는 단어에서 이미 우리의 개념 체계 속에 일의 진행을
　　항해로 보고 있다는 것이 드러나며, 그 문장에 사용된 관용구의 사용을 통해서도
　　우리의 개념 체계를 엿볼 수 있게 된다.

150

조직되어 일을 해 나갈 때' 사용하는 것으로 보인다. 자동차나 자전거가
아닌 배를 통하여 일의 시작과 진행을 이해하는 것은 '배'에 관한 우리의
경험에 근거한다. '닻을 올리다', '닻을 내리다'의 글자 그대로의 의미를
생각해 보았을 때, 우리는 작은 배가 아니라 어느 정도 규모가 있고, 여러
인원을 필요로 하는 배를 떠올리게 된다. 그리고 배를 움직이는 데 필요한
장비와 인력을 생각해 본다면 여러 사람들이 꾸려나가야 하는 조직의 구성
요소와도 연결이 된다. 따라서 여러 사람이 힘을 합해서 항해를 해야 하고
다른 운송수단과 달리 일단 출항을 하면 목적지에 도착할 때까지 중간에
내리기 어렵고 같은 배에 타고 있는 사람들끼리는 안전한 항해를 위하여
뜻을 합하여야 한다는 우리의 관습적 지식과 경험에 근거하여 이러한 관용
구가 의미를 가지는 것이다.[44]

(81) ㄱ. 막을 내리다, 막을 열다, 막을 올리다, 막이 내리다, 막이 열리다,
　　　　막이 오르다
　　　ㄴ-1. 이제 연극의 1막이 올랐습니다.(글자 그대로의 의미)
　　　ㄴ-2. 이 운동도 음식점 주인들의 강력한 반발에 부딪쳐 한 달도 못
　　　　　 가 막을 내렸다.(KCP)(관용적 의미)
　　　ㄴ-3. 이제 나는 작곡가인 이형조의 아내로서 이분의 가득한 사랑을
　　　　　 받는 행복한 반려자로서 새 인생의 막을 열었단다.(KCP)(관용적
　　　　　 의미)

인생이나 일을 공연으로 개념화한 관용구들이다. '공연'의 여러 속성들
이 사상되는 것이 아니라 시작하는 것은 공연의 시작인 '막이 오르는 것'으
로, 끝나는 것은 '막이 내리는 것'으로 개념화하고 있다. 관용구가 대부분

---

44) Gibbs(1994)의 'spill the beans(비밀을 누설하다)'의 영상 과제 실험에서도 이러한
　　관용구를 들었을 때 언중들이 떠올리는 영상이 거의 공통적임이 확인된 바 있다.

여러 가지 속성이 체계적으로 사상되는 구조적 은유의 양상으로 나타나기보다는 일부 부각되는 속성만이 사상되는 존재론적 은유의 양상을 띠고 있음이 한국어 관용구들의 용례를 통해서 드러나고 있다. 위의 표현들에서도 '다른 사람들에게 보여주기 위해 준비한 공연'의 속성은 찾아볼 수 없다. 단지 시작과 끝을 알려주는 형식적인 부분만이 사상되어 관용구의 의미를 부여하는 것이다.

은유에 관한 연구들에서 추상적인 복합 체계에 관한 관심을 많이 보이고 있는데 한국어 관용구에서도 [추상적인 복합 체계는 기계이다], [추상적인 복합 체계는 건물이다] 은유가 사물 은유로서 나타난다. 먼저 [추상적인 복합 체계는 기계이다] 은유가 작용한 한국어 관용구들을 살펴보기로 하겠다.

(82) ㄱ. 나사가 빠지다, 나사가 풀리다/풀어지다, 나사를 조이다
　　　ㄴ-1. 그런 실수를 하다니 그때는 나도 나사가 빠져 머리가 멍해 있었나 보다.(표준국어대사전)
　　　ㄴ-2. 업무 자세에 나사가 풀린 기강해이의 문제라고 할 수 있습니다.(KCP)
(83) ㄱ. 태엽이 풀리다/풀어지다
　　　ㄴ. 한동안 휴가를 지내고 왔더니 태엽이 풀려 일이 손에 잡히지 않는다.(표준국어대사전)
(84) ㄱ. 제동을 걸다, 제동이 걸리다, 브레이크가 걸리다, 브레이크를 걸다
　　　ㄴ. 아이들의 인격, 학습, 권리를 침해하지 않는 한, 학교 당국이나 학부모들이 담임교사의 학급 운영에 제동을 걸고 가로막는 우를 범해서는 안 될 것이다.(KCP)
(85) ㄱ. 잡음이 나다, 잡음이 일다, 잡음이 생기다, 잡음이 나다
　　　ㄴ. 지금 당내에서 의견이 분분합니다. 그만두라고, 단일화 그만두라

고, 그런 데서 잡음이 많이 나옵니다.(KCP)
(86) ㄱ. 녹이 슬다
ㄴ. 난 삼십년 동안 솜씨가 녹이 슬지나 않았나 시험해보고도 싶어!(KCP)

이는 [사람은 기계다] 은유에 의해 형성된 관용구다. (82)-(83)은 [정신은 기계다] 은유에 의해 더욱 정교화 될 수 있는데, 기계에서 나사가 빠지거나 풀리면 제대로 작동할 수 없고 고장이 나는 것에 근거하여 인간의 정신 상태에 문제가 있음을 기계를 통하여 개념화하고 있다. 이러한 관점에서 인간의 행동을 바라보기 때문에 모든 표현들이 아주 자연스럽게 보인다. '나사가 완전히 빠졌을 때'에는 완전히 정신이 없는 것으로 보고, '나사가 풀렸다'는 것은 기계가 약간 느슨해진 상태이므로 정신이 해이해진 것으로 인식한다. 또한 다시 해이해진 마음을 가다듬고 정신을 다잡을 때에는 나사가 헐거워져서 문제가 생긴 기계를 고치는 방식으로 인지하여 '나사를 조이다'라는 관용구를 사용하게 된다. 또한 이와 유사하게 긴장이 풀려 몸과 마음이 느슨해진 경우에도 '태엽이 풀리다'라는 표현을 사용할 수 있다. (84)-(86)의 예들은 정신의 측면이 아니라 인간 행동의 측면에 초점을 맞춘 은유이다. 즉 [사람의 행동(움직임)은 기계의 작동이다] 은유에 의해 위의 표현들이 해석 가능하다. 일의 진행이나 활동을 방해하거나 멈추게 하는 것을 기계를 멈추게 하는 것으로 즉, '제동을 걸다'를 통해서 의미를 전달하며, 진행하는 일에 대해 시끄러운 이야기들이 많이 나오고 문제가 생기는 경우에는 기계의 비정상적인 작동 시 나오게 되는 '잡음이 생기다'로 개념화하고 있다. 또한 '녹이 슬다'는 완전히 고장이 난 상태는 아니나 기계의 수명이나 작동에 문제를 가져오며, 보통 '녹(이) 슬다'는 머리(두뇌 회전), 솜씨 등과 관련된 내용을 전달할 때 사용하는데, 보통의 경우 기계가 오래되고 관리를 제대로 하지 못했을 때 녹이 슬게 되므로 이런 내용들이 관용구의 의미 형성에 동기를 부여하게 된다.

영어의 경우에서라면 [정신은 개체(THE MIND IS AN ENTITY)]라는 존재론적 은유는 [정신은 기계이다(THE MIND IS A MACHINE)]와 [정신은 부서지기 쉬운 물건이다(THE MIND IS A BRITTLE OBJECT)]로 정교화 될 수 있다. 누군가가 미쳐서 거칠거나 폭력적이 될 때에는 "He cracked up"이라고 말하는 것이 적절할 것이나 누군가가 무기력해져서 심리적 이유들 때문에 아무 것도 할 수 없게 되었을 때에는 "He broke down"이라고 말하기 쉬울 것이다. Lakoff & Johnson(1980)에서는 이러한 존재론적 은유는 우리의 사고에 매우 자연스럽게 퍼져 있어서 보통 정신 현상에 대한 자명하고 직접적인 묘사들로 여겨지고 은유적이라고 생각되지 않는다고 한다. 예를 들어 "He cracked under pressure"(그는 압박을 받아서 정신이 돌았다)와 같은 진술들이 직접적으로 참 또는 거짓이라 간주한다. 왜 사람에게 총을 쏘아 죽였는가를 설명하기 위해서 여러 저널리스트들이 이러한 표현을 사용했을 때 이러한 설명은 완전히 자연스럽게 보인다. 그 이유는 [정신은 부서지기 쉬운 물건]과 같은 은유들이 우리가 이 문화 속에서 취하는 정신에 관한 모형의 필수적인 부분이기 때문이며, 바로 그 모형의 관점에서 우리들 대부분이 생각하고 활동하기 때문이다(노양진·나익주 역 1995:52-54 참조). 그러나 위에서 살펴본 바와 같이 한국어 관용구에서는 [정신은 기계이다] 은유는 상당히 생산적으로 나타나는 데 반해 [정신은 부서지기 쉬운 물건] 은유는 나타나지 않는 것으로 보인다. 그러나 일상 언어에 나타나는 은유를 생각해 보면 [정신은 부서지기 쉬운 물건] 은유도 국어에서 쉽게 찾아볼 수 있다.

(87) ㄱ. 요즘 나사가 반쯤은 풀려있는 것 같아.
　　　ㄴ. 마음이 산산조각 났어.

ㄷ. 해보려던 의지가 꺾였어.

위의 예에서 (87ㄴ), (87ㄷ)은 정신이나 마음을 부서지기 쉬운 물건으로 개념화한 표현이다. 이러한 예들을 통해서 볼 때, 일상 언어에 나타나는 모든 은유들이 관용구를 생성한다기보다는 관용구에 더 적극적으로 관여하는 은유들이 있고 그렇지 않은 은유가 있음을 추측해 볼 수 있다. 다음으로 [추상적인 복합 체계는 건물] 은유가 작용하여 생겨난 한국어 관용구를 살펴보기로 하겠다.

(88) ㄱ. 문턱45)에 들어서다, 문턱을 넘다, 문턱을 넘어서다, 문턱이 낮다, 문턱을 낮추다, 문턱을 높이다, 문턱이 높다
ㄴ-1. 지금과 같은 환경정책으로 21세기의 경제개발정책을 추진한다면 우리나라는 환경문제로 인해 선진국의 문턱을 넘지 못하고 주저앉게 될 가능성이 크다.(KCP)
ㄴ-2. 주민들이 관청을 찾는 문턱을 낮출 뿐 아니라 주민을 찾아 나서며 대민봉사를 강화하고 있다.(KCP)
(89) ㄱ. 문을 닫다, 문을 두드리다, 문을 열다, 문이 열리다, 빗장을 걸다, 빗장을 닫다, 빗장을 열다, 빗장을 지르다
ㄴ-1. 있는 그대로의 모습을 담임교사에게 보이는 것은 학생 입장에서 부끄럽고 난감한 일이지만 이는 한 순간에 마음의 빗장을 푸는 열쇠로 작용할 수 있기 때문이다.(KCP)
ㄴ-2. 이렇게 스스로가 닫아 놓은 마음의 문을 열어 주인공과 함께 하는 태평가를 부를 때 모든 일은 오히려 더 잘 풀려 나간다고 깨우쳐 주셨다.(KCP)

---

45) 표준국어대사전에서는 '문턱'을 '어떤 일이 시작되거나 이루어지려는 무렵을 비유적으로 이르는 말'로 제시하고 있다. 비유적 의미를 사전에서 이미 등재하고 있으나 '문턱' 자체가 가지는 의미라기보다는 '문턱'이 관용구라든가 특정 문맥에서 획득하여 가지게 된 의미이므로 관용구에 포함시키기로 한다.

ㄴ-3. 찰나적이고 삭막한 인간관계에 지친 많은 사람들이 지속적이고
　　　참으로 따뜻한 인간애를 느낄 수 있는 인간관계를 찾아 종교의
　　　문을 두드리게 된다.(KCP)
ㄴ-4. 그동안 통신사업자 위주로 제한되어 민간기업에는 성역시되어
　　　온 통신사업이 세계적인 국제화 개방화 민영화 물결에 따라 먼저
　　　국내 민간기업에 대한 빗장을 열 전망이다.(KCP)

　위의 예들은 [추상적인 복합 체계는 건물이다], [어떤 환경이나 상태에 들어가는 것은 건물에 들어가는 것이다] 은유가 사용된 것으로 (88)의 관용구들은 추상적 복합 체계인 '조직'을 '건물'로 개념화하고 있다. 여기에서 '문턱'은 들어가려면 거쳐야 할 첫 번째 장소, 넘어야 할 고비나 장애물을 의미한다. 따라서 문턱이 높으면 접근하기가 어렵고 문턱을 낮추면 접근하기가 쉬워지는 것이다. 이러한 물리적인 경험에 근거하여 관용구의 의미가 어렵지 않게 언중들에게 이해된다. 추상적 복합 체계인 '마음' 역시 건물 은유로 이해된다. (89ㄴ-1), (89ㄴ-2)는 [마음은 문이다] 은유에 의하여 열기도 하고 닫기도 하며 열 수 없도록 빗장을 채우기도 한다. 마음이라는 건물에는 출입문이 있어서 닫아 놓거나 빗장을 채워 놓으면 외부에서 내부로 들어올 수 없다. 다시 닫혀 있던 문을 열면 내부와 외부가 통할 수 있게 되는 것이다. 그리고 열리지 않는 문을 열기 위해서 문을 두드리는 것은 모두 건물이라는 대상물을 통해 마음 상태를 이해할 수 있게 해 주고, 또한 이러한 관용구가 자연스럽게 사용될 수 있는 동기를 부여한다.

(90) ㄱ. 주가가 떨어지다, 주가가 오르다, 주가가 올라가다, 주가를 올리다
　　　ㄴ-1. 삼성의 주가가 이틀째 오르고 있다.(글자 그대로의 사용)
　　　ㄴ-2. 그 가수의 주가가 올라가고 있다.(관용구로서의 사용)

‘주가가 오르다’류의 관용구는 최근에 빈번하게 사용되는 관용구인데 [인기, 명성은 주식이다] 은유에 의해 동기 부여된 것으로 보인다. (90ㄱ)은 가치나 명성을 주식의 관점으로 개념화하여 나타낸 은유이며 동시에 지향적 은유 표현이기도 하다. ‘삼성의 주가가 이틀째 오르고 있다’, ‘그 가수의 주가가 올라가고 있다’에서 주식 영역을 설명하는 전자에서는 지향적 은유가 사용된 경우이지만 후자인 가치 영역에서의 관용구는 주식 영역의 표현을 가치 영역을 나타내기 위해 사용한 존재론적 은유로 설명하여야 한다. 이러한 예는 은유에 의해 이미 생성된 연어(90ㄴ-1)가 또 다른 은유의 개입에 의해 관용구(90ㄴ-2)로 사용되는 경우도 있음을 보여준다. 한국어 관용구 용례에서 이러한 이중 은유가 나타나는 예가 많지는 않으나 이는 글자 그대로의 의미를 가진 구 표현이 은유에 의해 비유적 의미를 획득하여 형성되는 것뿐만 아니라 기존의 은유적 표현이 다시 은유 과정을 거쳐 관용구로 사용될 수 있음을 시사하는 것이다. 한편 환유에 의해 형성된 관용구가 다시 은유 작용에 의해 다른 영역으로 확장되어 사용되는 예들도 찾아볼 수 있다.[46)]

(91) ㄱ. 짬밥을 먹다
　　　ㄴ-1. 내가 먹은 짬밥이 얼만데…(군대 생활을 하다)
　　　ㄴ-2. (회사 생활에서) 이정도 짬밥을 먹었으면 잘할 때도 됐잖아….

(91ㄴ-1)과 (91ㄴ-2)는 모두 관용구로 사용된 예이다. 짬밥은 ‘군대에서 먹는 밥’을 속되게 이르는 말로 ‘짬밥을 먹다’라고 하면 환유적으로 군대생활을 하는 것을 의미하게 된다. 그러나 경험을 많이 한 사람과 관련된

---

46) 환유에 대해서는 4장에서, 은유와 환유가 가지는 상호 작용에 대해서는 5장 3절에서 살펴보기로 하겠다.

이야기를 할 때 사용하는 '짬밥을 먹다'는 군대 생활 ICM과 표현하고자
하는 영역인 사회 생활 ICM이 개념적으로 연결되기에 가능한 표현이다.

(92) ㄱ. 메스를 가하다, 메스를 대다, 메스를 들다, 메스를 들이대다
     ㄴ-1. 생살에 메스를 들이대는 것이 어디 보통 일이냐?
     ㄴ-2. 썩은 정치권 비리에 대대적으로 메스를 가해야 한다.

'메스를 가하다', '메스를 대다'와 같은 표현은 원래 의료 행위와 관련된
영역에서 '수술하다'의 의미로 쓰이는데, 이 경우에는 수술행위의 일부
즉 시작하는 특정 행위로 전체 영역을 나타내는 확대지칭 환유가 사용되었
다. 그러나 그것이 의료행위의 영역이 아닌 다른 영역에 쓰여 관용구로서
'잘못된 일이나 병폐를 없애려고 손을 쓰다'의 의미로 쓰일 때에는 이차적
으로 그 구 전체가 은유에 의해 새로운 의미를 획득하게 된 예라 할 수
있다. 즉 고쳐야 하는 것을 수술 대상, 수술 부위 등으로 인식하여 그것의
개선을 위한 행동이나 시도를 '수술하다', '메스를 대다' 등의 표현으로
사용하는 것이다. (92)도 역시 환유적인 사용을 가지고 있던 구가 은유에
의해 다른 의미를 가지게 되면서 새로운 관용구로 자리 잡게 된 경우라
할 수 있다.

(93) ㄱ. 첫 단추를 끼우다, 첫 걸음마를 떼다, 첫 걸음마를 내디디다, 첫
     걸음을 떼다, 첫 발을 내디디다,[47] 첫 발을 딛다, 첫 발을 떼다,

---

47) Kövecses(2002)에서는 이에 해당되는 예문 "We've taken the first step(우리는 첫 번째
  발걸음을 내디뎠다)"를 Lakoff(1999)에 근거하여 '사건 구조' 은유로 설명하고 있다.
  사물의 개념화가 아니라 사건의 개념화라 보는 입장이다. 그러나 한국어 관용구를
  살펴보면, 사물의 개념화와 사건의 개념화의 경계를 긋기가 매우 어렵다. "그
  두 사람은 만나자마자 불꽃이 튀는 것 같더라고"와 같은 문장에서 '불꽃이 튀다'라
  는 관용구를 사건 은유라 볼 것인가의 문제이다. 이러한 관용구는 [사랑은 불이다]

걸음마를 시작하다
ㄴ-1. 대통령이 첫 단추를 잘 끼우게 하는 것이 인수위의 막중한 책임이
라고 할 수 있다.(KCP)
ㄴ-2. 한국의 전자산업이 본격 걸음마를 시작한 것은 지난 59년 진공관
라디오가 처음 생산되면서부터였다.(KCP)
ㄴ-3. 사회에 첫 발을 내디디는 역사적인 날이다.

위의 표현들은 모두 '시작'과 관련된 관용구들이다. 옷 입기 ICM에서의
시작 행위, 걷기 ICM에서의 시작 부분을 통해서 어떤 일을 시작한다는
의미를 전달하고 있다. 그러나 이 표현들은 동일 ICM에서 사용되는 것이
아니라 다른 ICM으로 사상된 예이므로 모두 은유에 의해 의미를 부여받은
관용구들이라고 할 수 있다. 위의 관용구에서는 옷 입기 ICM이나 걷기
ICM의 여러 속성이 사상된 것이 아니고 단지 시작하는 부분만이 부각되어
의미적으로 연결된 것이다. 그러나 '첫발을 딛다'라고 한다면 글자 그대로
의 사용으로는 사람이 걷게 되는 것을 의미하는 환유적인 표현으로 볼
수 있고 그러한 표현이 은유에 의해 관용구로서 의미를 부여받고 사용되는
것으로 볼 수 있겠다.

또한 국어에는 음식을 통하여 개념화된 관용구가 많이 나타나는 것으로
보인다. 음식은 인간생활에 밀접하게 관련된 개체이므로 추상적인 개념을
쉽게 이해할 수 있게 해준다.

(94) ㄱ. 배를 채우다
ㄴ. 자기 배를 채우는 일에만 열심인 정치인들이 많다.
(95) ㄱ. 침을 삼키다, 침을 흘리다

라는 존재론적 은유로 설명하는 것이 적합하다.

ㄴ. 이 땅을 두고 어찌나 침을 흘리는지 가격만 많이 쳐주면 팔겠다고
했어요.

(94), (95)는 [욕심의 대상은 음식이다] 은유에 의하여 동기 부여된 관용구
이다. 재물이나 욕심을 채우는 것을 '배를 채우다'로 표현하였으므로 재물
이나 욕심을 음식으로 개념화한 것이다. 탐내는 것을 음식으로 본 것으로
관용구 '침을 삼키다'는 실제로 침을 삼키는 행위가 아니라 어떤 물건이나
사람에 대하여 자기 소유로 하고자 몹시 탐내는 것을 표현하고자 할 때
사용하는 표현이다. 우리가 음식을 몹시 먹고 싶어 할 때, 우리의 입에서는
침이 분비되고 그러한 행위를 통해 '음식을 먹고 싶어 한다'는 의미로
관용구가 쓰이기도 한다. 음식을 탐내는 경우에는 실제로 '음식 먹기 ICM'
과 직접적인 관련성이 있으므로 개념적 환유에 의한 관용구의 사용으로
볼 수 있다. 그런데 음식이 아니라 다른 대상물에 대해 욕심을 내고 소유하고
자 하는 욕구를 가지게 될 때에도 그것들을 '음식' 개념으로 인지하는
것이므로 음식을 대했을 때의 신체 반응인 '침을 삼키다'가 음식의 영역이
아닌 다른 영역의 물건이나 사람에 대한 욕심을 의미하는 것이 가능하게
된다.

(96) ㄱ. 맛이 가다
　　　ㄴ-1. 날씨가 더워서 그런지 나물 맛이 간 것 같다.(글자 그대로의
　　　　　의미)
　　　ㄴ-2. 저 사람은 맛이 갔어.(관용구로서의 의미)

(96ㄴ-2)의 '저 사람 맛이 갔어'와 같은 예문에서의 '맛이 가다'라는 관용
구는 이미 (96ㄴ-1)에서 연어 관계로 사용된 표현이 [사람은 음식] 은유에

160

의하여 '인간의 정신 상태'라는 추상적인 영역을 나타내기 위해 쓰인 예[48]
이다. [음식 맛은 움직이는 개체이다], [정상적인 범주에서 멀어지는 것은
먼 곳으로 움직여 가는 것이다]와 같은 개념적 은유와 방향 은유에 의해
음식 영역에서의 '맛이 가다'라는 표현(96ㄴ-1)이 먼저 존재했고, 이것이
다시 (96ㄴ-2)와 같이 은유에 의해 인간의 정신 영역을 나타내는 데 사용됨으
로써 이중의 은유가 나타나며, 이러한 이중적 은유[49]에 의해 위의 관용구가
존재하게 된 것으로 볼 수 있다.

(97) ㄱ. 뜸을 들이다, 뜸이 들다
      ㄴ-1. 뜸 들이지 말고 빨리 말해 봐.
      ㄴ-2. 그 정도 뜸 들였으면 충분하잖아.

---

48) 연어로 '맛이 가다(상하다)'로 사용되던 표현이 다른 영역에 사용되면서 은유에
   의해 관용구의 의미를 부여받게 된 것이다. 이를 아래와 같이 도식화해 볼 수
   있을 것이다.

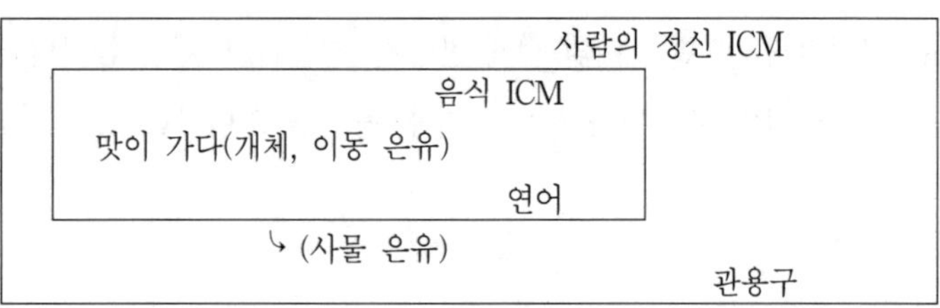

49) 한편 '머리를 얹다'가 '결혼하다, 기생이 되다'의 의미를 가질 때는 환유에 의한
   관용구라고 할 수 있는데, 이 관용구가 골프의 첫 라운딩에 나가는 경우와 같이
   다른 영역의 일을 처음하게 되는 것, 데뷔를 하게 되는 경우에 사용한다면 환유에
   의해 형성된 구가 다시 은유에 의해 의미를 가지게 되는 이중 비유에 해당한다고
   할 수 있다. 또한 '단수가 낮다, 단수가 높다'와 같은 경우에도 바둑이나 태권도와
   같이 단(段)으로 등급을 매기는 기능이나 운동의 수준을 이야기하는 것인데, 일차적
   인 문자 의미로 사용되었을 때에는 지향적 은유에 의해 연어가 형성되고, 이것이
   이차적으로 관용구가 되면서 다른 영역 즉 인간의 재간을 표현하는 것으로 연결되
   고 있으므로 실체화 은유로 볼 수 있겠다. 이러한 내용은 5장에서 다시 다루기로
   한다.

(97)은 음식이나 요리하는 상황을 통하여 의미가 연결된다. 밥을 지을 때나 음식을 찌거나 삶을 때 요리를 끝낸 후 뚜껑을 곧바로 열지 않고 조금 기다리는 것을 '뜸 들이다'라고 하는데, 뜸을 들이는 것은 열이 골고루 퍼져서 내용물이 더 잘 익도록 하기 위함이다. 그러나 '뜸을 들이다'가 관용구로 사용될 때는 주로 기대하는 다음 행동이 빨리 일어나지 않았을 경우 재촉하는 의미로 '뜸 들이지 말라'로 사용되거나 일을 쉬면서 혹은 다음 일을 도모하면서 시간을 오래 지체할 때 사용한다. 따라서 말하려는 내용이나 일을 하는 것을 음식 중에서도 밥을 하는 것과 연결시켜 '뜸을 들이다'라는 개념을 통하여 이러한 상황을 표현하는 것이다. (97ㄴ-2)는 일을 할 때에, 쉬거나 그 일을 만만히 하기 위하여 서둘지 않고 한동안 가만히 있는 경우를 비유적으로 이르는 말이다.

(98) ㄱ. 맛만 보다, 맛을 보다, 맛이 나다, 맛이 들다, 맛이 붙다, 맛이 쓰다, 맛만 보이다, 맛을 보이다, 맛을 들이다. 맛을 붙이다

    ㄴ-1. 알고 싶었던 이야기는 언제나 나오느냐고? 맛만 살짝 보이고 말 거냐고?(KCP)

    ㄴ-2. 자꾸 듣는 동안에 자연 시조니 타령이니 하는 소리에 맛을 알게 되어서 나도 배울 생각이 났다.(KCP)

    ㄴ-3. 도적질에 맛을 붙이면 별 수가 없습니다.(KCP)

[상황/일은 음식이다], [일하는 것/경험하는 것은 음식을 만들거나 먹는 것이다] 은유에 의해 위의 관용구들의 의미들이 부여된다. 일상생활에서의 음식과 관련된 경험을 통하여 음식을 먹는 것과 관련이 없는 다른 상황을 이해하는 데에 사용하고 있는 관용구들이다. (98ㄴ-1)은 음식을 조금만 맛보게 해서 아쉬운 경험을 통하여 더 알고 싶은 대상을 접하는 것을 음식 맛을 보는 것을 통하여 표현하고 있고, (98ㄴ-2)에서는 음식을 먹어 보고

162

그 음식이 맛이 있는지 없는지를 알게 되는 경험에 근거하여 동기 부여한 관용구이다. (98ㄴ-3)도 음식에 '맛을 붙이다'라고 하면 좋아하게 되어 자주 먹게 되고 끊기 어렵다는 뜻으로 쓰는 표현을 음식이 아닌 영역에 사용하여 좋아하게 된다는 의미를 가진 관용구의 의미와 연결시키게 된다. 이러한 관용구는 음식으로 개념화하는 은유에 의해서 원래 요리 영역에서 사용되는 것보다 다른 영역으로 전이되었을 때 더욱 생산적으로 사용되게 된 예들이라고 할 수 있다.[50]

(99) ㄱ. 산통을 깨다, 쪽박을 깨다
ㄴ. 이런 사람에게 처음부터 단점을 지적했다가는 산통을 깨기 쉽다.

(99)는 공시적인 관점에서 보았을 때는 불투명한 관용구라 판단될 수도 있는 예이다. '미역국을 먹다'[51]와 같은 관용구는 자주 사용하면서도 글자 그대로의 의미와 관용구의 의미와의 명확한 연관성을 밝히기는 다소 곤란한 유형이나, 오히려 '산통을 깨다'는 그 생성 어원을 사전을 통해 쉽게 찾을 수 있음에도 불구하고 언중들의 언어 지식 차에 의해 불투명한 관용구로 전락해가는 경우라 할 수 있다. (99)의 '산통을 깨다'는 처해 있는 상황이나 상태를 특정한 '상황'을 통해서 이해하는 은유이다. 산통(算筒)은 장님이 점을 칠 때 쓰는 산가지(셈을 세는 막대기)를 넣은 통을 이르는 말이다.

---

50) Kövecses(2002)에서는 [마음은 몸] 은유에 의해 '개인적 선호'와 '맛'을 사상시킨 바 있는데 앞의 각주 37)에서 다루었으니 참고하기 바란다.

51) Kövecses(2002)에서는 관용구의 의미 형성 기제로 '은유', '환유', '관습적 지식'을 들고 있는데, 은유나 환유로 설명하기 어려운 관용구들은 대부분 관습적 지식에 근거하여 생겨난 관용구로 보인다. 일반적으로 우리 문화에서는 합격을 기원하는 의미에서 끈적끈적한 엿이나 찹쌀떡을 선물하거나 먹고, 미끄러운 음식인 바나나, 미역국 등은 피한다. 따라서 이러한 문화적, 관습적 지식이 '미역국을 먹다'가 가지는 관용적 의미에 동기를 부여하는 것으로 보인다.

산통에 들어 있는 산가지를 뽑아 점괘를 풀었는데 이 산통을 깨 버리면 장님은 생계수단을 잃게 된다. 그래서 '산통을 깨다'는 바라지 않는 일이 발생해 하던 일이 뒤틀리는 것을 의미하게 된 것이다. 이렇게 산통을 이용하여 점을 치는 일이 일반적이던 시절에는 이러한 관용구의 사용과 의미 연결이 매우 자연스러웠을 것인데 이렇게 점을 치는 방법이 많이 쓰이지 않게 된 지금에는 그 의미적 연결이 쉽게 일어나지 않는다. 더구나 누구나 이해 가능한 신체적 경험이나 개념적으로 연결시킬 수 있는 일이 아니라 특정한 사건에 어원을 두고 있기 때문에 이러한 관용구는 글자 그대로의 의미와 관용구 의미의 연관성을 찾기 어렵다고 할 수도 있는 것이다. 전통의 미론적인 관점에서 구성요소와는 전혀 관계가 없는 제3의 의미로 사용되는 것이 관용구라는 정의는 이러한 부류의 관용구를 염두에 두고 한 설명이라 볼 수도 있다. 그러나 '산통'이라는 단어의 의미를 알고 있거나 어원을 알고 있는 사람에게는 앞에서 언급한 여러 관용구들과 마찬가지로 '점을 치는 ICM'과 '어떤 일의 진행 ICM' 간의 사상을 통해 쉽게 인지할 수 있는 은유적 관용구라 하겠다.

(2) 식물로 개념화

한국어 관용구에서 식물로 개념화되어 그 의미를 연결시킬 수 있는 관용구는 주로 [추상적인 복합 체계는 식물(COMPLEX ABSTRACT SYSTEMS ARE PLANTS)] 은유에 의한 것이다. '추상적인 복합 체계'란 사회조직, 사람들, 경제적·정치적 체계, 인간관계, 아이디어의 집합, 그 밖의 것들을 포함하는 개념이다(이정화 외 공역 2003:170 참조). 이러한 복합적인 추상 체계가 아닌 것에도 대상을 식물을 통하여 개념화하는 은유가 사용될 수 있지만 한국어 관용구는 주로 [조직은 식물], [관계는 식물], [문화는 식물] 등을 통하여 동기 부여된 예들이 많이 나타나는 것으로 보인다. 식물을 통하여 개념화되는 다양한 한국어 관용구와 용례를 보이면 다음과 같다.

(100) ㄱ. 씨를 뿌리다, 씨앗을 뿌리다

ㄴ. 민주주의를 향한 몸부림으로 점철된 우리 현대사에 비극의 씨앗을 뿌린 것은 해방 후 3년간 남한을 지배한 미군정이다.(CETConc)

(101) ㄱ. 새싹을 틔우다, 새싹이 트다, 싹을 키우다, 싹을 틔우다, 싹이 트다, 움이 트다

ㄴ. 이처럼 비인간적인 상술과 마케팅이 과연 왜곡된 소비문화 부산물의 역기능인지, 아니면 형식주의를 숭상하는 우리 사회가 싹을 틔운 것인지 알 수는 없지만, 좌우간 몹시도 떨떠름한 얘기, 아름답지 못한 얘기라 하지 않을 수 없다.(CETConc)

(102) ㄱ. 꽃을 피우다, 꽃이 피다

ㄴ. 적어도 그러한 선거 풍토를 개혁하는 데 정부 정당 후보자와 지지자 그리고 국민 대중의 일치된 노력만이 지방 자치의 꽃을 제대로 피울 수 있고 나아가 이 땅에 민주주의의 뿌리를 확고히 내릴 수 있는 길이다.(CETConc)

(103) ㄱ. 열매가 맺히다, 열매를 맺다

ㄴ. 한국의 북방 외교가 열매를 맺기 시작하면서 상대적인 고립감에 빠진 북한으로서는 미국과의 관계 개선에 주력한다는 것은 상식선에서 이해할 수 있다.(CETConc)

(104) ㄱ. 뿌리를 내리다, 뿌리를 박다, 뿌리가 깊다

ㄴ-1. 이 단체 본부장 박진탁(55) 목사는 현재 콩팥 기증 등록을 한 사람은 51명이며 가족끼리 자체 기증이 불가능해 수혜자로 선정된 사람은 8명이라고 밝히고 장기 기증 문화가 뿌리 내린 외국의 사례를 들며 가족 사이에서도 기증을 꺼리는 우리 사회의 풍토를 안타까워했다.(CETConc)

ㄴ-2. 특히 전통적인 유교사상이 뿌리 깊게 남아 '여성은 재능이 없는 것이 덕이다'라는 사고방식이 아직도 강하다는 것.(CETConc)

(105) ㄱ. 뿌리가 깊다, 뿌리가 뽑히다, 뿌리를 빼다, 뿌리를 뽑다, 뿌리를
　　　　자르다, 뿌리를 캐다, 뿌리째 뽑다

　　　 ㄴ. 긴 말할 것 없이 국내의 관행과 규정을 최대한으로 적용하여
　　　　외국회사의 이 잘못된 거래 악습을 뿌리 뽑아야 한다.(CETConc)

(106) ㄱ. 가지를 치다

　　　 ㄴ. 나는 머리 속에 가득 찬 것들—무수히 가지를 쳐 서로 교차되고
　　　　제거되기를 원하는 생각들—때문에 메스껍고 현기증이 날 지경이
　　　　었다.(KCP)

(107) ㄱ. 싹도 없다, 싹수가 노랗다, 싹수가 보이지 않다, 싹수가 없다,
　　　　싹을 꺾다, 싹을 밟다, 싹을 자르다, 싹이 꺾이다, 싹이 노랗다,
　　　　싹이 잘리다

　　　 ㄴ. 그러나 그녀의 눈에 비쳐진 화가는 살아가는 의미를 찾게 해
　　　　주었고 메말랐던 사랑의 감정에 싹을 틔운다.(CETConc)

　[추상적인 복합체계는 식물이다]라는 상위 은유[52] 하에 (100)은 [복합
체계를 시작하거나 창조하는 것은 씨를 뿌리는 것이다], (101)은 [발전의
초기 단계는 (식물의) 성장의 시작이다], (102)는 [어떤 것의 성장이나 발전에
서 최고의 단계는 식물의 꽃핌이다], (103)은 [과정에서의 유익한 결과는
식물의 열매이다], (104)는 [복합체계의 성공적인 정착은 식물의 안정적인
정착이다] 은유에 의해 그 의미를 연결시킬 수 있다. (105)는 [복합체계의
유지나 처리는 식물을 재배하는 것이다] 은유에 의해 어떤 것이 생겨나서나
자랄 수 있는 가능성을 제거하는 것을 식물의 뿌리를 뽑아서 없애버리는
것으로 개념화한 것이다. 잘라 내거나 가지를 쳐내는 것은 완전한 제거가
아니므로 축소시킨다는 의미를 나타날 때에는 [복합체계를 축소하는 것은

---

52) 여기에서 제시하는 [추상적인 복합 체계는 식물] 은유와 하위 은유는 외국어로
　영어를 배우는 학습자들을 위한 '코빌드 영어 가이드 7: 은유(Cobuild English Guide
　7: Metaphor)'에 근거한 Kövecses(2002)의 은유 분류를 참고한 것이다.

식물을 작게 만드는 것이다] 은유에 의한 관용구를 사용하게 될 것이다. (106)은 제거하다는 의미로 사용된 관용구가 아니고 '가지가 뻗어나가다'의 의미로 사용된 '가지를 치다'이다. 따라서 이 관용구는 [더 커지는 복합체계는 더 크게 자라는 식물이다]와 관계가 있다. 한편 (107)은 [미래 사건은 식물의 미래의 성장], [복합체계의 유지나 처리는 식물을 재배하는 것이다] 등의 은유에 의해 개념화된 관용구로 볼 수 있을 듯하다. 싹이 없다는 것은 발전의 가능성 자체가 없다는 것이고, 싹이 노랗다는 것은 식물이 건강하게 자라지 못하는 것을 통하여 발전의 가능성이 약하다는 의미와 연결된다. 또한 싹을 자르거나 밟거나 꺾는 것은 (105)의 관용구와 마찬가지로 [복합체계의 유지나 처리는 식물을 재배하는 것이다]와 연결시킬 수 있다. (105)의 관용구 '뿌리가 뽑히다, 뿌리를 빼다, 뿌리를 뽑다, 뿌리를 자르다, 뿌리를 캐다, 뿌리째 뽑다'는 이미 깊이 뿌리 내리고 있는 것을 제거하는 것이며, (107)의 '싹을 꺾다, 싹을 밟다, 싹을 자르다' 등의 관용구는 제대로 발전하기 전에 그 가능성을 없앤다는 의미를 담고 있는데 이는 식물의 재배와 관련된 우리의 경험을 통하여 개념화된다. 영어를 대상으로 한 연구에서 이러한 식물 은유에 의해 많은 표현들이 설명될 수 있음이 제기되어 왔는데 한국어에서도 많은 관용구들이 식물을 통하여 개념화[53] 되고 있음을 알 수 있다.

---

53) 존재의 대연쇄 은유는 기본적으로 일대일 사상관계에 의하여 그 의미가 동기 부여되는 것이 일반적인데, 각각의 한국어 관용구를 보면 일대일 사상관계이지만 이러한 관용구들을 의미적으로 묶어 보았을 때 상당히 체계적인 사상 관계를 이루고 있음을 알 수 있다. 한국어 관용구 전반을 살펴보았을 때 영상도식 은유를 제외하고는 개별적인 특성을 부각시킨 은유에 의해 관용구가 동기 부여되는 것으로 보이는데 이러한 관용구 부류는 특징적인 경우에 해당한다.

2) 동물 은유

관용구에 나타나는 동물 은유는 인간의 어떤 행동이나 처한 상황을 표현하는 데에 주로 사용되고 있다. 인간의 행동을 동물의 행동으로 인지한다는 자체에 부정적인 어감이 포함된다는 것을 알 수 있고 이러한 은유 표현을 통해 전달하고자 하는 바를 우리의 경험에 근거하여 더욱 생생하게 전달하는 효과가 있다. 관용구에 나타나는 동물 은유를 살펴보기로 하겠다.

(1) [사람은 동물]

가. [통제 대상은 동물]

한국어 관용구에는 사람의 상태를 동물의 상태를 통하여 이해하는 은유가 작용한 경우가 많다. [사람은 동물]로 개념화했기에 의미가 부여되는 관용구들이다.

(108) ㄱ. 코가 꿰이다, 코를 꿰다
    ㄴ-1. 언동댁의 수작에 영락없이 코가 꿴 꼴이다.(KCP)
    ㄴ-2. 고등학교까지의 공부는 거의 강제였습니다. 교수님 말씀대로 고삐에 코를 꿴채로 끌려서 이곳까지 왔습니다.(KCP)
(109) ㄱ. 고삐가 끊기다, 고삐가 풀리다, 고삐가 풀어지다, 고삐가 잡히다, 고삐를 잡히다, 고삐를 놓다, 고삐를 늦추다, 고삐를 당기다, 고삐를 잡다, 고삐를 붙잡다, 고삐를 잡아채다, 고삐를 죄다, 고삐를 채다, 고삐를 풀다
    ㄴ-1. 지금도 그 정책은 변함이 없었으나 단속의 고삐가 헐거워져 술 마시는 사람으로서는 별다른 불편을 느끼지 않는 편이었다.(KCP)
    ㄴ-2. '이미 핵무기를 생산했다'는 의혹을 받고 있는 북한의 핵개발 의지에는 고삐가 풀어졌다.(KCP)

ㄴ-3. 일껏 분위기를 다 잡아 놓고 지금에 와서 그 고삐를 늦춰버리는 인상을 준다면 이제까지의 노력이 허사가 될 수도 있다.(KCP)

ㄴ-4. 미국자동차 통상정책의 배경에는 이와는 별도로 공세의 고삐를 죄는 쪽으로 작용하는 몇 가지 요인들이 도사리고 있다.(KCP)

(110) ㄱ. 멍에를 메다, 멍에를 벗기다, 멍에를 쓰다, 굴레를 벗어나다, 굴레를 쓰다, 굴레를 씌우다.

ㄴ-1. 우리나라의 아이들은 유치원 때부터 공교육과 사교육이라는 두 멍에를 함께 지고 성장해야 할 의무를 띠고 이 땅에 태어났다.(KCP)

ㄴ-2. 우선 국제정치면에서 새로 나타난 동서화해가 오랜 세월 우리 민족에게 지워졌던 큰 멍에를 벗겨주고 있다.(KCP)

ㄴ-3. 레일 위의 전차처럼 학교와 집으로만 오가며 녹슬었던 젊음은 이제 입시의 굴레를 벗어나 끝없이 펼쳐진 개활지로 달려간다.(KCP)

ㄴ-4. 지금과 같은 재개발·재건축은 결국 우리 후손에게 악순환의 굴레를 씌워주는 것이다.(KCP)

(111) ㄱ. 뒷다리를 잡다, 뒷다리를 잡히다

ㄴ. 세금이 미국과 일본에 비해 각각 10배와 2.3배나 많다는 점도 한국 자동차업계의 뒷다리를 잡고 있다고 통산부는 밝혔다.(KCP)

위의 예들은 각각 '소', '말' 등과 같은 동물로 여러 가지 상황을 표현한 예들이다. 소나 말과 관련된 도구의 사용을 통해 그 가축들을 통제하는 것으로 [사람에 대한 통제는 동물에 대한 통제이다] 은유가 작용하였다. (108)-(111)에서 어떤 사람을 마음대로 행동하지 못하게 하는 상황을 표현하고 있다. 코뚜레에 코가 꿰인 소는 주인에게 예속되어 자기 의지대로 행동하기 어려우며 주인이 시키는 지시에 따르게 되는데 이것을 인간의 상황에 은유적으로 사상시키면 그것이 담는 의미를 쉽게 이해할 수 있다. 또한 동물의 경우 뒷다리를 사람에게 잡히면 자기의 의지대로 움직이지 못하게 되므로 이러한 우리의 경험에 근거하여 다른 사람에게 약점을 잡혀 벗어나지 못하게 된 상황을 '뒷다리를 잡히다'로 표현하고 있다. 고삐를 잡는다는 것 역시 일이나 상대방에 대한 주도권을 가진다는 것을 의미하므로 거의 유사한 의미가 나타난다. 그리고 '고삐를 늦추다'와 같은 관용구에서는 일의 진행이라는 측면에서 일을 말이 달리는 것으로, 혹은 화자 자신이 일을 해나가는 것을 말을 타고 달리는 것으로 인지하여 약간 다른 양상의 은유로 볼 수도 있다. '고삐를 늦춘다'는 것은 말이 달리는 속도를 늦추는 동시에 말의 긴장감을 덜어주는 것이므로 개념적 은유로 연결되면 그 표현이 일의 진행 속도나 긴장감, 경계심 등을 늦추는 의미를 가지는 것이 가능해진다. '멍에를 메다', '굴레를 씌우다' 역시 사람을 말이나 소로 개념화하여 말이나 소를 옭죄는 방법을 사용하여 사람을 구속, 억압하는 표현으로 사용하고 있는 경우이다. 이러한 동물 은유에서는 우리가 생활 속에서 쉽게 접할 수 있는 말이나 소와 같은 가축으로 개념화한 은유가 많이 나타남을 알 수 있는데, 이는 우리에게 더욱 익숙한 것을 통하여 덜 익숙한 내용을 전달하려는 은유의 기본적인 개념과 통하는 것이다. 한편 '뒷다리를 잡히다'에 대한 대상으로는 언중들이 말이나 소가 아닌 인간의 힘으로 제압이 가능한 작은 가축류를 떠올리기가 쉽다. 어떤 사람이나 그 사람의 행동, 약점을 알게 된 것을 가축의 뒷다리를 잡았을 때의 경험에 비추어 은유적으로 연관시킨 경우에 해당한다.

나. [사람은 동물]

(112) ㄱ. 꼬리가 길다, 꼬리가 드러나다, 꼬리가 밟히다, 꼬리가 잡히다,
꼬리를 붙잡다, 꼬리를 잡다, 꼬리를 잡히다, 꽁무니가 길다

ㄴ. 외간 남자와 눈이 맞아 놀아나다가 남편에게 꼬리를 잡혀 간
통으로 고소 당했다.(KCP)

(113) ㄱ. 꼬리를 감추다, 꼬리를 내리다, 꼬리를 빼다, 꼬리를 사리다,
꼬리를 숨기다, 꼬리를 치다, 꼬리를 흔들다, 꽁무니를 빼다,
꽁무니를 사리다

ㄴ. 그 말이 떨어지기가 무섭게 환관은 꽁무니가 빠지도록 도망을
갔다.(KCP)

위의 예들 역시 대상물의 행동이나 상황이라는 추상적 개념을 '동물'로
개념화하여 표현한 예들이다. 특히 개와 같이 꼬리가 있는 동물 혹은 꼬리가
긴 동물로 인간의 행동을 나타내고 있는데 동물의 전체적인 모습이나 행동
이 아닌 특징적으로 부각되는 부분을 통하여 특정한 행동이나 사건을 개념
화하고 있는 예라고 할 수 있다. (112)는 '꼬리' 자체의 존재성과 관련된
내용으로 사람에게 꼬리가 있다는 것은 없어야 할 것이 있는 것이 된다.
즉 하등 존재물인 짐승이 가진 꼬리는 '불필요한 부분' 즉, '부정적인 존재
성'을 의미하게 되는 것이다. 따라서 꼬리가 길면 쉽게 눈에 띄게 되는
것이고, 꼬리가 길 때에는 결국 밟히게 되며, 숨겨두려 했던 꼬리가 드러나
기도 한다. 이에 반해 (113)은 꼬리를 사용하는 동물의 행동을 통하여 관용구
에 동기 부여하는 경우이다. 동물의 특정한 행동이 의미하는 바와 인간의
행동이나 태도가 은유적으로 연결되는데 이때 인간의 행동을 동물의 행동
을 통하여 나타내고 있으므로 낮춤의 의미가 드러난다.

(114) ㄱ. 주둥아리가 가볍다, 주둥아리가 싸다, 주둥아리를 놀리다, 주

둥이를 놀리다, 아가리를 놀리다
ㄴ-1. 에끼, 이년 어디 가서 그런 싸가지 없는 주둥아리 또 놀렸단
봐라.(CETConc)
ㄴ-2. 막둥이 : 말 좀 곱게 할 수 없어?
판수 : 너 이 새끼 너. 계속 주둥아리 놀리면 진짜 나한테 죽는
다.
막둥이 : 내 입이 주둥아리면 누구 입은 아가린가?(KCP)

'주둥이, 아가리'로 나타난 위의 예문들은 행동을 통하여 심리 상태를 나타내는 환유 표현인 동시에 사람의 행동을 모두 동물의 움직임으로 인식하여 사용한 은유 표현들이다. '입을 놀리다'에 비해 '주둥이를 놀리다'는 '인간'과 '동물'로 개념화하는 것에서부터 차이가 드러나므로 좀더 낮추어 말하는 어감이 들어간다. 또한 '입이 가볍다'와 '입이 무겁다'의 경우에는 반의 관계라 할 수 있는 두 표현이 모두 나타나는 데 반해서 '주둥아리가 무겁다'는 자연스러운 표현이라고 생각하지 않기에 거의 사용하지 않는다. 이는 대상 자체를 이미 동물로 인식한 것에 우리들의 의식 차가 반영되어 있어서 좋지 않은 내용의 전달이 들어가므로 말을 쉽게 흘리거나 함부로 하는 경우에는 '주둥아리가 가볍다'로 표현하지만 부정적 의미가 아닌 '과묵하다, 함구하다'의 의미로 표현하고자 할 때에는 '*주둥아리가 무겁다'와 같은 표현을 사용하지 않게 되는 것이다. 은유가 단순히 언어적인 현상이라면 이러한 차이점이 나타나는 것을 설명하기 어려우나 은유가 개념적인 차원의 것이기 때문에 자연스러운 설명이 가능하다.

다. [공격자는 동물]

(115) ㄱ. 발뒤꿈치를 물리다, 발뒤축을 물다, 발뒤축을 물리다
ㄴ. 저 사람의 평소 행동을 보면 충분히 발뒤축을 물고도 남을 사

람이니 조심하게.(표준국어대사전)
(116) ㄱ. 발톱을 숨기다
　　　ㄴ-1. 그 집 며느리가 지금까지 발톱을 숨기고 있었다지 뭐야. 아
　　　　　주 사근사근해 보이던데 정말 사람은 오래 겪어봐야 알아.
　　　ㄴ-2. 발톱을 감추고 있을 때와 발톱을 드러냈을 때, 여자의 그 다
　　　　　른 얼굴은…. 소름이 끼쳐요.(KCP)
　　　ㄴ-3. 이러한 대한정책은 을사늑약과 한국병탄에 이르기까지 일관
　　　　　되게 변함이 없었다. 러시아는 발톱을 숨기고 한반도를 노려
　　　　　보는 일을 게을리 하지 않았다.(KCP)

위의 (115)는 은혜를 베풀어 준 상대에게 해를 입히거나 은혜를 베풀어
준 상대로부터 뜻밖에 해를 입는 경우에 사용하는 관용구들이다. 은혜를
입었음에도 불구하고 상대에게 해를 입히는 사람은 사람으로 여기지 않고
은혜를 알지 못하는 동물 특히 맹수나 독사와 같은 이미지로 나타내게
된다. 이 역시 [사람은 동물이다] 은유가 작용하여 이러한 관용구의 의미가
자연스럽게 받아들여지며, 예상치 못한 일을 당하는 것이기에 앞이 아니라
뒤에서 공격을 당하는 것으로 개념화된다. 또한 (116)의 '발톱을 숨기다'도
[공격자는 맹수이다] 은유에 의해 그 의미를 쉽게 전달할 수 있는데 본모습
을 감추고 있는 사람을 표현할 때 특히 다른 사람을 공격할 수 있는 부분을
숨기고 있는 것을 부각시키고 있으며 이는 사람을 '위협적인 부분을 숨기고
있는 동물'로 인지했기에 이해 가능한 표현이다. 발톱은 사람에게도 있는
것이나 위의 관용구를 들었을 때 우리는 날카로운 '동물의 발톱'을 떠올리
게 된다. 그리고 맹수가 그 발톱을 사용하는 기능적 측면, 즉 공격성을
떠올리게 되는 것이다. 은유적 부각은 비은유적 게슈탈트에서와 동일한
기제를 통해 작용한다. 즉 은유가 상황에 부과하는 체험적 게슈탈트는
그 상황의 요소를 그 차원에 합치하는 것으로서 선택한다. 말하자면 그

자체만의 참여자, 부분, 단계 등을 선택하는 것이다. 이것이 바로 은유가 부각하는 것이며, 부각되지 않은 것은 축소되거나 은폐된다. 새로운 은유는 정상적인 개념 구조가 부각하지 않은 것을 부각하기 때문에 부각의 가장 두드러진 예가 된다(노양진·나익주 역 1995:256 참조).

라. [사람의 예민함은 동물의 촉수]

지금까지 살펴본 예들은 주로 네 발을 가진 동물 은유에 의해 개념화된 예들이었으나 네 발 짐승이 아니라 '예민함'이라는 부각되는 특징을 가진 동물로 개념화되는 예도 보인다.

(117) ㄱ. 촉각을 곤두세우다, 촉수를 뻗치다
      ㄴ. 그렇게 촉각을 곤두세우고 있으면 무서워서 말이라도 붙이겠니?

(117)의 '촉각을 곤두세우다'는 정신을 집중하고 신경을 곤두세워 즉각 대응할 태세를 취하려고 할 때 사용하는 관용구인데 '촉각'은 절지동물의 머리 부분에 있는 감각기관으로 먹이를 찾고 적을 막는 역할을 하는 더듬이를 말한다. 따라서 사람이 예민하게 무언가에 신경을 쓰고 있는 것을 예민한 더듬이를 가진 동물의 모습을 통하여 더 쉽게 이해하는 것이다. 또한 일정한 목적을 가지고 어떤 대상에 서서히 작용을 미치는 모습을 '촉수를 뻗치다'로 표현하는데 곤충이나 새우 등의 입 주변에 있는 수염 모양의 감각기관 혹은 하등 무척주동물의 몸 앞부분이나 입 주변에 있는 돌기 모양의 감각기관을 통하여 촉각, 미각, 후각 기능은 물론이고 포식 기능까지도 가지는 경우가 있어 이러한 동물의 움직임을 통하여 인간의 행동이나 모습을 좀더 쉽게 이해하고 경험하는 것으로 볼 수 있다.

마. [끌어들여야 할 사람은 잡아야 할 물고기]

인간의 존재를 물고기로 개념화하는 은유도 한국어 관용구에서 많이 나타난다.

(118) ㄱ. 월척을 건지다, 월척을 낚다, 대어를 건지다, 대어를 낚다, 대어를 놓치다, 대어를 올리다, 대어를 잡다

　　　ㄴ. 지난 93년 전 동화은행장 안영모씨에 대한 검찰의 수사가 김종인 전 청와대 경제수석이라는 대어를 낚았던 점을 예로 들고 있다.(KCP)

(119) ㄱ. 미끼를 던지다, 미끼를 뿌리다, 미끼를 삼다

　　　ㄴ. 최근 사채시장에서는 3백억 원에서 5백억 원정도의 돈을 갖고 있는 사채업자들이 자신의 정체가 들어나지 않을 정도로 많은 사람을 중개인으로 끌어온다면 예금을 조정해주고 대출해 줄 수 있다는 미끼를 던지고 있다는 얘기가 나돌고 있다.(KCP)

(120) ㄱ. 그물에 걸리다, 그물을 던지다, 그물을 치다

　　　ㄴ. 두 번 남편이 검거되기 전에도 그랬고, 자신이 그물에 걸려들던 날도 낯선 남자들이 이런저런 핑계로 집을 들락거린 일이 기억났다.(CETConc)

(121) ㄱ. 낚시를 던지다, 낚싯밥에 걸리다, 낚싯밥을 던지다, 낚시에 걸리다

　　　ㄴ. 과거 소련 공산주의자들은 세계 각 나라 안에서, 알지 못하고 깨지 못한 어리석은 백성층에 유물주의라는 낚싯밥을 던져서, 그들의 사상과 정신을 낚으려 했다.(KCP)

위의 관용구들은 [사람은 물고기], [능력 있는 사람은 대어] 은유에 의한 것이다. (118)은 사람, 명예, 이익 등을 가지게 되는 것을 동물 중에서도 '어류'인 '물고기(대어, 월척)'를 낚는 것으로 표현한 예들이며, 사람을 꾀어내기

위한 물건이나 수단을 사용하는 것을 (119)의 '미끼를 던지다'로 표현하고 있다. 이 관용구들은 [사람/(일의) 성과는 물고기이다], [사람의 마음을 사로잡는 것/성과를 올리는 것은 낚시를 하는 것이다] 은유가 작용된 예들이다.

아주 큰 성과를 거두거나 능력이 있는 인물을 스카우트하는 데 성공했을 때 '대어를 낚다'류의 표현을 사용하는데, 물고기를 잡기 위해서 미끼를 던지거나 그물을 치는 경험적 근거로 인해 이러한 다양한 관용구들이 가능해진다. 사람을 물고기로 보는 은유가 있기 때문에 사람을 꾀어내기 위한 수단으로 미끼를 던질 수 있으며, 그물을 던져서 그 사람을 잡을 수 있는 것이다. 또한 '낚시를 던지다, 낚싯밥을 던지다' 등의 표현도 동일한 의미를 가지고 사용된다.

ICM₁(낚시)		ICM₂(구인)
근원 영역		목표 영역
월척을 잡다 미끼를 던지다 그물에 걸리다 낚시를 던지다 :	········	능력자를 뽑다 구미에 맞는 조건을 제시하다 조건을 승낙하다 뽑으려는 노력을 하다 :

<그림 8> '사람은 물고기다' 은유

또한 본서에서 검토한 자료들에서는 나타나지 않았으나 속어적으로 '입질(을) 하다'라는 표현이 실제적으로는 사용되고 있는데 이러한 표현 역시 우리의 개념 체계 안에 이러한 동물(물고기) 은유가 있기에 가능한 표현이다. 많은 관용구의 경우, 사람의 '존재 자체'를 하등 존재인 동물이나 물건으로 보면 부정적인 의미가 포함되는데 (118)에서는 보통 물고기가 아니고, 대어나 월척으로 보아 보통의 물고기보다는 가치 있는 대상물임을

176

드러낸다. 그러나 결국 낚시꾼에게 잡히는 물고기의 존재 그 이상은 아니라
는 의미 또한 포함된다. 마찬가지로 (119)-(121)의 관용구에도 약간의 비하
어감이 드러나게 된다.

바. [비판/평가 대상은 물고기/실험 동물]

(122) ㄱ. 도마에 올리다, 도마에 오르다
      ㄴ. 보사부는 고가의료 장비에 대한 의보적용이 예산부족으로 무
         산된 것이 국감의 도마에 올라 있다.(KCP)
(123) ㄱ. 시험대에 올리다
      ㄴ. 우리 정치는 이제 중요한 시험대에 올라서게 되었다.(KCP)

어떤 사물을 비판하거나 논의할 때 '도마에 올리다'라는 관용구를 사용하
는데 (122ㄴ)은 비판 대상을 도마 위에 올려진 동물(물고기)로 인식하는
것이 반영된 것이다. 어떤 사건이나 사람이 비판의 대상이 되는 것을 이르는
표현들인데 [사건/사람은 물건이다] 은유가 작용한 예이다. 특히 우리는
비판의 대상이 되는 것을 우리가 쉽게 다룰 수 있는 작은 물건으로 인지하고
있음을 알 수 있다. '도마에 올리는 대상은 보통 '음식 혹은 재료가 되는
물고기'54)가 되는데, 사람을 평가 대상으로 삼은 경우에는 [사람은 동물]로
볼 수도 있지만 사람이 아닌 정치나 특정 사안이 된다면 아래에서 다룰
[사태는 동물]로 개념화한 것으로 더 넓게 볼 수도 있겠다. 혹은 다른 관점에
서 [비판은 요리] 은유로 볼 수도 있는데, 요리사는 음식 재료를 도마 위에
올려놓고, 자신이 원하는 대로 마음대로 재료를 다듬고 요리 방식을 결정한
다. 도마 위에 올려진 음식 재료처럼, 비판의 대상이 된 사람이나 사건은

---

54) 표준국어대사전에서는 '도마에 오른 고기는 더 이상 어찌할 수가 없게 된 막다른
   처지에 놓인 것을 비유적으로 이르는 말'이라 설명하고 있다.

여론에 의해서 그 평가가 내려지는데, 일단 평가나 비판의 대상이 된 사람은
자신의 의지와 상관없이 평가가 내려지는 것을 기다리게 된다. 그리고
결과를 바꾸기 위한 어떠한 노력도 하기 힘들다. 음식을 할 때 재료를
도마 위에 올려놓고 손질을 시작하는 경험에 근거하여 이러한 관용구가
의미를 가진다고 하겠다. (123)은 (123ㄴ)의 예문이나 '이번 선거는 정치
개혁을 실현하느냐, 아니면 옛날로 돌아가느냐 하는 시험대에 올라 있다'와
같은 문장에서처럼 '평가 대상'을 자연과학에서 동물을 해부하거나 현상을
연구할 때 사용하는 '시험대 위에 올려진 시험 대상물'로서 표현한 은유적
관용구이다. '도마에 올리다'와 '시험대에 올리다'는 유사하면서도 다른
의미를 가지기에 함께 다루었다. 글자 그대로의 의미를 생각해 보았을
때, 도마나 시험대 위에 대상물을 올리는 목적과 태도가 다르므로 그러한
글자 그대로의 의미와 관용구의 의미는 밀접하게 연관된다. 시험대 위에
올라가는 대상물은 보통 인간이 마음대로 다룰 수 있는 동물이므로, 이러한
은유가 작용하면 '평가, 시험 대상이 되다'의 의미를 가지게 되는 것이다.[55]
실체가 없는 개념을 우리가 쉽게 인지 가능한 개념을 통해 이해할 수 있게
해 주는 은유가 사용되었음을 알 수 있다.

(2) [사태는 동물]

(124) ㄱ. 새끼를 치다[56]
    ㄴ-1. 돈을 증권에 투자했는데 제법 새끼를 쳐서 적지 않은 돈이

---

55) 한편, 협상의 의미를 가지는 '테이블에 오르다'는 회의의 안건을 '물건'으로 인지하
여 테이블에 올려놓을 수 있는 것으로 개념화하고 있다. '도마에 올리다'나 '시험대
에 올리다'가 동물 은유에 의해 의미를 부여받는다면 이것은 사물 은유가 사용된
관용구라 볼 수 있다.

56) '새끼를 치다'는 번식하는 것처럼 '본 바탕의 가지를 늘어나게 하거나 덧붙여
불어 가게 하다'의 의미이다.

되었다.
ㄴ-2. 이번에 소개팅 잘 되면 꼭 새끼 쳐야해.

[증식은 출산(생산)이다] 은유에 의해 연결 기능한 관용구이다. 이익이 불어나는 것을 '새끼를 치다'로 표현하고 있다. 이익이 불어나는 것뿐만 아니라 어떤 사람을 통해서 또 다른 사람을 소개받게 되는 것까지도 의미한다. 위의 예문을 보면 이익도 사람도 모두 동물로 보고 있음을 알 수 있다.

(3) [사물은 동물]

사물이 동물 혹은 사람으로 개념화되어 나타나는 경우가 나타나는데, 동물 은유로 보아도 무방할 듯하다.

(125) ㄱ. 밥을 주다
　　　 ㄴ. 매일 아침마다 시계에 밥을 준다.
(126) ㄱ. 낮잠을 자다
　　　 ㄴ. 나라가 어렵다니까 장롱에서 낮잠 자고 있던 금붙이들이 모두
　　　　　 나왔다.

(125)는 시계태엽을 감는 것을 '밥을 주다'로 표현한 은유이고, (126) 또한 물건을 자주 사용하지 않고 두는 것을 동물이나 사람이 낮잠 자는 것으로 개념화한 은유이다. 일상 언어에서 의인화는 존재론적 은유의 가장 명백한 예가 되는데 관용구에는 사람이 아닌 것을 사람으로 개념화하는 은유는 많이 나타나지 않는 것으로 보인다. 이는 관용구가 특정 사물을 구체화하거나 지시하는 데에 사용되는 것이 아니라 어떠한 상황이나 사태를 더 쉽게 전달하고 서술하는 데 그 목적이 있기 때문이 아닌가 한다. 즉 사람이

느끼는 감정 상태나 사람이 처해 있는 상황의 표현에 관용구를 주로 사용하기 때문에 의인화보다는 우리가 개념 체계 내에 가지고 있는 영상도식에 의해 그 내용을 전달하는 것으로 보인다.

3) 의인화

Lakoff & Johnson(1980)에서 가장 명백한 존재론적 은유는 물리적 대상을 사람으로 구체화하는 의인화일 것이라 하였으나 한국어 관용구에 나타나는 의인화 은유는 그 수가 많지 않을 뿐더러 나타나는 관용구도 거의 동물 은유로도 볼 수 있는 내용이다.

(127) ㄱ. 고개를 들다
　　　ㄴ-1. 집값이 안정세에 접어들었다가 다시 고개를 쳐들기 시작한다.
　　　ㄴ-2. 88년 이후 감소추세를 보이던 마약류 사범이 올 들어 다시 고개를 들고 있는 것으로 나타났다.(KCP)
(128) ㄱ. 군살을 빼다
　　　ㄴ. 이윤을 남기기 위해서는 군살을 빼고 생산성을 높일 수밖에 없다.(KCP)
(129) ㄱ. 무덤을 파다
　　　ㄴ. 매출을 올리겠다는 성급한 욕심에 제 무덤을 파게 되는 것이다.(KCP)

(127)에서는 어떤 현상이나 생각이 생겨나는 것을 '고개를 드는 것'으로 표현하고 있는데 이들 모두 어떠한 상황을 동물이나 인간으로 인식하여 표현한 은유 표현들이다. 또한 불필요한 것을 없앤다는 의미를 가진 (128)의 '군살을 빼다'는 '처한 상황이나 속해 있는 조직체'를 '사람'으로 개념화한

은유에 해당한다. 불필요하고 보기 싫은 군더더기 살을 빼야 하듯이 불필요한 인원을 감축하는 것을 군살을 빼는 것으로 이해하고 있다. 이것은 의인화에 해당하는 보기이다. 또한 어떤 일을 잘 해내지 못하고 스스로 더 안좋은 상황을 만들어가는 것을 (129)에서처럼 '무덤을 파다'라고 하는데 이것은 일의 진행을 사람의 일생으로 보아 일의 실패나 실수를 죽음으로 개념화한 경우에 해당한다.

Lakoff & Turner(1989:167)가 형식화했듯이, 존재의 대연쇄는 존재물의 척도에 관여하는데, 이런 방식을 따르면 동물과 비교해 볼 때, 인간은 고등 존재물로 간주되며, 동물은 다시 식물보다 더 상위에 있으며, 식물은 무생물로 이루어진 마지막 층위나 더 하위 층위의 위에 있게 된다. 각각의 층위는 아래에 있는 층위의 특성과 부가적인 변별적 자질에 의해 특징지을 수 있는 것이다. 때로는 하등 존재를 사람을 통해 이해할 수 있다고 하였으나 보통의 경우에는 이러한 존재의 대연쇄라는 은유적 체계에 의해서, 사람은 하등 존재물인 동물이나 식물을 통해 이해하기 때문인 것으로 보인다. 더구나 한국어 관용구는 인간의 생활이나 사건, 심리를 표현하는 데에 주로 사용되기 때문에 의인화에 의한 관용구가 많이 나타나지 않는 것으로 보이며, 이러한 내용을 드러내기에는 영상도식 은유나 하등 존재물에 부여되는 특성을 통하여 이해하는 것이 적절하기 때문일 것이다.

한국어 관용구는 다양한 방식으로 우리의 개념 체계에서 작용하고 있는 은유에 의해 동기 부여된 것임을 살펴보았다. 한국어 관용구는 이러한 은유만이 아니라 환유에 의해서도 동기 부여되어 형성되는데, 다음 장에서는 환유가 작용하여 의미를 가지게 되는 관용구들을 살피기로 하겠다.

제4장 한국어 관용구의 환유 분석

Lakoff and Johnson(1980)에서는 환유가 언어뿐만 아니라 사고, 태도, 행위까지 구조 짓는다고 한다. 환유가 이러한 작용을 할 수 있는 것은 환유가 우리의 신체적인 경험에 뿌리를 두고 있기 때문이다. 이 점은 은유와 유사하지만 환유가 신체적 경험과 물리적 혹은 인과적 관련성을 더 직접적으로 나타내므로 은유보다 더 기본적이라고 할 수 있다. 또한 우리의 신체적 경험이 문화적 맥락에서 이루어지기 때문에 환유가 문화적이라고 주장한다(김종도 2005:23 참조).

기존의 연구들에서 관용구의 정도성이 낮다고 본 숙어의 유형들이 대부분 환유에 의해서 형성된 숙어들이라 볼 수 있다. 이는 '입을 다물다'(말하지 않다)나 '손을 들다'(항복하다)와 같이 환유에 의해서 형성된 숙어들이 '제3의 의미'를 가진다고는 하나, 글자 그대로의 의미가 나타내는 행위나 상태와 관용적 의미가 연관되어 있기 때문이며, 이는 환유에 의해서 형성된 숙어들의 공통점이다(권경일 1997:193 참조).

관용구는 보통 사물을 지칭하기 위해서가 아니라 어떤 행동이나 상태, 사건을 표현하기 위해 사용한다. 따라서 관용구에 나타나는 환유는 거의 구체적인 대상물을 지시하는 것이 아니라 특정한 행동을 서술함으로써 관련된 개념을 이해할 수 있도록 해 주는 경우가 많다. 이러한 환유의 유형을 '서술적 환유'(predicative metonymy)[1]라고 한다. 서술적 환유는 지시적 환유와는 달리 대체로 시간적 인접성 관계로 맺어진 경우가 많으며, 문법 범주로 볼 때 대부분 동사 환유나 형용사 환유를 포함하기 때문에 주로 사건과 관련된 ICM에서 발생한다. 이러한 개념 작용의 근본 토대는 사상이라는 인지 작용에 의해 그 특징이 명확해지는데, 환유가 단일한 이상적 인지모형(ICM)[2] 내에서 사상 관계에 따라 개념들에 대응하기 때문

---

1) 이종열(2003:134-135)에서 서술적 환유에 대해 설명하고 있는데 내용은 다음과 같다.

"환유는 지시적 차원뿐만 아니라 추상적인 차원으로 확대될 수 있다. 이는 환유가 단지 지시적 기능만을 가지는 것이 아니라 경우에 따라서는 이해의 기능을 포함하고 있다는 점에서 명백해진다. 즉 환유가 비록 지시적인 차원에 있다고 하더라도 그것은 반드시 그 차원에만 머무는 것이 아니라 추상적인 개념의 차원으로 확대될 수 있다.

(25) ㄱ. 카다피가 최종 **사인을 하지** 않고 있다.
　　ㄴ. 그러면 밥이 넘어가지 않아 그만 **숟가락을 놓아 버리고** 휑하니 바깥으로 나와 버리곤 했다.
　　ㄷ. 그는 초등학교 때부터 담배를 **입에 대기** 시작했다.

(25)의 예문(이종열(2003)의 예문 번호를 그대로 따름)은 모두가 대상을 지시하는 것이 아니라 하나의 동일한 사건 ICM 내에서 부분적인 사건이나 행동을 개념적으로 서술함으로써 그 전체를 환유로 나타내고 있다. 이 중 '숟가락을 놓다'는 식사와 관련된 ICM 내에서 마지막 행동을 언급함으로써 '식사를 마치다'를 의미하는데 주로 사건과 관련된 ICM에서는 처음 혹은 마지막 사건을 중간보다 더 선호하는 것으로 보인다. 이처럼 환유는 구체적인 대상물을 언급하는 경우에는 지시적 기능이 강조되지만, 사건이나 행동과 관련된 추상적인 개념을 서술하는 서술적 환유의 경우에는 이해의 기능이 강조된다."라고 하여 환유의 서술적 기능에 대해 언급하고 있다.

2) 임지룡(1997:118, 126)에서도 '인지모형이론'에 대해 자세히 언급하고 있다. 사람들은 잠재의식적으로 그들의 삶과 그 속에 있는 모든 것을 다루기 위하여 스스로 정신적 모형을 만들게 된다는 것이다. 이 모형은 날카로운 관찰, 문화적 세뇌, 기억의 단편, 어느 정도의 상상력의 얽히고 설킨 혼합체인데, 이를 통해 사람들은 세상사에 대한 생각을 구체화하게 된다고 본다. 곧 원형은 우리가 살아가는 세상의 '정신적 모형'(mental model)으로서, 그 모형은 공유되고 구조화된 지식의 '내면화된 인지모형'(internalized cognitive model)을 나타내며, 개인적이고 문화적인 구조물로

에 그 의미를 더 빨리 더 쉽게 이해할 수 있게 되는 것이다(이종열 2003:130 참조). 우리의 체험과 경험적 지식은 환유의 배경 지식으로 작용한다. 환유는 지시적 차원뿐만 아니라 추상적인 차원으로 확대될 수 있다. 이는 환유가 단지 지시적 기능만을 가지는 것이 아니라 경우에 따라서는 이해의 기능을 포함하고 있다는 점에서 명백해진다.

Lakoff(1987:77-90)에서는 확대지칭 원리를 환유 모형(metonymic model)을 통해 설명하고 있는데, 환유모형의 특성은 다음과 같다(임지룡 1997:203 참조).

(1) ㄱ. 어떤 문맥에서 어떤 목적을 위하여 이해되어야 할 목표 개념 A가 있다.
 ㄴ. A와 다른 개념 B를 포함하는 개념구조가 있다.
 ㄷ. B는 A의 일부이거나 그 개념 구조 안에서 A와 밀접하게 관련되어 있다. 전형적으로 개념구조 속에서 B의 선택은 유일하게 A를 결정할 것이다.
 ㄹ. A와 비교해 볼 때 B는 이해하거나, 기억하거나, 인식하는 데 더 쉽거나 혹은 주어진 문맥에서 주어진 목적을 위하여 직접적으로 더 유용하다.
 ㅁ. 환유 모형은 A와 B가 한 개념구조 속에서 어떻게 관련되어 있는가에 관한 모형이다. 즉 그 관계는 B로부터 A로의 함수에 명시된다.

서 단지 부분적으로만 '실체'에 닿아 있다고 생각한다. '인지모형'은 그 중요성만큼이나 다양한 용어로 언급되어 왔다. 또한 Lakoff(1987)에 따르면 사람은 '이상적 인지모형'(idealized cognitive models: ICMs)에 의하여 지식을 조작한다고 한다. 또한 범주구조와 원형효과는 ICMs 조직의 산물이라는 것이다. 여기서 '이상적 인지모형'이라고 하는 것은 현실적으로 존재하는 것이 아니라, 사람들의 의식 속에서 만들어진 것이기 때문이다. 이상적 인지모형은 단순히 수동적 영상이 아니라, 인간의 삶에 능동적인 영향을 미칠 수 있다. 특히 그것은 세대에서 세대로 전수될 수 있으며, 문화적 규범을 강화한다.

환유란 이해·기억·인식에 더 쉽거나 직접적인 것을 통해서 목표 개념을 나타내는 장치인데 Langacker(1993:31)에서는 환유를 '활성 지역(active zone)'과 '모습(profile)'의 불일치 현상으로 설명하고 있다. 활성지역이 특정한 관계에 대해 가장 직접적이고 중요한 바탕이 되며, 그러한 개념적 바탕에서 가장 현저한 것이 '모습'으로 선택된다는 점을 강조한다(임지룡 1997:207 참조).

일반적으로 환유라고 하면 부분으로 전체를 지칭하는 확대지칭 환유와 전체로 그 일부를 나타내는 축소지칭 환유를 생각하기가 쉽다. 그러나 예를 들어, 포함 ICM, 통제 ICM, 인과 ICM, 생산 ICM, 소유 ICM, 장소 ICM을 구성하는 부분-부분 관계의 환유적 개념을 토대로 한 표현들은 상호 포섭 관계에 따라 '전체-부분', '부분-전체'의 개념으로 간주하기 어렵다. '부분-부분 관계'의 환유적 개념은 환유 표현의 상당 부분을 차지하고 있을 뿐만 아니라 추상적인 영역으로까지 확장되어 있다.[3] 우리의 일상적인 경험으로부터 형성된 환유적 개념[4]은 개념 체계의 중요한 일부분으로써 주어진 개념 구조 내에서 발생하는 개체들을 연결하는 기능을 담당하고 있다. 즉 환유 표현의 의미는 그 표현들의 기저에서 작용하고 있는 환유적

---

3) 이는 추상적인 대상에 대해 시간적으로 인접한 관계에 따라 관련된 환유 표현에서 잘 알 수 있다. 즉 시간적으로 인접한 대상물들은 다양한 인과적인 관계로 파악될 수 있으며 이러한 인접 관계는 '소유 관계', '통제 관계', '포함 관계' 등과 같이 특정 경험은 관습화된 도식에 따라 개념적 틀 내에서 연속적으로 존재하고 있다(이종열 2003:125-126 참조). 또한 '부분-부분' 환유가 '부분-전체' 환유보다 오히려 더 빈번하게 나타난다고 했으나 한국어 관용구에서는 반드시 그렇다고 볼 수는 없을 것 같다.

4) 환유는 체계적이며 경험적으로 이상화된 단일한 인지모형 내에서 일어난다. 이는 환유적 개념과 환유적 표현이 구별된다는 점을 말해 주는데, 일반적인 인지 영역 내에 체계적으로 구조화되어 있는 것이 환유적 개념이라면 그러한 개념 구조로부터 언어적으로 나타난 것이 환유 표현이라고 할 수 있다(이종열 2003:123 참조).

개념의 복원에 달려 있으며, 그 복원 가능성은 우리의 신체적 경험 및 사회·문화적 배경과 밀접한 관련을 맺고 있다(Gibbs 1994:344-355; 이종열 2003:127 참조).

Kövecses(2002:150-151)에서는 전체 이상적 인지모형과 그 부분들, 이상적 인지모형의 부분들에 대한 모형을 제시하고 있는데 본서에서 다루는 관용구도 이러한 모형으로 설명 가능하다.5) 그 모형을 제시하면 아래와 같다.

<그림 9> '전체 이상적 인지모형과 그 부분들'에서 다양한 부분들을 둘러싼 괄호(PART₂ PART₃ ETC)는 부분과 다른 부분 사이가 아니라 '전체와 부분₁ 사이'에서 나타난다는 것을 가리키고 <그림 10> '이상적 인지모형의 부분들'에서 전체 이상적 인지모형을 둘러싼 괄호(WHOLE ICM)는 환유가 전체와 부분 사이가 아니라, '부분과 다른 부분 사이'에서 출현한다는 것을 가리킨다. <그림 10>은 부분과 부분 사이에서 환유가 일어날 때도 그 배경에는 여전히 전체 이상적 인지모형이 존재하고 있다는 것을 도식화하여 보여주고 있는 모형이다. 한국어 관용구에는 전체-부분 환유와 부분-부

---

5) Kövecses(2002:148)에서 제시된 환유 관계의 이상적 인지모형의 도식화는 다음과 같다.

ICM
PART₁
CONTI | GUITY
PART₂

환유에서는 개념적 공간 안에서 서로 밀접하게 관련된 두 요소나 개체가 있다. 예를 들어, 생산자는 만들어진 생산물과 밀접하게 관련되고, 전체는 그 부분들과 밀접하게 관련되며, 결과는 그것을 만들어낸 원인과 밀접하게 관련되고, 통제자는 통제되는 사물과 밀접하게 관련된다. 이 모든 경우에서, 몇몇 요소를 포함하는 단일한 영역이나 이상적 인지 영역을 지니며, 이 요소들은 서로를 환유적으로 대신할 수 있다. 환유적 관계에 있는 요소들은 단일 영역을 형성한다. 이러한 내용을 그림으로 나타낸 것이고, 이것을 더 정교화하면 본문에서 제시한 <그림 9>와 <그림 10>이 된다.

분 환유가 주로 나타나므로 Kövecses(2002)의 모형을 이용하여 한국어 관용구에 나타나는 환유를 설명하는 데 적용해 볼 수 있다.

WHOLE ICM

PART₁

(PART₂

PART₃

ETC)

<그림 9> 전체 이상적 인지모형과 그 부분들

(WHOLE ICM)

PART₁

PART₂

PART₃

PART₄

ETC

<그림 10> 이상적 인지모형의 부분들

1. 사건 환유

관용구를 살펴보았을 때 환유는 상당히 생산적으로 작용한다. 일상 언어에서도 사물과 사건을 지칭하는 데 다양한 환유가 작용하고 있지만 관용구에서는 사물의 지칭이라기보다는 사건이나 상태를 표현하고 이해하는 방식으로 작용하고 있음을 알 수 있다. 한국어 관용구는 인간의 감정이나 심리 상태를 나타내는 표현이 대다수를 이루지만 동일한 ICM 안에서 그 성분 사건 혹은 부분 행위로 그 전체 사건 ICM을 나타내거나 ICM의 일부로 다른 부분을 나타내는 데 사용되는 예도 다수 있다. 대부분의 경우 아주 특징적으로 부각되는 행위를 통하여 혹은 시작 부분이나 종결 부분에 해당되는 행위나 사건을 통하여 그 의미를 드러내는 경우가 많은 것으로 보이는

데 한국어 관용구에 이러한 사건 환유가 어떻게 나타나고 있는지 살펴보기로 한다.

  (2) ㄱ. 국수를 먹다
      ㄴ-1. 내가 조만간 국수 먹여 줄게.
      ㄴ-2. 우리는 언제쯤 국수를 먹을 수 있니?

  (2ㄱ)은 결혼식에서 국수를 먹었던 문화적 경험에 비추어 그 의미 영역의 전체인 '결혼하다'는 의미를 획득했다. 즉 글자 그대로의 의미와 관용의미 '결혼(을) 하다'와의 연상관계가 결혼 ICM 내에서 중요한 부분인 음식을 대접하는 부분, 특히 잔치 음식의 대표인 '국수를 먹는 것'으로 상관관계를 이룰 수 있는 것이다. 중국어의 경우에는 '국수를 먹다'에 해당되는 관용구로 '사탕을 먹다, 사탕을 먹이다'가 존재하는데, 중국에서는 잔치 음식에 항상 사탕이 포함되어 있고, 결혼 후 답례품으로 사탕을 나눠주는 풍습이 있기 때문인 것으로 보인다. 따라서 문화적 색채가 짙은 관용구의 경우에는 나라마다 다르게 나타남을 알 수 있다.

  '국수를 먹다'가 사용되는 실제 사용례를 생각해 보면 '내가 국수를 먹여 줄게', '내가 언제 국수를 먹을 수 있니?', '*너는 언제 국수를 먹을 거야?'와 같은 예에서 보듯이 결혼하는 주체는 국수를 먹는 주체가 될 수 없음을 알 수 있다. 즉, '국수를 먹다'는 단순하게 '결혼하다'를 의미하는 것이 아니라 '결혼 소식을 알려 주다', '결혼식(잔치)에 초대하다/받다'라는 더 특별한 의미를 담아 전달하는 것임을 알 수 있고, 여기에서 일반 표현으로 전달할 때와는 다른 더 특별한 내용을 전하기 위하여 특징적이고 현저한 내용 즉, 한 사건 ICM 내의 여러 부분들 중 특정 성분 사건을 선택하여 표현하였음을 알 수 있다. Kövecses(2002)가 제시한 모형에 따라 그림으로

188

보이면 다음과 같다.

결혼 ICM

> (부분₁ ....
> 부분₂ ....
> 부분₃ ....)   ↗6)
> **부분₄ 국수를 먹다**

<그림 11> '국수를 먹다' 환유7)

　'국수를 먹다'는 사전에 '결혼하다'의 뜻을 비유적으로 나타낸 것이라 제시되어 있다. 그러나 앞서 언급한 바와 같이 그 의미가 '결혼하다'와 완전 등가라기보다는 특정 부분이 부각된 의미로 보인다. 아래의 예들을 살펴보아도 알 수 있다.

---

6) 화살표(↗ 혹은 ⇒로 표시)는 선명한 전달을 위하여 Kövecses(2002)의 모형에 필자가 추가한 것이고, 굵은 글씨도 '부분으로 전체 ICM을 의미한다'는 것을 강조하기 위해 필자가 추가하였다. 부분으로 다른 부분을 나타내는 모형에서는 전체 ICM을 표시하는 네모 상자에는 굵은 명암 표시를 하지 않고 부분 사건만 굵은 글씨로 강조를 하였음을 밝혀둔다.

7) 본서에서는 Kövecses(2002)에서 제시한 모형을 이용하여 그림으로 보이고 있으나 Langacker(1993)을 따라 아래와 같은 그림으로도 표현 가능하다.

> Ⓡ   ⋯→ Ⓣ 결혼하다
> 국수를 먹이다
>   ↗
> Ⓒ   D

C = 개념자　　R = 참조점
T = 목표　　　D = 영역

어떤 면에서는 'Langacker(1993)'의 도식이 더욱 명확하게 보이는 것 같으나 한국어 관용구에서는 부분-전체 환유뿐만 아니라 부분-부분 사이의 환유도 나타나므로 '부분-부분' 사이의 환유를 보이기에 더 적절한 Kövecses(2002)의 모형을 따랐음을 밝혀둔다.

(3) ㄱ. 화촉을 밝히다

　　ㄴ-1. 신랑 신부의 어머니께서는 앞으로 나와서 화촉에 불을 밝혀 주시기
　　　　바랍니다.(글자 그대로의 의미로 사용)

　　ㄴ-2. 두 사람이 십 년간의 연애 끝에 드디어 화촉을 밝히게 됐다.(관용구
　　　　로 사용)

(4) ㄱ. 시집(을) 가다

　　ㄴ. 시집을 갈 나이가 훌쩍 넘었다.

(5) ㄱ. 머리를 얹다, 머리를 올리다, 귀밑머리를 올리다, 귀밑머리를 풀다

　　ㄴ. 그 여자도 이제 머리 얹을 나이가 되었다.

(6) ㄱ. 면사포를 쓰다, 면사포를 씌우다, 웨딩드레스를 입다, 웨딩드레스를
　　　입히다

　　ㄴ. 이 나이에 면사포를 써서 뭐하겠소.(KCP)

(7) ㄱ. 상투를 올리다, 상투를 틀다

　　ㄴ. 가 : 호패를 찬다는데, 삼십이 넘도록 상투마저 올려주는 사람이
　　　　없어서야…. 하지만, 염려 말게. 내가 자네 상투를 올려 줌세.
　　　　나 : 실은 저보다 누님께서….
　　　　가 : 아니, 뭐야?(KCP)

(8) ㄱ. 건즐을 받들다,8) 마당을 빌리다9)

　　ㄴ. 남들은 나를 어떻게 생각할지 모르겠지만, 그분의 뜻에 따라 건즐을
　　　　받들기로 마음 먹었어요.(박영준 · 최경봉 편저 1996:33 예문)

'화촉을 밝히다'는 (3ㄴ-1)의 경우처럼 예식이 시작될 때 신랑과 신부의
어머니가 초에 불을 붙이는 행위를 하는 것을 이르는 경우에는 단순히
글자 그대로의 의미를 가지는 표현으로 사용된 것이고, (3ㄴ-2)와 같이
결혼의 주체인 신랑과 신부가 주어로 사용되어 '그 두 사람이 드디어 화촉을
밝혔다'와 같이 표현된다면 '결혼하다'의 의미를 갖게 되는 관용구로 볼

---

8) 건즐(巾櫛)은 수건과 빗을 뜻하는데, 여자가 아내나 첩이 됨을 의미하는 관용구이다.
9) '신랑이 신부의 집에 가서 초례식을 지내다'의 의미를 가지는 관용구이다.

수 있는 것이다. 결혼이라는 ICM을 구성하는 여러 내용들 중 한 부분이 선택되어 '결혼하다'라는 확대된 의미를 나타내게 되는 환유라 할 수 있는데 그 ICM을 구성하는 여러 성분 사건 중 결혼 예식의 시작 부분에 해당하는 특징적인 행동을 통하여 전체 사건 ICM이라 할 수 있는 '결혼하다'의 의미를 드러내고 있다. 그런데 여기서 주목할 부분이 있다. 실제 결혼식에서 '화촉을 밝히는 행위'를 하는 사람은 보통 결혼 당사자가 아니라는 사실이다. 결혼 ICM을 구성하는 여러 부분 사건 중에서도 특히 '혼례의 시작을 알리는 의미로 불을 밝히는 행위' 부분만이 부각되고 실제 행위자는 은폐되어 그 부각된 사건으로 전체 사건 ICM을 표현하게 되는 환유 표현이다.

결혼 ICM

부분₁ **화촉을 밝히다** ↗
(부분₂ ··················
부분₃ ··················
기타)

<그림 12> '화촉을 밝히다' 환유

또한 '시집(을) 가다, 귀밑머리를 올리다, 귀밑머리를 풀다, 귀밑머리를 풀어 올리다, 머리를 얹다, 머리를 올리다, 면사포를 쓰다, 건즐을 받들다'는 모두 여자에 대한 결혼 표현일 때에만 가능한 관용구다. 즉 (4)는 시댁으로 이동해 가는 출발점에 초점을 맞추어 그 전체 영역이라 할 수 있는 '결혼'을 의미하게 되고, (5)는 예전에 여자들이 결혼 전에는 머리를 뒤로 땋았다가 결혼식을 할 때 그 머리를 풀고 쪽을 찌고 시집을 갔으므로 그러한 일부 특징적인 부분을 통하여 '결혼'을 나타내게 된다. 역시 서양식 결혼 문화에서는 신부가 웨딩드레스를 입고 면사포를 쓰게 되는데 관용구는 아주 전형적이고 대표성을 가지는 일부 사건이나 행위를 통하여 그 ICM 전체의

의미를 나타내는 것이 일반적이다. 이 관용구는 '결혼식을 하다'의 더 구체적인 의미로 사용될 때가 많다. 우리가 누군가의 사진을 본다고 했을 때, 얼굴만이 찍힌 사진을 보았을 때에는 전혀 이상하다고 생각하지 않지만 손이나 발만이 찍힌 사진을 보았을 때에는 그것을 그 사람이라고 할 수 없다고 생각하는데 이것을 '대표성'의 개념으로 설명할 수 있다. 보통 환유에서는 사건의 경우라면 대부분 시작점이나 끝점을 그 대표성을 가지는 것으로 보는 경향이 있다. 이는 중간보다는 처음이나 마지막을 더 잘 기억하는 인간의 인지 능력과 연관이 있는 것으로 보인다.[10] 또한 글자 그대로의 의미를 가지는 문장이 나타내는 행위와 관용구의 의미가 개념적으로 연결되어 있으므로 '면사포를 씌우다, 상투를 틀다'는 그 주체가 남자가 된다는 것은 자명하다. (8)의 관용구는 공시적으로 거의 쓰이지 않는 예인데, 이러한 관용구가 처음 생겨날 때에는 (2)-(7)의 관용구와 같이 ICM의 부각되는 사건이어서 관용구로 형성되었을 것이나, 시간이 지나면서 더 이상 언중에게 익숙한 사건으로 인식되지 않아 관용구로서의 사용도 거의 없어지고 그 의미 관련성도 멀어지게 된 것이라 볼 수 있다.[11]

---

10) 반드시 처음이나 마지막 사건을 통하여 의미를 전달하는 것은 아니나 관용구로 드러나는 '구 표현'에 해당하는 사건은 다른 부분 사건에 비하여 그 ICM을 더욱 쉽게 연결시켜주거나 드러내줄 수 있는 것이 선택되는 것은 아주 자연스러운 일이다. 이러한 현상과 관련하여 Aitchison(1987)의 욕조효과(bathtub effect)를 생각해 볼 수 있다. 욕조효과는 주로 단일어의 재생 실험에서 확인되어 왔으나 ICM과 관련해서도 기억에 관한 인간의 인지기제는 거의 동일한 양상을 보이는 것으로 추정된다.

11) (8)의 관용구 '건즐을 받들다', '마당을 빌리다'는 공시적으로 불투명한 관용구로 보아 본서의 연구 대상에 해당되지 않는 것으로 볼 수 있으나 어떠한 관용구가 불투명하다, 반불투명하다를 가리는 것도 언중의 언어적 지식이나 문화적 배경 지식에 따라 달라질 수 있어서 명확히 선을 긋기에 어려움이 따른다. 공시적으로 거의 사용되지 않는다고 해도 생성의 측면에서는 동일한 과정을 상정해 볼 수 있음을 설명하기 위해 포함시켜 언급하였다. (8)의 관용구는 글자 그대로의 의미로

  (3)-(8)의 예들은 '국수를 먹다'와 마찬가지로 모두 '결혼하다'의 의미를 가지는 관용구이다. 그러나 이 표현을 듣거나 사용할 때 우리가 머릿속에 떠올리는 영상은 표현마다 각각 다르게 나타난다. 따라서 '결혼하다'라는 단어를 성별 구분 없이 개별 상황에 관계없이 사용할 수 있는 것과는 달리 이러한 관용구들은 그 사용에 제한을 받는다. 그러나 언중들은 큰 어려움 없이 이러한 관용구들을 상황에 맞게 사용하고 있는데 이는 문화적 관습적 지식을 가지고 있기 때문이며[12] 각각의 관용구에 대해서 언중들은 크게 다르지 않은 영상을 떠올린다. 이러한 내용에 대한 근거는 Gibbs(1994)에서 찾아 볼 수 있다. Gibbs(1994)에서는 심리학적 실험이 많이 이루어졌는데, 관용구의 의미 해석과 관련한 영상 과제 실험도 행해졌다. 예들 들어, 관용구 'spill the beans(비밀을 누설하다)'를 생각해 보라고 한 뒤 이 구에 대한 심적 영상을 떠올리려고 시도하고, 그 영상을 스스로 기술하고, 그 다음에 스스로 다음의 질문을 제기해 보라고 하였다. '콩들은 쏟아지기 전에 어디에 있는가? 그릇은 얼마나 큰가? 그 콩들은 요리된 것인가? 엎지름은 우연적인가 의도적인가? 일단 엎질러지고 난 뒤에 콩들은 어디에 있는가? 콩들은 멋있고 단정한 더미로 있는가? 콩들은 어디에 있어야 한다고들 생각하는가? 엎질러진 뒤에 콩들을 다시 주워 담기 쉬운가?' 이러한 실험에서 대부분의 사람들은 관용구에 대한 자신들의 심적 영상에 대한 이러한 질문에 명확하게 반응하였다. 일반적으로 사람들은 콩들이 대략 사람의 머리통 크기의

  사용되는 행위 자체가 현재에는 행해지지 않는다. 따라서 이러한 행위를 부각시키는 관용구가 더 이상 생산적으로 사용되지 않게 되었고 사어화 된다. 이를 통하여 단어가 생성과 소멸의 과정을 걷듯이 관용구도 동일한 과정을 걷는 것으로 볼 수 있겠다.

 12) 모어 화자라면 관용구의 사용에 어려움을 가지지 않지만 외국인들이 관용구를 학습할 때 어려움을 가지게 되는 것은, 문화적 배경 지식을 가지고 있지 않고 관용구를 사은유로 보아 단순히 단어처럼 의미를 학습하려 하기 때문이다.

어떤 단지 속에 있었고, 요리되지 않은 것이었으며, 우연히 엎질러졌고, 엎질러진 콩들이 온 마루를 덮게 되어 그것들을 다시 주워 담기 어렵다고 말한다는 연구 결과가 나왔다. 만일 우리가 관용구의 의미가 자의적으로 결정된다고 가정한다면, 자신들이 심적 영상에 대한 사람들의 직관이 이렇게 일치한다는 사실은 우리를 아주 혼란스럽게 만든다. 사람들이 관용구에 대한 자신들의 심적 영상을 기술하면, 관용적 구의 의미에 동기를 부여하는 은유적 지식의 일부가 드러나는 것이다(나익주 역 2003:384-385 참조). 환유에 대한 영상도 이와 다르지 않을 것이다. 우리의 인지 체계 내에서 익숙한 개념 사이의 연결이 관용구의 의미에 동기부여하는 것이다.

(9) ㄱ. 뚜껑을 열다
　　ㄴ-1. 막상 뚜껑을 열고 보니 투표 결과가 예상과는 달랐다.
　　ㄴ-2. 컴퓨터업체들이 유리한 위치를 차지하게 될 것으로 예상되었다. 그러나 다음날 막상 뚜껑이 열리자 결과는 반대였다.(KCP)

어떤 사물의 내용이나 결과 등을 알아보는 것을 나타낼 때 (9ㄴ-1)에 그 상황 자체를 그릇으로 인지하고 그 안의 결과물을 확인하기 위해 뚜껑을 열어 보는 그릇 은유가 나타난다. 그러나 일차적으로는 투표함이나 발표 관련 서류함을 열어보는 환유적인 근거에서 관용구가 형성되었다고도 볼 수 있는데, 이는 선거의 개표 단계에 이르러 투표함을 열어보는 행동을 통해 선거 결과를 알아보는 것을 연결시키는 환유로 [일부 사건/행동으로 결과를 나타냄] 환유로도 볼 수 있을 것이다.[13] 이것을 그림으로 나타내면

---

13) Kövecses(2002)에서는 여러 개념적 은유가 환유적 기반이나 동기 부여를 지니고 있다고 제안한다. 여러 은유들 중에서 단지 두 개의 일반적인 환유적 관계, 즉 (인과 작용 이상적 인지모형에서 나오는) [원인과 결과]와 (사물 이상적 인지모형에서 나오는) [전체와 부분]이 적용 가능하다. 다시 말해서, 어떤 은유적 관계는

다음과 같다.

(개표 ICM)

(부분₁ ·················
부분₂ ·················
부분₃ ·················)
부분₄ 투표함의 뚜껑을 열다
⇩
부분ₙ 결과를 확인하다

<그림 13> '뚜껑을 열다' 환유

인지적 관점에서 환유는 지시적 기능만을 가지는 것이 아니라 이해의 기능을 포함하고 있음을 언급한 바 있다. 따라서 환유가 비록 지시적인 차원에 있다고 하더라도 그것은 반드시 그 차원에만 머무는 것이 아니라 추상적인 개념의 차원으로 확대될 수 있음을 기억해야 한다.

(10) ㄱ. 옷을 벗다, 군복을 벗다, 관복을 벗다, 감투를 벗다, 짐을 싸다, 보따리를 싸다, 교편을 놓다

　ㄴ-1. 옷 벗는 육군 장성이 모두 사관학교 출신이었다는 점도 이채롭다.(KCP)

　ㄴ-2. 나는 분명히 스파이를 방조한 죄를 졌기 때문에 군복을 벗게 되었던 것입니다.(KCP)

　ㄴ-3. 햄플을 아는 많은 이들은 그가 왜 현지인들도 보따리를 싸고 있는 비전 없는 시장에 뛰어들고 있는지 아직도 의문을 제기하고 있다.(KCP)

　ㄴ-4. 그는 감투를 벗고 고향에 내려가서 조용히 지내고 있다.(과거 : 벼

환유의 [원인과 결과] 유형으로부터 동기를 부여받고, 반면 다른 어떤 은유적 관계는 [전체와 부분] 유형으로부터 동기를 부여받는다고 말할 수 있다(이정화 외 2003:282 참조).

슬자리를 그만 둠, 현재 : 관직이나 임원직에서 물러남)

이들 관용구에서는 일을 그만두게 되거나 그 직장에서 떠날 때 제복을 더 이상 입지 않고 벗는다는 경험적 근거에 의하여 일부 행위로 전체 사건 영역이라 할 수 있는 '퇴직하다', '제대하다' 등을 의미하게 되는 것이다. '옷을 벗다'가 일반적으로 하던 일을 그만두는 의미를 갖는다면, '군복을 벗다', '관복을 벗다'는 퇴직의 주체가 더 구체적으로 명시된다. 군인을 나타내는 상징적인 군복을 벗고, 관직에 있음을 의미하는 관복을 벗는 것을 통하여 더 이상 그 자리에 있지 않음을 의미하게 되는 것이다. 또한 실제로 벼슬자리에서 물러날 때 감투를 벗는 것으로 벼슬자리를 그만둔다 는 의미를 가지게 되었는데, 현재에는 '감투'를 실제로 쓰거나 벗지 않는다. 따라서 사건 환유에서 은유적인 사용으로 바뀌었다고 볼 수도 있으나 일의 ICM을 넓게 생각하면 환유로 해석하는 것도 가능하리라 본다. 위의 관용구 들은 일을 그만 둘 때 직접적으로 그만둔다고 표현하기보다는 떠날 즈음에 하는 행위를 통하여 그 의미를 연결시키는 것인데 이를 그림으로 나타나면 다음과 같다.

퇴직 ICM

```
(부분1 ..................
 부분2 ..................
 부분3 ...................)
 부분4 옷을 벗다     ⇒
(부분5 ...............)
 부분6 짐을 싸다     ⇒
(기타)
```

<그림 14> '옷을 벗다', '짐을 싸다' 환유

(11) ㄱ. 교편을 잡다, 교단에 서다, 분필가루를 먹다, 분필가루를 마시다,
메가폰을 잡다, 감투를 쓰다

　　ㄴ-1. 내가 뉴욕 대학에서 교편을 잡기 시작할 무렵이었다.(KCP)

　　ㄴ-2. 다시 교단에 설 수 있게 되어서 정말 기뻐요.(KCP)

　　ㄴ-3. 그는 급제하여 감투를 쓰게 되었다.

　　ㄴ-3'. 감투 한번 써보고 싶어서 자천타천으로 모여드는 인사로 문전성
시를 이룰 정도였는데, 장관 감투를 씌워 주겠대도 싫다니 이 사람
제정신인가 하는 의심이 들 정도였다.(KCP)(높은 지위를 차지함)[14]

　　ㄴ-3". 그날도 점심은 천렵 나온 사람들처럼 솥을 걸어 공동취사를
하기로 하고는 주방장을 뽑았는데 덜컥 감투를 썼다.(CETConc)

　　ㄴ-4. 이 영화는 제작비만 20여억 원이 들어갔으며 광고회사가 제작비를
대고 CF감독이 메가폰을 잡았다는 점에서 화제를 모았다.(KCP)

위의 (10)의 예들과 마찬가지로 어떤 일을 시작하거나 업무에 종사하는
것을 나타낼 때도 (11)처럼 특징적인 행위를 통하여 내용을 드러낼 수 있다.
즉 선생님의 상징적인 행위인 '교편을 잡는 행위'나 '교단에 서는 행위'로
교사 생활을 한다는 것을 환유적으로 나타내는 것이다. 또한 학교에서는
보통 칠판에 분필로 판서를 하는 것이 보통이며, 칠판을 지울 때마다 분필가
루가 날리고, 그것을 마시게 되는 것이 일상적인 ICM의 부분들이다. 따라서
그 중 부각되는 행위인 '분필가루를 마시다'를 통하여 교사 생활을 하는
것을 의미하게 된다. (10)에서 언급하였듯이 (11)의 예문에서도 (11ㄴ-3)에서
사용된 관용구가 (11ㄴ-3")에 이르러서는 은유적으로 사용된 것으로도 볼
수 있다. 일에 관한 ICM은 반드시 실제 세계와 일치되어야 하는 것은 아니므
로 환유로 보아도 될 것이나 '관직'이라는 일의 ICM과 '요리'라는 일의

---

14) 앞에서 언급한 '감투를 벗다'의 설명과 마찬가지로 현대에 와서는 실제로 관직에
오를 때 감투를 쓰지 않으므로 환유에서 출발한 은유적 전이로도 볼 수 있을
것이다.

ICM을 달리 보면 환유로부터 생겨난 은유로 볼 수도 있기 때문이다. 또한 최근에 생겨나고 정착한 관용구인 (11ㄴ-4)의 '메가폰을 잡다'도 영화감독이 영화를 만들 때 행하는 여러 행위 중에서 특징적인 부분인 '메가폰을 잡고 지시를 내리는 것'을 부각시켜서 사용하고 있는 표현이라 하겠다. 이를 그림으로 나타내면 다음과 같다.

영화 제작 ICM

> **부분₁ (영화 감독이) 메가폰을 잡다 ⇒**
> (부분₂ ·················
> 부분₃ ·················
> 부분₄ ·················)

<그림 15> '메가폰을 잡다' 환유

(12) ㄱ. 쇠고랑을 차다, 쇠고랑을 채우다, 수갑을 차다, 수갑을 채우다, 콩밥을 먹다, 콩밥을 먹이다

　　ㄴ-1. 올 들어서는 4월말까지 13명이 입건돼 11명이 쇠고랑을 찼다.(KCP)

　　ㄴ-2. 정부의 제1과제인 부정부패 척결에 있어 원천적인 장본인이거나 대표적 인물이라고 볼 수 있는 사람에게 쇠고랑을 채웠다고 할 수 있는지 의문이 가지 않을 수 없다.(KCP)

　　ㄴ-3. 권세를 부리다 수갑을 찬 사람이나 인신매매범을 만나거나, 남의 집에 들어가 강간을 하고 돈을 훔치는 강도를 만나면 노자나 장자의 말이 공맹의 말보다 절실하게 들려온다.(KCP)

　　ㄴ-4. 이 중은 아주 악질적인 사상범이라서 몇 십 년은 콩밥을 먹어야 하는 건데….(KCP)

위의 관용구들은 모두 '감옥살이를 하다'의 의미를 가지는 표현들이다. 감옥 생활의 ICM에서 우리가 특징적으로 알고 있는 쇠고랑을 차는 일이라

든가 감옥에서의 식사로 콩이 많이 섞인 밥을 먹었다든가 하는 관습적 지식에 근거하여 형성되는 환유적 표현들이다. 비록 현재에는 예전과 같은 콩밥을 먹지 않는다고 해도 우리의 이상적 인지모형 안에는 이러한 환유적 영상들이 여전히 포함되어 있다. 이 예들은 모두 활성화되고 부각되는 측면을 통하여 전체 사건 ICM을 드러낸 경우라고 하겠다. '수갑을 차다'의 경우에는 표현 문맥에 따라 단순하게 '검거되다'를 의미할 수도 있고, '감옥 살이를 하게 되다'를 의미할 수도 있는데 이러한 차이는 모두 각각의 사건에서 연상 가능하다. 즉, 수갑을 차는 것은 감옥에 들어오기 전, 검거될 당시에 차는 것이고, 쇠고랑을 차는 일이나 콩밥을 먹는 것은 감옥에 들어온 후에 하게 되는 일이기 때문이다. 이를 그림으로 나타내면 다음과 같다.

감옥살이 ICM

```
(부분₁ ··················
 부분₂ ··················
 부분₃ ··················)
 부분₄ 콩밥을 먹다   ⇒
(부분₅ ··················)
 부분₆ 쇠고랑을 차다
 기타)
```

<그림 16> '콩밥을 먹다' 환유

(13) ㄱ. 타월을 던지다, 수건을 던지다, 백기를 들다

　　ㄴ. 그 분위기 조성을 위해서 제가 무조건 백기를 들고 집으로 들어가서 가족의 일원이 돼야 한다는 말씀인가요?(KCP)

(14) ㄱ. 무릎을 꿇다, 무릎을 꿇리다

　　ㄴ. 클린턴 대통령은 대선을 앞두고 자동차 협상을 어떻게든 해결해야 이를 업적으로 내세울 수 있고 일본의 무릎을 꿇게 하지는 못하더라도 일본시장 개방을 단호히 밀어붙일 경우 득표에 도움이 될 것으로

판단하고 있다.(KCP)

(15) ㄱ. 손이 올라가다, 팔이 올라가다, 주먹이 올라가다

ㄴ. 석배가 자리를 박차고 일어나려 하자, 상국이 식탁을 쾅 치면서 손가락질을 해대는데, 좀 전의 고분고분하던 태도는 간데없고 여차하면 당장이라도 주먹이 올라갈 기세 아닌가.(KCP)

(16) ㄱ. 주먹이 오고 가다

ㄴ. 처음부터 서로 말투가 심상치 않더니 길길이 소리를 지르면서 주먹이 오고 갔다.(KCP)

(17) ㄱ. 두 손 두 발 다 들다, 두 손을 들다

ㄴ-1. 애가 여간내기가 아니라서요. 전 개한테 두 손 두 발 다 들었어요.(KCP)

ㄴ-2. 모르겠다. 이 할미도 애저녁에 두 손 들었어.(KCP)

(18) ㄱ. 손가락질 하다, 손가락질 받다

ㄴ-1. 여기 계시는 분들 중 누가 이 아이들에게 손가락질을 할 수 있으며 벌을 줄 수 있습니까?(KCP)

ㄴ-2. 사회생활, 직장생활을 하면서 예의나 염치없는 짓을 하면 그것이 곧바로 '아무개 자식' 하고 손가락질을 받게 되는데, 그것이 불효인지도 모르고 행동하니 안타까울 뿐이다.(KCP)

(13)의 예들은 기권이나 항복을 의미하는 관용구들인데 '타월을 던지다, 수건을 던지다'는 권투에서 경기를 계속하기 어려운 선수의 매니저가 '타월'을 던지며 기권을 신청하는 것에서 싸울 의지를 버리는 경우에 사용하게 된 환유 표현이다. 또한 '백기를 들다'도 전쟁이나 싸움 ICM을 구성하는 부분 행위로 볼 수 있고 항복을 표시하는 전형적인 보기였기에 그러한 일부 행위를 통해 '항복하다'의 의미를 드러내게 된다. (14)의 '무릎을 꿇다, 무릎을 꿇리다'의 경우에도 역시 싸움 ICM에서 무릎을 꿇고 있는 패배자의 모습을 통하여 '굴복하다, 항복하다'라는 의미를 가지게 된다. (15)의 '손이

올라가다’, ‘팔이 올라가다’, ‘주먹이 올라가다’는 싸움의 ICM에서 때릴 때의 시작 행위라 할 수 있는 동작을 통하여 폭력을 행사하는 것을 나타내고 있다. (16)의 ‘주먹이 오고 가다’는 싸움의 ICM에서 일부 행동인 주먹의 움직임을 통하여 싸움하는 상황을 환유적으로 나타내고 있다. (17)의 ‘두 손 두 발 다 들다’는 전형적인 물리적인 싸움의 ICM이 아닌 ‘신경전’ 관련 ICM을 그 배경으로 할 수 있다. 양쪽이 공격적으로 싸워서 이기고 지는 의미라기보다는 손을 드는 주체가 포기하듯이 항복하는 의미를 담게 된다. 싸움의 ICM에서 패자는 승자 앞에서 두 손을 들어서 항복을 표시하는 특정 행위를 생각해 볼 수 있는데, 이러한 부분적인 사건을 통하여 싸움에서의 항복을 연결시킬 수 있다. 그런데 이 관용구의 경우에는 상대방에 의해서 억지로 두 손을 들게 되는 것이 아니라 본인의 판단으로 두 손을 들게 되는 것이므로 자신이 견디지 못해서 자발적으로 포기한다는 내용이 덧붙여지게 된다. 즉 ‘내가 너희들이 졸라대는 통에 두 손 두 발 다 들었다’라고 한다면 심리전에서 지게 된 것을 의미하는 것이다. 또한 (18)은 다른 사람을 비난하거나 흉볼 때 실제로 ‘손가락으로 가리키면서’ 말하는 데에서 그 일부 행위가 그 행동을 포함한 ‘비웃기’라는 전체 내용을 의미하게 된 환유 표현이라 할 수 있다. 이렇게 하나의 동일한 사건 ICM 내에서 부분적인 사건이나 행동을 개념적으로 서술함으로써 그 전체를 환유적으로 나타내고 있다. 이 중 싸움의 ICM에서 일부 사건을 통하여 ‘싸우다’의 의미를 가지게 되는 것을 그림으로 보이면 아래의 <그림 17>과 같은데, ICM 내에서 ‘부분$_2$’가 부각되면 ‘팔이 올라가다’로 ‘싸우다’의 의미를 드러내고, ICM 내에서 ‘부분$_4$’가 부각되면 ‘주먹이 오고 가다’로 ‘싸우다’의 의미를 나타낸다.

싸움 ICM

(부분₁ ··················)

부분₂ 팔이 올라가다

(부분₃ ·················)　↗

부분₄ 주먹이 오고 가다

(부분₅ ·················)

<그림 17> '팔이 올라가다', '주먹이 오고 가다' 환유

(19) ㄱ. 손을 내밀다, 손을 벌리다

　　ㄴ-1. 이런 자식도 있는데, 계속 돈을 달라고 손을 내밀면 연로해가는 부모는 어쩌라는 말이냐?(CETConc)

　　ㄴ-2. 국내 업체들끼리는 물론이고 세계 시장에서의 최대 라이벌인 일본 업체들에까지도 필요하다고 판단되면 서슴없이 '제휴'의 손을 벌리는 것이 요즘의 미국 기업들이다.(KCP)

(20) ㄱ. 손을 내젓다

　　ㄴ. 나한테는 돈을 못 빌려 주겠다고 그렇게 손을 내젓더니 다른 사람에겐 쉽게 빌려 주더군.

　위의 관용구들은 손의 사용과 관련된 환유적 영상에 근거하는 관용구들이다. 돈을 빌려야 하는 경우, 요구하는 경우에는 다른 사람을 향해서 손을 내밀거나 벌리게 되며, 어떤 상황에 대해 거절할 때에는 실제로 손을 내저을 수도 있다. 빌려줄 돈이 없다는 의미이거나 부탁을 거절하는 의미일 때 모두 '손을 젓는' 동작 언어를 사용하므로 그 특징적 행위로 인해 거절이라는 의미를 전달하게 된다. 연상적 관계가 형성되어 있는 것들이기에 그 환유 개념의 인접성은 상당히 가깝다고 할 수 있다. 또한 허락하거나 거절하는 데에 다음의 관용구도 많이 사용한다.

(21) ㄱ. 고개를 끄덕이다,[15] 고개를 젓다

ㄴ-1. 그렇지만 우리는 오늘날 "거의 모든 사람들이" 역사가 심판을
      내렸다고 고개를 끄덕이는 사건을 여럿 알고 있다.(CETConc)
ㄴ-2. 앉으라고 자리를 권해도 오 부장은 고개를 젓고 있었다.(KCP)

'고개를 끄덕이다, 고개를 젓다'를 보면 동의를 하거나 허락을 할 때의
동작이나 거절할 때 나타나는 동작으로 그 전체 영역인 '허락하다, 거절하
다'의 의미를 나타내는 부분-전체 환유가 쓰인 예들이다.16) 특히 이러한
관용구들은 특정한 동작이나 행동이 해당 사회에서 일정한 의미를 가지게
되는 경우이다.17) 그런데 여기에서 왜 '허락하다', '거절하다'라는 어휘가
있음에도 불구하고 언중들이 이러한 관용구를 사용하게 되는지 생각해

---

15) 신수임(2000:35-6)에서는 이기동(1997:79-80)의 설명 방식을 그대로 가져와서 "He
    nodded his head when I asked him if I could come in."이라는 문장을 다음과 같이
    설명한다. 머리를 끄덕이게 한 원인과 머리를 끄덕인 행동이 의미하는 바, 즉
    허락한다는 의미가 이 표현의 환유적인 뜻으로 쓰인 경우라 설명하고 있으며
    다음과 같이 도식화하고 있다.

| (a)요청을 받다 | (b)고개를 끄덕이다 | (c)허락하다 |

16) 보기에 따라서는 판단이나 결정의 ICM에서 일부분(결과)으로 다른 부분(원인)을
    나타내는 환유로도 볼 수 있는 가능성이 있다.

(결정 ICM)

```
(부분1 ..................)
 부분2 고개를 젓다 → 반대하다
(부분3 ..................)
 부분4 고개를 끄덕이다 → 찬성하다
```

즉, ICM을 어떻게 상정하느냐에 따라 환유가 작용한 것으로 볼 수 있는 예들이
다수 나타난다.

17) 특정한 동작이나 행동이 해당 사회에서 일정한 의미를 가지게 되는 경우로 이를
    '동작 기호소'라고 하기도 한다. '고개를 가로젓다'(부인하다)와 같이 관습적으로
    비언어적 태도를 언어적으로 표현하고 기호화하는 것을 '동작 기호소'(Kinegramme)
    라고 하였는데(천미애 역 2000:44) 이러한 내용이 환유적으로 관용구를 형성하는
    것이라 할 수 있다.

볼 필요가 있다. 그리고 표현할 수 있는 많은 구 형식이 있을 것임에도 불구하고 왜 특정한 관용구를 선택하여 사용하게 되는가에 대해서도 생각해 볼 필요성이 있다. 이 물음에 대한 대답은 Langacker(1993)의 환유에 대한 정의에서 찾을 수 있을 듯하다. 그는 환유의 문제를 참조점 개념[18]으로 풀이하고 있는데, 어느 개념자가 어떤 개체와 정신적인 접촉을 하려고 할 때 이것을 직접 언급하지 않고 이것과 관련되면서 동시에 이보다 더 현저한 개체를 참조점으로 언급하는 것이 환유라고 하였다. 즉 언중이 어떤 관용구를 사용할 때에는 일반 표현보다 더 현저한 개체, 장면을 선택하게 되는 것이다. 이를 그림으로 나타내면 다음과 같다.

동의/허락 ICM

```
(부분₁ ·················
 부분₂ ·················
 부분₃ ·················)
 부분ₙ 고개를 끄덕이다 ⇒
```

<그림 18> '고개를 끄덕이다' 환유

(22) ㄱ. 덜미가 잡히다, 덜미를 누르다, 덜미를 눌러놓다, 덜미를 잡다,
　　　　덜미를 잡히다, 덜미를 쥐다, 덜미를 짚다, 덜미를 치다
　　　ㄴ-1. 사건의 용의자는 계속 혐의를 부인했으나 결국 덜미를 잡히게

---

18) Langacker(1993:6)의 그림을 보이면 아래와 같다.

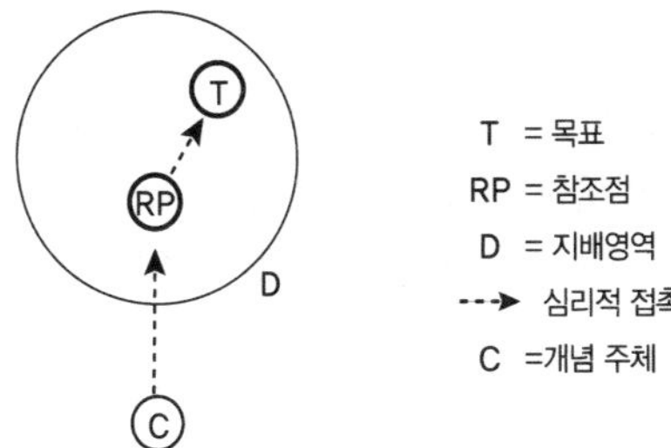

되었다.

ㄴ-2. 내가 그 사람에게 덜미를 잡혀가지고 이젠 마음대로 못 해.

목의 뒤쪽 부분과 그 아래 근처가 '덜미'인데 누군가에게 덜미를 잡히면 우리는 우리의 의지대로 움직이기 힘들게 된다. 범죄 관련 ICM에서 실제로 범인이 경찰에게 검거될 때 목덜미를 잡히게 되는 것을 생각해 볼 수 있다. 따라서 ICM의 부각되는 일부 사건을 통하여 '발각되다, 잡히다'의 의미를 나타내게 된다. 그런데 실제로 경찰이나 범죄자 등의 구성원을 포함한 ICM이 아니라고 하더라도 영역을 넓게 보았을 때는 이러한 설명이 가능하며 나아가서는 환유적 근거를 가진 은유 표현으로서 (22ㄴ-2)의 '약점이 드러나다'로까지 연결이 가능하다.

어떠한 특정 행위가 부각되어 형성되고 사용되는 관용구는 상당히 많으며 다양한 분야에서 나타난다.

(23) ㄱ. 도장을 찍다

ㄴ-1. 이제 도장을 찍었으니 이 집의 주인이 되신 겁니다.

ㄴ-2. 벌써 서류에 도장 찍은 지 오래됐어요. 헤어졌다고요….

(24) ㄱ. 돈을 만지다, 돈을 찌르다

ㄴ. 그는 새로운 상품의 개발로 돈을 만지게 되었다.(표준국어대사전)

(25) ㄱ. 월계관을 쓰다, 지휘봉을 잡다, 금배지를 달다

ㄴ-1. 중국집 배달 청년이 중국집 주인의 코치를 받고 마라톤의 월계관을 쓰다!(KCP)

ㄴ-2. 주거래 은행에서 파견된 인물이 지휘봉을 잡았지만 금융가의 실력자에게도 기업 경영이란 뜻대로 되지 않았다.(KCP)

ㄴ-2'. 세계정상의 뉴욕 필 지휘봉을 잡은 정명훈 씨!(KCP)

ㄴ-3. 서 의원은 별 탈 없이 무소속으로 출마해 금배지를 달았다.(KCP)

　계약을 할 때에는 충분히 검토하고 확인한 후 계약서를 작성하고, 마지막으로 그 계약서에 사인을 하거나 도장을 찍으면 그 계약은 성립된다. (23ㄴ-1)의 ‘도장을 찍다’는 이러한 계약이라는 사건 ICM의 마지막 행위인 동시에 가장 중요한 행위라고도 볼 수 있다. 따라서 마지막 동작을 통하여 ‘계약하다’라는 전체 사건을 전달하는 것이다. 그런데 도장을 찍어서 계약을 체결하는 것은 일상적인 상거래 ICM뿐만이 아니다. 이혼을 할 때에도 절차상 이혼 서류에 도장을 찍고 여러 가지 수속 절차를 밟아야 하는데 그 중에서 상징적으로 부각되는 한 부분을 통하여 (23)에서 ‘이혼하다’의 의미를 나타내게 된다. 또한 돈을 많이 번다면 많이 만질 수 있다는 연관 관계를 쉽게 떠올릴 수 있고, 뇌물과 관련된 ICM에는 여러 가지 가능한 부분들이 있겠지만 그 중 살짝 주머니에 돈을 찔러 주는 심적 영상을 부각시킴으로써 ‘뇌물을 주다’라는 의미를 전달하는 것으로 볼 수 있다. 또한 사람이 어떤 물건을 소유하고 있는지에 따라 그 사람의 신분이나 지위가 드러나는데 그러한 착용이나 소유 관계를 통하여 ‘우승하다, 조직의 우두머리가 되다’ 등의 의미를 가지게 된다. 특히, (25ㄴ-2')의 ‘세계정상의 뉴욕 필 지휘봉을 잡은 정명훈 씨!’에서 ‘지휘봉을 잡다’는 문맥에 따라 의미 해석이 달라질 수 있다. 실제 공연에 대한 기사라면 ‘지휘봉을 잡다’로 ‘공연하다’를 의미할 수도 있지만, 경우에 따라서는 ‘지휘자로 임명되다’의 뜻을 가질 수도 있기 때문이다. (25ㄴ-3)의 경우는 국회의원과 관련된 ICM의 여러 내용 중에서 국회의원을 상징하는 ‘금배지를 다는 행위’를 통하여 국회의원에 당선되었음을 의미하게 되는 관용구라 하겠다.

　(26) ㄱ. 쪽박을 들다, 쪽박을 차다, 깡통을 차다
　　　ㄴ-1. 보릿고개를 넘을 때면, 쪽박 들고 밥을 얻으러 나가지 않으면
　　　　안 될 형편이었다. 이백여 가호가 되는 마을에서 자식들에게 쪽박

을 들려 내보내는 집이 일곱인가 되었다.(KCP)(글자 그대로의 사용)
　　ㄴ-2. 출판사 하나를 보따리 장사같이 하다가 쪽박을 차게 생겼을 때
　　　　은선 스님 책을 냈더래요.(KCP)(관용구로서의 사용)
(27) ㄱ. 길거리에 나앉다
　　ㄴ. 내 인생 절반은 지하철에서 보냈고 나머지 절반은 우리 가족이
　　　길거리에 나앉지 않도록 한 푼이라도 더 벌려고 애를 쓰면서 보내고
　　　있지.(KCP)

(26)에서 쪽박을 들거나 차는 행위는 구걸을 하는 행위를 드러내는 부분적인 사건이라 할 수 있다. (26ㄴ-1)에서 볼 수 있듯이 다른 집에 가서 먹을 것을 얻어 오게 할 목적으로 아이들에게 쪽박을 들려 보냈는데, 이러한 '글자 그대로의 사용'이 실제로 쪽박을 들지는 않더라도 특징적으로 부각되는 사건을 통하여 경제적으로 아주 어려운 상황을 의미하는 환유 표현이 된다. 사람의 ICM 내에는 실제 세계와 일치하지 않더라도 포함되어 있는 수많은 관련 부분이 존재하기 때문에 가능한 것이다. (27)의 '길거리에 나앉다'는 거처할 곳이 없어지면 길거리로 나와야 하는 거주 관련 ICM을 상정하면 쉽게 그 의미를 이해할 수 있다.

(28) ㄱ. 술잔을 기울이다, 술잔을 나누다, 잔을 기울이다, 한잔(을) 하다
　　ㄴ-1. 왕과 하만은 함께 술잔을 기울이며 앉아 있었지만, 수산 성은
　　　　술렁거렸다.(KCP)
　　ㄴ-2. 근 10여 일 동안 서울에 머물렀던 D씨를 T대사가 다시 초청해서
　　　　술잔을 나누거나 둘이서만 회포를 푼 적도 없었다.(KCP)
(29) ㄱ. 길게 눕다
　　ㄴ. 언젠가는 길게 누울 육신인데 아껴서 무엇 하겠느냐. 내 힘 닿는
　　　데까지 일할 것이다.(박영준 · 최경봉 1995:65 예문)

‘술’과 관련해서는 ‘잔을 기울이는’ 부분 동작을 통하여 그 술잔에 담긴 술을 마신다는 의미로, ‘술잔을 나눠 받는 것’을 통하여 함께 술을 마신다는 의미로 사용된다. 음주 관련 ICM에서 ‘술을 한잔 마시는 행위’는 부분적인 행위이다. 그러나 ‘한잔 하다’는 ‘술을 마시다’의 의미로 사용된다. 구성요소 각각의 의미로는 ‘술을 마시다’가 연결되지 않지만 글자 그대로 ‘(술) 한잔을 마시다’가 음주 ICM 내에서의 일부 행위이고 부분-전체의 확대를 통하여 ‘술을 마시다’의 관용적 의미를 가지게 되는 것은 상당히 자연스럽게 연결된다. 또한 한국적 매장 문화에서는 죽었을 때 시신이 길게 눕혀진 채로 매장되므로 (29)의 ‘길게 눕다’는 ‘묻히다’라는 의미를 부여받게 된다.

(30) ㄱ. 얼굴을 내밀다, 머리를 내밀다, 머리를 들이밀다
　　　ㄴ-1. 잠깐이라도 얼굴을 내밀고 와야 할 것 같아.
　　　ㄴ-2. 그 후에도 단테스는 친척이라는 사실을 이용해 나탈리아가 참석할 만한 파티를 반드시 얼굴을 내밀고 집요하게 추파를 던져 사람들의 주목을 끌었다.(KCP)
　　　ㄴ-3. 가장 손쉽게 자기 얼굴을 팔 수 있는 방법은 사진기자들의 카메라 앞에 될 수 있는 대로 자주 얼굴을 들이미는 것이다.(KCP)
(31) ㄱ. 머리를 싸매다, 머리를 깎다
　　　ㄴ-1. 나는 어처구니가 없어서 머리 싸매고 집에 드러누웠지요.(KCP)
　　　ㄴ-2. 그는 열세 살 때 머리를 깎고 중이 되었다. “속고승전”에는 당나라에 들어가 머리를 깎았다고 하였다.(KCP)
(32) ㄱ. 손을 걸다, 손가락을 걸다, 손을 비비다, 손을 잡다
　　　ㄴ-1. “가거든 엄마 말 잘 듣고, 얌전하게 굴어야 한다.” 그와 아이는 새끼손가락을 걸었다.(KCP)[19]
　　　ㄴ-2. 비틀비틀 손바닥 비벼 대서 출세하는 정치가들이나 벼락감투 쓴 친구들과 벼락부자가 된 친구들 말고 말입니다.(KCP)

---

19) 실제 행위를 표현하는 동시에 ‘약속하다’의 의미를 전달하고 있다.

ㄴ-3. 당시 이씨는 전 전 대통령과 친분을 토대로 경찰 관계자들과 깊은 교분을 유지해온 터여서 손쉽게 손을 잡게 됐다고 한다.(KCP)

(30ㄱ)의 '얼굴을 내밀다' 혹은 '머리를 내밀다'는 어떤 자리에 모습을 나타내는 것을 의미한다. 여기에서도 사진을 찍는다고 하면 얼굴이 잘 드러난 사진을 생각하듯이 가장 부각되는 부분인 얼굴을 앞으로 내미는 것으로 '참석하다'를 의미하게 된다. 또한 몸이 아플 때나 무언가에 집중해서 할 때 상징적으로 머리를 흰 천으로 싸매는 심적 영상에 근거하여 있는 힘을 다하여 '머리를 싸매다'가 노력한다는 뜻을 가지게 된다. 그리고 중이 되거나 형무소에 복역하러 들어갈 때 머리를 깎는 것에 근거하여 '머리를 깎다'가 각각 '중이 되다'와 '수감되다'를 의미하게 된다. (32)는 약속을 할 때 새끼손가락을 거는 관습적인 행위, 다른 사람의 비위를 맞추거나 아부하는 행위를 할 때 양손을 비비는 행위, 일을 함께 진행하게 될 때 악수로 계약 체결을 다시 한번 확인하는 행위 등 각각이 속한 ICM 내의 일부 행위를 통하여 환유적으로 의미를 확장시킨 예들이다. ICM은 반드시 실세계와 일치하지는 않으며 사람들의 의식 속에서 만들어진 것이므로 이러한 심리적 영상을 떠올리기는 어렵지 않다.

(33) ㄱ. 무릎을 마주하다, 무릎을 맞대다, 이마를 마주하다, 이마를 맞대다, 코를 맞대다, 머리를 맞대다, 머리를 모으다
ㄴ-1. 공산주의자라고 하면 보기도 싫어했으니 그들과 무릎을 맞대고 앉아 이야기한다는 것은 생각할 수도 없는 일이었다.(KCP)
ㄴ-2. 그들은 몇 번이고 이마를 맞대고 군수회의를 여는 듯했다.(KCP)
ㄴ-3. 우리는 자신의 미래를 예견할 수 없게 차단하는 철의 장막에 대하여 우리 코를 맞대고 나아갈 수밖에 없을는지 모른다.(KCP)
ㄴ-4. 모든 국민들이 머리를 맞대고 지역문제를 풀어가야 풀뿌리 민주

주의가 성사될 수 있습니다.(KCP)

이들 관용구는 모두 '가까이 앉다'나 '함께 모여서 의논하다', '아주 가까
이 마주 대하다'의 의미를 가진다. 이들은 모두 동일한 ICM을 구성하는
일부 행위를 통해서 '의논하다'의 의미를 전달한다. 여기에 구성성분으로
포함되어 있는 무릎, 이마, 코 등의 각각은 의미 생성과 전달에 특별한
차이를 가져오지 않는다. 즉 위의 관용구들은 직접적인 신체적 근접성이라
는 경험에 근거하여 사용하는 표현들이므로 가까이 앉아 있을 때의 신체적
근접성이 어떤 신체기관을 통해서 전달되어도 그 의미 차이는 드러나지
않는 것이다. 다만 우리의 머릿속에 그려지는 심적 영상은 그 문자적 의미에
근거하여 그려진다는 차이가 있다. 이를 그림으로 보이면 다음과 같다.

<table>
<tr><td align="center">의논 ICM</td><td align="center">의논 ICM</td></tr>
<tr><td>(부분₁ 무릎을 맞대다
부분₂ 머리를 맞대다
부분₃ ·················)
부분₄ 이마를 맞대다 ⇒</td><td>(부분₁ 무릎을 맞대다
부분₂ 이마를 맞대다
부분₃ ·················)
부분₄ 머리를 맞대다 ⇒</td></tr>
</table>

<그림 19> '이마를 맞대다' 환유   <그림 20> '머리를 맞대다' 환유

(34) ㄱ. 바람을 쐬다
    ㄴ-1. 논문 쓰다 힘들면 가끔 바람을 쐬고 오는 것도 좋아.
    ㄴ-2. 며칠 전부터 집에만 있기가 따분해서 이삼 일 동안 어디 가서
        바람이라도 쏘이고 올까 맘먹고 있던 참이었는데 잘 온 거야.(KCP)

기분 전환과 관련된 ICM에서 부분 사건(혹은 행동)을 통하여 '기분 전환
을 위하여 바깥이나 다른 곳을 거닐거나 다니다'의 의미를 전달하고 있다.
우리는 '바람을 쏘이다'라고 하면 밀폐된 공간이나 건물 내부가 아닌 외부

로 나가는 것을 생각한다. 경험적으로 나가서 걷다 보면 시원한 바람을 직접 맞게 되고 신선한 공기의 흐름도 느낄 수 있게 된다. 따라서 기분 전환을 위해 돌아다니는 것과 관련된 ICM에는 여러 가지 부분들이 포함되지만 가장 부각되는 부분 즉, 실제로 바람이 스치는 느낌과의 연상 작용에 의하여 환유적인 의미를 가지게 되고 전달하는 예라 할 수 있겠다.

(35) ㄱ. 팔뚝을 걷다, 팔뚝을 걷어붙이다, 팔소매를 걷어붙이다, 팔을 걷다, 팔을 걷어붙이다, 소매를 걷다

    ㄴ-1. 더우면 팔을 좀 걷어붙이지 그래?(글자 그대로의 사용)

    ㄴ-2. 아이가 담임을 믿고 따라야 소기의 성과를 거두는 것이지 학부모가 팔 걷어붙이고 나선다고 아이가 뜻대로 되는 것은 아니다.(KCP)

    ㄴ-3. 다들 집안 식구들이 알면 두 팔 걷어붙이고 사랑 못하게 말릴 만한 상황들이다.(KCP)

    ㄴ-4. 은평구청 등 10여개 단체 4천여 명의 시민과 공무원이 북한산의 쓰레기 줍기에 소매를 걷어붙이고 나선다.(KCP)

이것은 관용구가 아닌 글자 그대로의 의미로 쓰이는 경우를 생각하면 상의의 소매 부분을 손목에서 팔꿈치 쪽으로 올리는 것을 의미한다. 그렇게 보았을 때에는 '팔을 걷다'류의 표현은 글자 그대로의 사용인 경우에 축소지칭의 환유가 쓰인 것으로 볼 수 있다. 그러나 위의 (35ㄴ-2, 3, 4)처럼 관용구가 '어떤 일에 적극적으로 나서다'의 의미로 사용될 때에는 그러한 분석에 의해 축소지칭 환유를 떠올리는 것이 아니라 '소매를 걷다'라는 문장으로 표현되는 동작 자체가 사건의 일부 행동으로 인지되고 어떤 일을 시작하는 처음 부분의 행동으로 인해 일과 관련된 ICM의 내용을 의미하게 된다. 따라서 이것 역시 부분으로 부분을 나타내는 환유에 의해 동기화된 관용구이다. 이를 그림으로 나타내면 다음과 같다.

일 ICM

옷 소매
●↖
부분₁ " 팔 을 걷다" ⇒ (적극적으로 하다)

(부분₂ ……………
부분₃ …………
부분₄ …………)

<그림 21> '팔을 걷다' 환유[20]

(36) ㄱ. 단두대에 올리다, 단두대에 오르다

　　ㄴ. 두 사람이 범인으로 지목되어 나란히 단두대에 오르게 되었다.(KCP)

(37) ㄱ. 자리에 눕다, 자리에 들다

　　ㄴ-1. 자리에 누운 지 벌써 2년이 다 되어 가는데 차도가 없다.

　　ㄴ-2. 열 시인데 애들은 이제 자리에 들어야지.

(38) ㄱ. 눈을 감다, (밥) 숟가락을 놓다

　　ㄴ. 이렇게 눈 감으실 줄 알았으면 좀더 잘해드릴 걸 그랬어요.

　전술한 바와 같이 보통 사건과 관련된 ICM에서 처음 혹은 마지막 사건을 중간보다 더 선호한다. 이는 사물뿐만 아니라 사건에 대해서도 지각적으로 처음과 끝이 중간보다 더 현저함을 의미한다. 아래의 <그림 22>와 같이 사형집행과 관련된 ICM에서 첫 단계의 행위인 '단두대에 올리다'는 행위를 언급함으로써 '사형하다'를 의미하며, 잠을 자기 위해서는 먼저 눕는 행동

---

20) 이미 언급하였듯이 위의 관용구는 두 구성성분의 의미를 따로 분석하지 않고 '팔을 걷는 행위' 자체가 ICM 내에서 부각되어 관용구의 의미가 형성되는 경우이므로 위의 <그림 21>에서 안에 들어 있는 작은 네모상자는 고려하지 않아도 된다. 관용구의 환유 안에는 글자 그대로의 의미로 사용될 때에는 '축소지칭 환유'가 나타나는 표현이 많이 있으나 그것이 구 전체로 의미가 전이되어 관용구로 사용될 때에는 더 이상 '축소지칭 환유'로 쓰인 것이 아님을 보이고자 한 그림이다.

으로부터 시작하므로 이러한 시작 행위를 통하여 '잠자다'(37ㄴ-2)의 의미를 전달할 수 있게 된다. 마찬가지로 병세와 관련된 ICM에서는 초반 행위인 '자리에 눕다'를 언급함으로써 '(가벼운 병이 아니라) 누워서 앓다'(37ㄴ-1)를 의미하게 된다. '자리에 눕다' 같은 경우에는 인과 작용 ICM에 의해서도 해석될 수 있는데 병세가 심해서 자리에 눕게 되는 것이고, 인과적 연상에 의해 누워 있는 상황을 부각시켜서 '많이 아픔'을 나타내는 것이다. 또한 사람이 살다가 죽는 것은 마지막으로 눈을 감는 순간부터 죽음으로 넘어가는 것이므로 ICM 내의 마지막 행위라고 할 수 있는 '눈을 감다'를 통해 죽음을 전달하게 된다. 또한 사람은 일생동안 반복적으로 밥을 먹으며 사는데 이제 더 이상 그러한 행동을 하지 않는다는 의미로 식사를 끝마칠 때 밥숟가락을 내려놓는 것에서부터 더 이상 식사를 하지 않게 된다는 것, 즉 죽음에 이르게 된다는 것을 의미하게 된다.

사형 집행 ICM

부분₁ 단두대에 올리다 ⇒ (부분₂ ·················· 부분₃ ················ 부분₄ ···············)

<그림 22> '단두대에 올리다' 환유

(39) ㄱ. 손을 대다

    ㄴ-1. 마약에 손을 댄 지 오래됐지요.(시작하다)

    ㄴ-2. 어린 여자아이까지 손을 대다니 사람의 탈을 쓴 짐승이군.(겁탈하다)

    ㄴ-3. 다시는 손을 대지 않겠다고 했지만 술만 마시면 통제가 안 돼요(때리다)

(40) ㄱ. 손을 떼다

　　ㄴ-1. 하나님은 하시던 일을 엿샛날까지 다 마치시고, 이렛날에는 하시
　　　　던 모든 일에서 손을 떼고 쉬셨다.(KCP)
　　ㄴ-2. 기미년 3월에 일어난 만세 소리에 나는 이 사업에서 손을 떼고
　　　　고국을 떠나게 되었다.(KCP)
(41) ㄱ. 손을 털다, 손을 씻다
　　ㄴ-1. 이제 방위산업체는 소련의 해체와 함께 완전히 뒷전으로 물러나
　　　　앉았고 생약관계의 성장주도 지난 한 해 엄청난 폭으로 뛰었으니
　　　　슬슬 손을 털어야 될 때가 된 듯하다.(KCP)
　　ㄴ-2. 10여 년 동안 관여해 오던 송광사 수련원 일에서 손을 뗐다.
　　　　보조사상연구원의 일에서도 손을 씻었다.(KCP)
　　ㄴ-2′. 그는 불교에 귀의한 뒤로 범죄 조직에서 손을 씻고 착실히 살아가
　　　　고 있다.(표준국어대사전)

위에서 제시한 관용구는 일상생활에서 상당히 자주 사용하는 관용구인
데, 기본적으로 [손으로 활동을 대신함] 환유에 기반을 둔다. 어떤 일을
시작할 때(39ㄴ-1) 일거리에 손을 대는 물리적인 접촉이 있을 수 있는데
이러한 일부 행동이 일의 ICM 내에 존재하므로 일부 행위를 통하여 일의
시작을 전달하게 된다. 또한 '겁탈하다'의 의미로 사용될 때(39ㄴ-2)에는
사람에 대한 접촉이라는 시작 행동으로 결과 행위를 드러내게 되며, '때리
다'의 의미로 사용되는 경우(39ㄴ-3)에도 사람을 때릴 때 신체적인 접촉이
있기 때문에 '손을 대다'라는 완곡한 표현, 전체 행동 중의 시작점으로
그 ICM에서 표현하고자 하는 의미를 연결시키게 된다. 또한 (39ㄱ-1)의
예문과 연관하여 시작점인 '손을 대다'21)로 일을 시작하거나 관여하는

---

21) 실제로 관여하는 일이 추상적인 사건이라면 구체적인 것으로 추상적인 것을 이해할
　　수 있게 하는 실체화 은유가 개입된 것으로도 볼 수 있다. 그러나 일차적으로는
　　환유적인 근거에 의하여 이해 가능하며 우리의 이상적 인지모형 내에서 충분히
　　심적 영상으로 상정해 볼 수 있는 부분 행동으로 판단된다.

214

의미를 전달했다면 사건 ICM의 마지막 행위인 '손을 떼다'를 통하여 관여하던 일을 그만둔다는 의미를 전달하게 된다. '손을 털다'와 '손을 씻다' 또한 어떤 일을 끝낸 후 마무리하는 의미로 손바닥을 마주 털거나 손을 씻을 수 있고, 혹은 더러워진 손을 깨끗하게 하기 위해 손을 털거나 씻는다. 이러한 관습적 경험들이 사건 ICM 내에 존재하게 되고 이러한 일부 내용을 통하여 우리는 '일을 끝내다'의 의미를 쉽게 이해할 수 있다. 특히 (41ㄴ-2')에서 관용구 '손을 씻다'의 경우에는 단순히 일을 끝낸다는 의미보다는 '부정적인 일에 대하여 관계를 청산하다'의 의미를 가진다. 따라서 좋지 않은 일을 끝내는 것에 사용되는 (41ㄴ-2')과 같은 예문에는 [손으로 활동을 대신함]과 같은 손에 관한 환유만이 아니라 [윤리는 깨끗함(ETHICAL IS CLEAN)]이라는 은유에 의해 동기 부여된 것으로도 볼 수 있다. 즉, 손을 털거나 씻는 것은 깨끗한 상태가 되는 것을 의미하기 때문이다. 이처럼 관용구 자체가 '시작하다'나 '끝내다'의 의미를 가지는 표현들인 (39ㄴ-1), (40)은 해당 ICM에서의 '시작 행위'나 '종결 행위'를 통하여 환유적 연결을 이루고 있음을 알 수 있고 (41)은 특정 부각 행위를 통하여 환유적 연결을 이룸을 알 수 있다. 관용구 '손을 대다'와 '손을 떼다'를 그림으로 보이면 다음과 같다.

<table>
<tr><td>(일 ICM)</td><td>(일 ICM)</td></tr>
<tr><td>부분₁ 손을 대다 ⇒ 시작하다
부분₂ ……………
부분₃ ……………
부분₄ ……………</td><td>부분₁ ……………
부분₂ ……………
부분₃ ……………
부분₄ 손을 떼다 ⇒ 끝내다</td></tr>
</table>

<그림 23> '손을 대다' 환유   <그림 24> '손을 떼다' 환유

(42) ㄱ. 첫 삽을 들다, 첫 삽을 뜨다

ㄴ. 오늘 착공식으로 경수로 건설의 첫 삽을 떴습니다.

위의 관용구 역시 '일을 시작하다'의 의미를 가지는 관용구인데 주로 '건설 사업이나 그 밖에 어떤 일을 처음으로 시작하다'의 의미로 사용된다. 건설 현장에서 사업의 시작을 언급할 때 사용되는 경우라면 건설 ICM에서의 일부 행위를 통해 '일을 시작하다'를 의미하게 되는 것이다. 삽을 들거나 삽으로 흙을 뜨는 행위가 우리의 개념 체계 내에서 초반에 행해지는 일(사건)로 인지되므로 이러한 개념적 은유에 동기를 부여하게 되는 것이다. 그러나 이 관용구가 건설 영역이 아닌, 전혀 다른 영역에 사용되는 경우에는 관용구 '첫 단추를 끼우다', '첫 걸음을 떼다'와 같이 은유에 의해 사상되어 '시작하다'라는 의미로 사용되는 관용구로 볼 수 있을 것이다.

이와 같이 사건 환유로 나타나는 관용구들의 경우에는 [특정 부각 행위로 전체 사건을 대신함], [부분 사건으로 다른 부분을 대신함], [시작 행위로 전체 사건을 대신함], [종결 행위로 전체 사건을 대신함]의 네 가지 유형으로 정리해 볼 수 있겠다. 관용구에 대한 전통적 관점에서나 인지적 관점의 연구에서나 환유에 대한 관심은 그리 크지 않았으나 이상에서 살펴본 바와 같이 빈번하게 사용하는 관용구들이 환유에 의해 동기부여된 것임을 알 수 있다. 다음 절에서는 관용구에서 큰 비중을 차지하는 심리 상태 관련 관용구들을 살피기로 하겠다.

2. 상태 환유[22]

관용구 중에는 사람의 심리 상태, 특히 감정[23]을 좀더 선명하고 적확하게
드러내기 위해 사용되는 표현들이 많이 있다. 기존의 관용구 관련 연구들이
감정 표현의 연구에 집중되어 있었던 까닭도 여기에서 찾아볼 수 있는데,[24]
이러한 심리 상태를 표현하는 데 사용하는 관용구는 주로 환유에 의하여
나타난다. 그리고 그러한 관용구의 대부분은 사람이 어떠한 감정을 갖게
되었을 때 나타나는 생리적 반응을 드러내는 것으로 그 감정을 대신하는
경우가 대부분이다. 즉 여기에 [THE PHYSIOLOGICAL EFFECTS OF AN
EMOTION STAND FOR THE EMOTION(어떤 감정의 생리적 효과는 그
감정을 대표한다)] 환유가 작용하는 것이다. 특히 이러한 감정의 문제는
'체험주의(experientialism)'를 지향하는 인지언어학의 정신에 잘 들어맞는다.
체험주의란 우리의 추상적인 사고 및 개념화 과정이 신체화된 체험에서

---

22) 본서에서 사용하는 용어인 '상태 환유'는 사람의 심리 상태를 나타내기 위하여
   사용된 '심리 상태를 표현하는 환유'라는 의미로 사용하였다. 생리 반응과 동작으
   로 심리 상태를 나타낸 것이기에 엄밀히 말하면 전자는 생리 반응 환유, 후자는
   동작 환유 정도로 명명하는 것이 개념상 적절할 것이나 본 절에서 다루는 환유는
   사람의 심리 상태를 표현하는 데 사용되는 모든 관용구에 작용하는 것이므로
   두 가지 유형의 환유를 아우르기 위해 '상태 환유'라 칭하였음을 밝혀 둔다.

23) 여러 학설에 공통적으로 포함된 다섯 가지 감정으로 기쁨, 슬픔, 두려움, 미움(혐오),
   화를 들 수 있는데 임지룡(1999)에서는 감정을 기쁨, 화, 슬픔, 미움, 두려움, 긴장,
   부끄러움, 걱정으로 나누었고, 요네다 쇼(2004)에서는 기쁨, 슬픔, 두려움, 미움(혐
   오), 화, 부끄러움의 6가지로 분류해 보고 있다(요네다 쇼 2004:11 참조).

24) 관용구를 구성하고 있는 어휘 중에는 기초 어휘, 그 중에서도 신체 부위와 관련된
   명사류가 많다. 그 이유는 신체 어휘가 다양한 내포 의미를 가지면서, 은유적
   활동의 모습으로 쉽게 나타날 수 있기 때문이다. 그 중에서도 신체 외부 기관과
   관련된 어휘가 신체 내부 기관과 관련된 어휘보다 많다. 신체와 관련된 어휘를
   구성요소로 한 항목은 전체의 44.8%에 해당되는 것으로 거의 반 수에 가깝다(문금
   현 1999:79-81 참조). 이러한 신체 관련 어휘들이 포함된 관용구가 많기 때문에
   이 부류의 관용구에 대한 연구가 집중적으로 이루어져 왔다.

유래한다는 관점이다.[25] 그러한 관용구들을 분류해 보면 먼저 크게 생리적 반응과 동작에 의한 것으로 나눌 수 있다. 의도성이 개입되지 않고 단지 감정의 주체만이 느낄 수 있는 생리적인 반응에 의해 표현되는 관용구들이 있고,[26] 의도성 여부와는 무관하게 타인이 관찰 가능한 외현적 상태—외부적으로 드러나는 생리적 증상—에 의하여 그 심리가 드러나는 경우, 주어의 의도성이 들어간 동작에 의해서 심리 상태가 드러나는 경우가 있다. 주로 생리적 증상을 통해서 의미를 전달하는 환유의 경우에는 인간의 감정과 직접적으로 연결되는 관용구들로 볼 수 있다. 즉 '기쁨, 슬픔, 두려움, 미움(혐오), 화' 등의 감정이 이러한 관용구들을 통하여 드러나는데 동작에 의하여 심리 상태를 드러내는 경우에는 일반적인 '감정'의 범주보다는 더 폭넓은 심리 상태를 나타내는 것으로 보인다. 먼저 생리적 증상 변화에 의한 심리 표현 관용구의 예들부터 살펴보도록 하겠다.

1) [생리 반응으로 심리 상태를 대신함]

(1) [내부적 생리 반응으로 심리 상태를 대신함]

Ekman et al(1983:1209)에서는 직업 배우 12명과 표정 연구자 4명을 대상으로 주요 감정에 상응하는 표정을 짓도록 하고 각각의 경우에서 자율신경계의 반응인 심장박동과 양손의 체온 변화를 측정한 바 있다. 이 실험 결과에 따르면 심장박동의 경우 '화, 두려움, 슬픔'의 감정 상태에는 매우 증가하며, '행복, 놀람'의 감정 상태에는 다소 증가하며, '미움'의 경우는 심장박동이

---

25) 임지룡(2006d:4)에서는 이러한 맥락에서 볼 때, 감정의 개념화는 일차적으로 우리 몸의 생리적 반응과 신체적 체험에 바탕을 둔 것이라 할 수 있다고 하였는데 이러한 개념화가 관용구로 활발히 나타난다.

26) 주체의 의지와 상관없이 나타나는 생리적 반응을 언어적 표현으로 나타낸 경우가 여기에 속한다.

218

떨어지는 것으로 나타났다. 체온의 경우 '화'의 감정 상태에는 매우 높으며, '행복'의 감정 상태에는 다소 높으며, '슬픔'은 약간 높은 반면, '미움, 두려움, 놀람'에는 떨어지는 것으로 나타났다(임지룡 2006d:15).

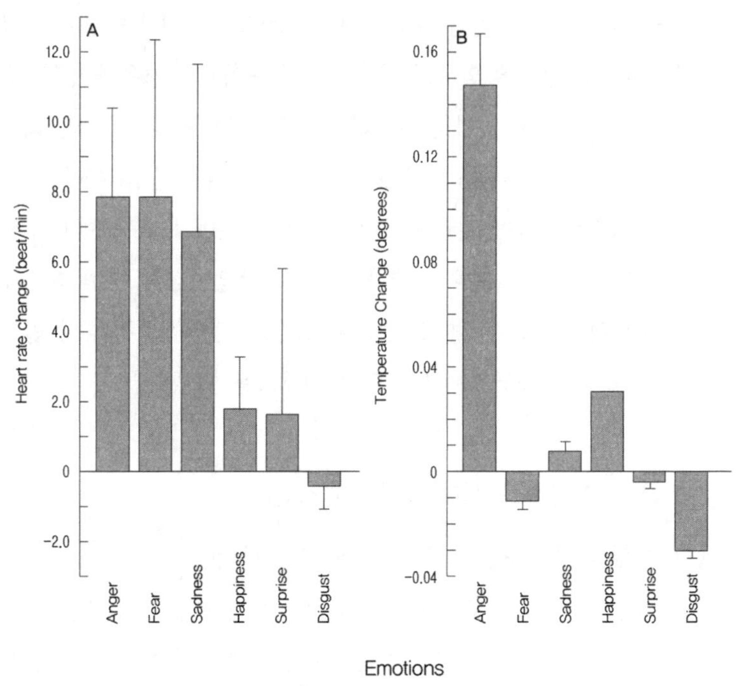

<그림 25> 감정 유형별 심장박동과 체온 변화(Ekman 외, 1983:1209)

이러한 실험 결과는 언어에 나타나는 환유 표현에 대해 상당히 흥미로운 근거가 될 수 있다. 즉 추상적인 감정이 화자 스스로가 경험하게 되는 신체적인 변화들을 통해 개념화되는 감정의 생리적 환유(physiological metonymy)에 대한 이해를 도울 수 있게 된다. 주로 여기에 해당되는 관용구들은 인과관계 ICM에 근거하고 있다고 할 수 있다.

외현적으로는 드러나지 않는 생리적 반응을 통하여 전달하는 내용은 주로 인간의 희로애락과 같은 감정 표현이다. [생리적 반응으로 심리 상태를 나타냄] 환유에 의해서 나타나는 관용구는 이러한 여러 감정들을 드러내는 데 사용되는 것으로 볼 수 있다. 임지룡(1999)에서는 감정을 기쁨, 화, 슬픔, 미움, 두려움, 긴장, 부끄러움, 걱정으로 나누어 보고 있는데[27] 여기에서 살펴볼 관용구들은 모두 이러한 감정 범주 안에 들어갈 수 있는 관용구들이 므로 감정 상태별로 묶어서 살펴보기로 하겠다.

(43) ㄱ. 열이 나다, 열이 오르다
     ㄴ. '미스 고'라는 자기 별명을 무슨 노래 합창처럼 듣고 난 그 여자 선수는 어지간히 약이 오르고 열이 나는 모양이었습니다.(KCP)
(44) ㄱ. 혈압이 오르다
     ㄴ. 우리는 왜 현재 일본에서 인기 있는 차는 못타고 이들 차보다 오히려 값이 비싼 일제 헌 모델만을 타야하는지, 생각하면 어떨 때는 혈압이 올라갑니다.(KCP)

우리가 경험적으로도 알고 있고 Ekman et al(1983)에서도 확인된 바 있듯 이 화가 났을 때, 우리의 체온은 상승한다.[28] 이 관용구들은 [체열로 화를 대신함] 환유가 기저에 깔려 있는 것으로 볼 수 있다. [어떤 감정의 생리적 효과는 그 감정을 대표한다(THE PHYSIOLOGICAL EFFECTS OF AN

---

27) 관용구의 사용을 살펴보았을 때, '두려움'과 '긴장' 상태에 나타나는 생리적 반응이 겹치는 경우가 많다. 즉 이 두 가지 감정 상태는 분명히 다른 개념이나, 동일한 신체 반응으로 두 가지 감정 상태를 모두 표현할 수 있으므로 여기에서는 구분을 하지 않고 함께 다루었다.

28) 체온의 상승 이외에도 체내 압력의 증가, 얼굴과 목덜미의 붉어짐, 심신의 동요, 정상적인 지각의 저해 등이 화, 분노의 감정 상태에 있을 때 나타날 수 있는 신체적인 변화이다.

EMOTION STAND FOR THE EMOTION)]는 환유로부터 생겨난 관용구이다.

감정의 통속 모형에서 감정은 어떤 생리적인 효과를 유발하는 것으로 보인다. 따라서 화는 주관적 체열의 상승을 유발한다고 말할 수 있다. 화와 체열 사이에서 나타나는 환유적 관계는 [결과로 원인을 대신함], [체열로 화를 대신함(EFFECT FOR CAUSE(BODY HEAT FOR ANGER))]이다. 위의 관용구 '열이 나다'를 그림으로 보이면 아래와 같다.

화 ICM

(부분$_1$ ....
부분$_2$ ....
부분$_3$ ....)
부분$_n$ 열이 나다(체온이 상승하다) ↗

<그림 26> '열이 나다' 환유

그런데 앞 장에서 언급한 [화는 열]이라는 개념적 은유는 체열을 열로 일반화시키는 데에서 일어나는 것으로 볼 수 있다. 따라서 우리는 '[화]는 [체열]을 생산한다(환유) → [체열]은 [열]이 된다(일반화) → [열]은 [화]를 이해하는 데 사용된다(은유)'와 같은 개념화의 연쇄를 지니게 된다고 할 수 있다(이정화 외 옮김 2003:281 참조). 따라서 전술한 '열을 내다', '열을 받다', '열을 올리다'와 같은 관용구는 이러한 생리적인 반응인 '열이 나다' 로부터 확장된 관용구라 할 수 있겠다.

(45) ㄱ. 가슴이 방망이질을 하다, 가슴이 떨리다, 간담이 서늘하다
　　 ㄴ-1. 나는 어머님께 문안전화를 드렸다. "어머님, 안녕하셨어요?" "안녕치 못하다. 왜 그러느냐?" 이럴 때 나는 무슨 말을 이어야 할지 몰랐다. 수화기를 들고 있는 내 손은 떨리고 가슴은 두 방망이질을 해댔다.(KCP)

ㄴ-2. 원장님에게 거짓말을 하고 나니 가슴이 떨리고 얼굴이 화끈화끈 달아오르는 것 같았습니다.(CETConc)

ㄴ-3. 라우터브룬넥역 뒤 언덕에 자리 잡고 있는 케이블 등산전차 발착장에서 그뤼샬프(Grtschalp)까지는 너무 경사가 심해 간담이 서늘하다.(KCP)

(46) ㄱ. 똥끝이 타다, 똥끝이 타들어가다, 똥줄이 당기다, 똥줄이 빠지다, 똥줄이 타다

ㄴ-1. 대통령이 극적인 조치를 취할 때마다 한쪽은 박수를 치고 스릴을 만끽하지만, 다른 한쪽에서는 똥끝이 탄다.(KCP)

ㄴ-2. 빨갱이 놈들이 들었으면 똥줄이 빠지도록 달아나겠다.(KCP)

ㄴ-3. 똥줄이 탔겠지, 뭐. 자기까지 걸려들까 봐.(KCP)

(47) ㄱ. 등골이 오싹하다, 등골이 서늘하다, 소름이 끼치다

ㄴ-1. 폭력이 얼마나 심각한 것이기에 인간행동을 화학물질로 통제해 보겠다는 발상까지 나오는 것일까 생각하면 등골이 오싹해진다.(KCP)

ㄴ-2. 처음 보는 그의 무서운 얼굴이었다. 소름이 끼쳤지만 내색하지는 않았다.(KCP)

(48) ㄱ. 숨이 막히다

ㄴ-1. 10여명의 사내들이 책상 앞에 앉아 있다가 일제히 안으로 들어서는 그를 바라보았다. 강렬한 시선들이었다. 숨이 막히는 것 같아 그는 가만히 심호흡을 했다.(KCP)

ㄴ-2. 긴장과 침묵으로 하여 숨이 막힐 것만 같았고 등으로는 식은땀이 흐르고 있었다.(KCP)

(49) ㄱ. 머리끝이 쭈뼛쭈뼛하다

ㄴ. 나는 온몸에 힘이 빠지고 머리가 쭈뼛쭈뼛 섰다…….

(50) ㄱ. 오금이 저리다

ㄴ-1. 나는 별로 법을 좋아하지 않았다. 법학공부를 했으면서도 법이라고 하면 괜히 오금이 저리고 짜증이 났다.(KCP)

ㄴ-2. 오싹 으스스 오금이 저려온다.(CETConc)

(51) ㄱ. 혀가 굳다

ㄴ. 무슨 말인가 하려고 무진 애를 쓰고 있었지만 이미 혀가 굳어
아무 말도 못하고 있었다.(KCP)

위의 관용구들은 '두려움'이나 '긴장' 상태를 나타내는 데 사용하는 표현
들이다. 이들 모두 생리적 반응을 표현함으로써 그러한 반응이 나타날
때의 감정 상태를 드러내는 관용구들이다. 가슴의 떨림은 두려움에 직면한
사람에게 나타나는 현상이며, 긴장했을 때도 마찬가지이다. 또한 많이 긴장
했을 때나 극심한 공포 상태에 도달했을 때 '똥줄이 타는 듯한 느낌'을
가지게 된다. 숨을 쉬는 것도 정상적인 상태보다는 힘들어지며, 머리카락이
있는 두피 부분에 미세한 저림과 함께 머리카락이 서는 것 같은 경험도
하게 된다. 그리고 극심한 긴장 상태에서는 말도 잘 안나오고 갑자기 움직이
는 것도 마음대로 안 될 때가 있다. 따라서 이런 부분이 부각되면 '혀가
굳다'나 '오금이 굳다'와 같은 표현과의 개념적 연결이 자연스럽게 이루어
진다. 이처럼 어떠한 감정과 연결된 생리적 반응은 그 감정 상태를 대신하는
것이다.

(52) ㄱ. 배알[29]이 뒤틀리다, 밸이 꼬이다, 밸이 뒤틀리다, 배가 아프다

ㄴ-1. 하인들은 그녀가 난폭하고 잔소리가 심하기 때문에 배알이 꼬여
서 한 사람도 붙어 있질 않았소.(KCP)

ㄴ-2. 과거와 같은 절대적인 '배고픈 문제'는 아니라 하더라도 남들과
비교하여 상대적으로 빈곤감을 느끼게 되는 '배 아픈 문제'가 오늘
날 우리 사회를 시끄럽게 하고 있다.(KCP)

(53) ㄱ. 구역질을 느끼다, 구역질이 나다

ㄴ. 전화 한 통으로 수억씩 벌어들이는 그런 여편네들이 텔레비전에

---

29) '창자'를 비속하게 이르는 말이다.

나와서 이웃을 사랑하자거니 모금할 때 몇 십만 원씩 내고 으스대는 걸 보면 참 구역질이 납니다만……. 그러나 기특한 사모님들도 많아요.(KCP)

(54) ㄱ. 밥맛이 떨어지다, 밥맛이 없다[30]

ㄴ. 그 양반 꼴만 봐도 밥맛이 떨어져요.(KCP)

(55) ㄱ. 소름이 돋다

ㄴ. 추곡댁은 집안에 두번 다시 그런 인물이 태어날까봐, 자다가도 소름이 돋는다며 한없이 증조부를 증오했었다.(KCP)

(56) ㄱ. 눈이 시다, 눈꼴이 시다

ㄴ-1. 갑자기 밝은 햇빛을 받자 눈이 시었다.(KCP)(글자 그대로의 의미)

ㄴ-2. 정말 눈이 시어서 못 봐주겠네.(KCP)(관용구의 의미)

ㄴ-3. 김춘달이 노는 꼴은 더욱 눈꼴이 시었다.(KCP)(관용구의 의미)

(52)-(56)의 관용구는 모두 '미움'의 감정 상태를 나타내는 표현들이다. 위에서 볼 수 있듯이 소화와 관련된 생리적 반응을 제외하고는 '미움'을 드러내는 생리적인 반응에 의한 관용구는 거의 나타나지 않는 것으로 보이는데, '눈이 시다'나 '소름이 돋다' 정도가 다른 종류의 생리적인 반응으로 판단된다. 이는 다른 감정들에 비해서 '미움'의 감정을 가졌을 때 나타나는 생리적인 변화와 반응이 선명하게 지각되지 않는 탓이 아닌가 한다. 즉, 관용구는 특징적으로 부각되는 내용을 통하여 더욱 선명하게 전달하고자 하는 목적이 있으므로, 생리적 반응이 현저하게 느껴지는 것이라면 그것을 통하여 표현을 하겠지만 그렇지 않다면 인지적으로 그 개념적 환유가 활성화되지 않을 것이기 때문이다. Ekman et al(1983:1209)의 연구에 따르면 <그림 25>에서처럼 '미움'의 감정일 때 체온이 가장 많이 떨어지고 다른 감정 상태와는 달리 심장의 박동수도 유일하게 줄어드는 것으로 나타났다

---

30) '밥맛이 떨어지다'나 '밥맛이 없다'도 신체적인 리듬이 깨지는 것으로 본다면 여기에 포함시킬 수 있을 것이다.

(임지룡 2006d:15). 그러나 화가 났을 때 열이 오르는 것은 몸에서 지각이 될 정도의 온도 변화가 나타나지만 체온이 떨어지는 것은 그 정도가 미미하여 뚜렷하게 지각되지 않는 것으로 보인다. 이 밖에도 미움의 감정과는 다르기는 하나 '병원이라면 신물이 났다.(KCP)'와 같은 예에서 볼 수 있는 '신물이 나다'와 같은 관용구는 너무 오래해서 지겨워진 마음 상태를 생리적 반응을 통하여 표현하기도 한다.

　다음으로는 기쁨의 감정을 나타내는 관용구를 살펴보기로 한다. 기쁨의 감정은 여러 가지 생리적 반응을 나타나게 한다.

(57) ㄱ. 가슴이 떨리다, 가슴이 뜨거워지다, 가슴이 저리다, 가슴이 훈훈해지다
　　　ㄴ. 나직한 그 목소리에 전폭적인 애정이 담겨 있는 것 같아 효철은 가슴이 저릿했다.(CETConc)
(58) ㄱ. 콧날이 찡하다, 코끝이 찡하다, 코마루가 찡하다, 코허리가 시리다, 코허리가 시큰하다, 코허리가 저릿해오다
　　　ㄴ. 가만히 앉아 그 동안 가르친 아이들을 생각하면 웃음도 나고 코끝이 찡해질, 그 먼 훗날까지 해마다 문집을 만들어 볼 요량이다.(CETConc)
(59) ㄱ. 몸이 가볍다, 몸이 달아오르다
　　　ㄴ. 현우는 하고 싶던 얘기를 하고 나니 몸이 가뿐했다.(CETConc)

　위의 생리적 증상은 우리가 기쁠 때 동반하게 되는 내용들로, 우리는 경험적 근거에 의해 위의 내용들을 감정 상태와 연결시키는 것을 주저하지 않는다. 즉 기쁨이라는 ICM을 구성할 수 있는 부분들이 부각됨으로써 그 전체 ICM의 내용을 전달하게 되는 것이다.

(60) ㄱ. 코허리가 시리다, 코허리가 시큰하다, 코허리가 저릿해오다, 눈시울
　　　이 뜨겁다

　　ㄴ-1. 강사범은 아기 새끼손가락만한 색색의 촛불이 꽂힌 케이크 앞에
　　　　허리를 숙였다. 그리고 '후' 볼에 바람을 넣어서 그 촛불을 끄려는데
　　　　갑자기 코허리가 시큰해지면서 가슴 저 밑바닥에서부터 무엇인가
　　　　뜨거운 덩어리 하나가 목울대 근처로 올라왔다. 생각하면 그렇게
　　　　버림받고 외로이 살아온 젊은 생애였다.(KCP)

　　ㄴ-2. 이 말을 들은 부대 지휘관과 대원들은 너무나 감격하여 눈시울이
　　　　뜨거웠다.(CETConc)

(61) ㄱ. 하늘이 노랗다, 눈앞이 캄캄하다, 목이 메다

　　ㄴ. 이 밤중까지 법전을… 언제고, 숨을 거두시는 날까지 이러한 노력은
　　　　계속되리라 생각하니, 이 밤따라 자꾸만 목이 메었다.(KCP)

(62) ㄱ. 가슴이 저리다, 가슴을 찌르다, 가슴이 쓰리다, 가슴이 아프다,
　　　가슴이 서늘하다

　　ㄴ. 요즘도 결식아동이 많다는 기사를 보면 가슴이 아프다.(CETConc)

　　슬플 때는 보통 울고 싶은 마음이 많이 생기므로 울기 전의 신체적
변화와 관련되는 코가 시리거나 목이 메거나 가슴이 저리는 증상이 나타난
다. 이러한 생리적 증상 역시 감정과의 인과 관계에 의하여 형성된 환유
표현이라 할 수 있다. 병과 관련된 통증을 표현하기 위하여 '가슴이 저리다'
라고 했을 때는 관용구로 볼 수 없지만 그러한 문자적 의미가 아닌 감정
변화에 의해 나타나는 생리적 반응을 표현함으로써 그것과 직접적인 관련
성을 가지는 감정 상태를 드러낼 때에는 관용구의 예가 된다. 이러한 예들을
우리는 일상생활에서 많이 사용하고 있는데 사람이 극심한 슬픔에 처했을
때는 눈앞이 제대로 안 보이는 것과 같은 경험을 하게 되는데 '하늘이
노랗다'나 '눈앞이 캄캄하다' 역시 슬픔을 드러내는 생리적 반응 표현이다.

(63) ㄱ. 얼굴이 달아오르다, 얼굴이 뜨겁다, 얼굴이 화끈거리다, 낯이 간지럽
　　　다, 낯이 뜨겁다, 낯이 뜨뜻하다
　　ㄴ. 선배뻘 되는 수도승으로부터 극진한 대우를 받고 보니 일연은 더욱
　　　낯이 뜨거웠다.(KCP)

(64) ㄱ. 가슴이 달아오르다, 몸이 달아오르다
　　ㄴ. 그 사람의 농담 섞인 말에 그녀는 가슴이 후끈 달아올랐다.(표준국어
　　　대사전)

　　위의 표현들은 '부끄러움'을 나타내는 관용구들이다. 부끄러울 때는 보
통 체온의 상승을 느끼게 되는데 주로 얼굴 부분이 뜨거워지는 변화가
생기게 된다. 다른 생리적 반응이나 변화도 있겠지만 스스로가 가장 강하게
느끼는 부분이 가장 부각되는 내용으로 선택된다. 부끄러워서 어딘가에
숨고 싶고 얼굴을 들고 있기가 어려운 상황에서 대면하고 있어야 하는
얼굴 부위의 체온 변화는 화자 스스로가 느낄 수 있는 가장 특징적인 생리적
반응이므로 이러한 내용과 관련된 관용구가 많이 나타난다. '부끄러움'을
나타내는 관용구 역시 다른 감정 표현에도 사용되었던 관용구들이다. 이러
한 생리적 증상을 유발시키는 원인이 되는 감정 상태는 다를 지라도 그
감정의 변화에 따른 생리적 반응은 유사하게 나타날 수 있기 때문이다.[31]
'몸이 달다'는 앞에서 언급한 바와 같이 기쁠 때에도 나타나는 반응이며,
부끄러움을 느낄 때도 몸이 뜨거워질 수 있고, 동시에 걱정이나 안타까운
감정일 때도 나타날 수 있는 생리적 반응이다.

　　이처럼 내면적인 심리 표현, 특히 감정 표현을 나타낼 때 사용하는 관용구

---

31) 여기에서 다룬 관용구들은 전형적인 심리 용언의 특징을 가지고 있는 것으로
　　보인다. 즉 본인만이 느낄 수 있는 생리 반응이기에 주어는 1인칭으로 제약이
　　따르고, 2·3인칭 주어로 사용하려면 추정이나 의문문의 형식만을 취할 수 있는
　　등의 성격이 심리 용언과 유사하다.

들은 외현적으로는 드러나지 않으나 화자 스스로가 경험하게 되는, 추상적인 감정이 생리적 반응을 통해 개념화되는 경우(physiological metonymy)로 볼 수 있다. 극심한 두려움에 떨고 있을 때 우리는 신체적으로도 체온이 내려가는 경험을 하게 되는데 이러한 '등골이 서늘해지는' 생리적인 경험을 토대로 두려움의 감정을 표현하게 되는 것이다.

(2) [외현적 생리 반응으로 심리 상태를 대신함]

앞에서는 본인이 느끼는 생리적 증상으로서 심리 상태를 나타내는 관용구들을 살펴보았는데 여기에서는 타인이 관찰 가능한 외현적 상태를 통하여 심리 상태를 나타내는 관용구들을 살펴볼 것이다. 생리적 반응 혹은 생리적 증상에 의하여 심리 상태를 나타내는 것이므로 동일하게 볼 수도 있으나 여기에서 다루는 관용구들은 심리적인 영상에 더 의존하고 있는 것으로 보이므로 분리하여 다루었다. 외부적으로 관찰 가능한 생리 증상이므로 좀더 세밀하고 선명한 심리 상태를 드러내서 전달하는 것으로 보인다. 먼저 몇몇 예들을 살펴보기로 한다.

(65) ㄱ. 입이 벌어지다, 눈이 둥그레지다

　　ㄴ-1. 운선은 입이 딱 벌어져서 말이 안 나왔다.(KCP)

　　ㄴ-2. 이 신기한 것을 집으로 좀 가져가면 어떨까? 그래서 친구들하고 나눠가지면 좋겠다. 다들 눈이 둥그레질 거야!(KCP)

(66) ㄱ. 어깨가 처지다

　　ㄴ. 넓고 당당했던 어깨가 힘없이 축 쳐져서 초라해 보인다 해도 그가 아버지라는 것은 절대로 부인할 수 없었다.(KCP)

(67) ㄱ. 얼굴을 붉히다, 낯을 붉히다, 귀밑이 빨개지다

　　ㄴ-1. 내가 알지도 못하는 개 일로 우리 서로 얼굴 붉히는 일, 없도록 하세.(KCP)(화내다)

ㄴ-2. 나는 지나치는 말로 했지만 말을 해놓고 보니 그녀가 민망해하는 것을 알았다. 나는 얼굴을 붉히는 그녀를 보자 호감이 가서 그녀를 칭찬해주고 싶은 마음이 들었다.(KCP)(창피해하다)

위의 예들은 주체의 의식적인 행동이 아닌, 단순하게 외부에서 관찰 가능한 상태나 행동을 통하여 심리를 표현하고 있는 관용구들이다. 어떠한 ICM을 가정해 보았을 때 그 영역의 일부에 속한다고 할 수 있는 신체적인 변화로 그 영역의 전체라 할 수 있는 심리적 내용, 감정 상태를 표현하게 되는 것이다.

[내부적 생리 반응으로 심리 상태를 대신함] 환유의 경우에는 화, 두려움, 미움, 기쁨, 슬픔, 부끄러움, 긴장 등의 감정을 드러내는 데 사용되었는데 외부적으로 관찰 가능한 생리 반응을 통해서도 이러한 심리 상태를 표현한다. 그러나 [외현적 생리 반응으로 심리 상태를 대신함] 환유가 작용한 관용구는 내부적 생리 반응에 비해서는 그 숫자가 적게 나타나는 것으로 보인다.

(68) ㄱ. 이를 갈다, 이를 악물다, 어금니를 물다, 입술을 깨물다, 입술을 악물다, 치가 떨리다, 온몸을 떨다
　　 ㄴ-1. 조롱기 섞인 목소리에 장 후보는 어금니를 깨물었다.(KCP)
　　 ㄴ-2. 우리들은 또다시 견뎌야 하는가. 혹독한 세월을. 나는 입술을 깨물었다.(KCP)
(69) ㄱ. 얼굴빛이 변하다, 얼굴빛이 붉으락푸르락하다
　　 ㄴ. 경상감사 김명진이 올린 진상품 목록을 바쳤다. 일본 비단 50필과 황저포(黃苧布) 50필뿐이었다. 고종은 얼굴빛이 변해 그것을 용상 밑으로 집어 던졌다.(KCP)
(70) ㄱ. 눈을 부릅뜨다
　　 ㄴ. 녀석은 책가방을 팽개치며 눈을 부릅뜨고 입에 거품을 물고 으르릉

거리며 빅토르의 멱살을 틀어쥐었다.(KCP)

(71) ㄱ. 이맛살을 찌푸리다. 미간을 찡그리다.

ㄴ. 사무장이 이맛살을 찌푸리면서 벌떡 일어섰다.(CETConc)

(68)-(71)은 '화남', '분함'의 심리 상태일 때 나타나는 신체적인 증상이다. 주로 화를 참기 위하여 입 주위를 악무는 행동이나 겉으로 드러나는 얼굴의 변화로 표현된 관용구가 많은데, 외부에서 관찰 가능한 신체 변화 중에서 특징적으로 부각되는 영상이 선택되기에 이러한 몇몇 관용구들이 주로 사용되는 것으로 보인다.[32] 화가 날 때는 자신의 감정을 자제하기 어려우므로 눈이 커진다든가 자신도 모르게 얼굴빛이 바뀌게 되는데 이러한 생리적인 작용을 통하여 그 감정을 나타내는 것이다.

(72) ㄱ. 얼굴이 노래지다, 얼굴이 파래지다, 얼굴이 하얘지다

ㄴ. 최세동의 추궁에 현감은 얼굴이 하얘졌다.(KCP)

우리는 마음 속에 두려움이 생겼을 때, 얼굴에서 핏기가 사라진다. 두려움과 관련된 관용구로는 내부적인 생리 반응에 의한 관용구가 더욱 생산적으로 사용되는 듯하다. 두려움에 관해서는 외부로 드러나는 것보다는 본인이 직접 느끼게 되는 생리적인 반응이 본인의 감정을 표현하기에 더욱 쉬운 연결을 가져올 수 있기 때문인 것으로 보인다.

(73) ㄱ. 얼굴을 찌푸리다, 눈살을 찌푸리다

---

[32] 임지룡(2006d)에서 살핀 국어의 '화'의 생리적 환유 양상에 비하면 상당히 적게 출현하고 있다. 본서에서는 관용구만을 다루고 있기 때문에 화에 관련된 일반 표현이나 연어 표현 등 다양한 환유 표현을 모두 살피지는 않는다. 감정 표현과 관련한 다양한 용례는 임지룡(2006d)을 참고하기 바란다.

ㄴ. 요즘 눈살을 찌푸리게 하는 일들이 너무 많아.
(74) ㄱ. 입을 내밀다, 입을 삐죽이다, 입이 나오다
　　ㄴ-1. 나리는 뾰루퉁 입술을 내밀고 방으로 들어간다.
　　ㄴ-2. 너는 왜 그렇게 입이 나와 있니?

　(73ㄱ), (74ㄱ)은 모두 미움이나 불만을 나타내는 관용구들이다. 불만이 있을 때는 불평을 하게 되는데 그러한 입 모양이 부각되어 환유적인 관용구로 사용되는 것으로 보인다.

(75) ㄱ. 입을 다물지 못하다, 입이 귀밑까지 찢어지다, 입이 다물어지지 않다, 입이 째지다, 입이 찢어지다
　　ㄴ-1. 선물 받고서 입이 째지는구나.
　　ㄴ-2. 합격 통지서를 받고는 입을 다물지 못하더라고.

　위의 관용구들은 기쁘거나 흥분된 심리 상태를 나타내는 표현들이다. 너무 기쁘거나 흥분했을 때에는 입을 다물지 못하는데 그러한 생리적 반응을 통하여 '기쁨'의 의미를 가지는 관용구들이 나타난다. 그런데 (75ㄴ-2)의 '입을 다물지 못하다'는 기쁜 상태뿐만 아니라 놀랐을 때에도 사용할 수 있다. 즉, 좋아서 입을 다물지 못할 수도 있고, 다음의 (76)처럼 예상치 못한 결과에 놀라서 입을 다물지 못할 수도 있는 것이다.

(76) ㄱ. 입을 다물지 못하다, 입을 딱 벌리다, 입이 딱 벌어지다
　　ㄴ. 집들이에 갔었는데 입이 딱 벌어지게 상을 차렸더라고.
(77) ㄱ. 눈이 휘둥그레지다
　　ㄴ. 갑작스런 이벤트에 눈이 휘둥그레졌다.
(78) ㄱ. 눈도 깜짝 안 하다, 눈도 꿈쩍하지 않다, 눈썹도 까딱하지 않다
　　ㄴ. 그 사람은 눈도 깜짝 안 하더라고.

(79) ㄱ. 혀를 내두르다, 머리를 내두르다
　　ㄴ. 그 사람의 묘기 같은 솜씨에 혀를 내두르지 않을 수 없었다.

이 관용구들은 모두 '놀라움'과 관련된 심리 상태를 드러내는 관용구들이다. 너무 놀랐을 때 우리는 저절로 입을 벌리게 되고 눈을 크게 뜨기도 한다. 한편 (78)은 조금도 놀라지 않고 태연한 심리 상태를 드러내는 것인데, '눈이 휘둥그레지는 것'이 놀라움을 표현했다면 그 반대로 '전혀 미동도 없는 상태'를 통하여 놀라지 않는 태연한 심리 상태를 드러낸다. 또한 (79)의 '혀를 내두르다'는 놀라거나 감탄하는 심리 상태를 전달한다.

(80) ㄱ. 얼굴이 빨개지다, 귀밑이 빨개지다, 볼이 빨개지다
　　ㄴ. 얼굴 빨개지게 왜 자꾸 그런 말을 하세요?
(81) ㄱ. 입에 거품을 물다
　　ㄴ. 어찌나 입에 거품을 물고 말하던지 난 한마디도 못 했어.

부끄러울 때는 실제로 얼굴부위나 귀 주위가 빨개진다. 이는 부끄러울 때 나타나는 생리적 반응인데 이것을 통하여 '부끄러움'이라는 심리 상태를 전달하게 되고, 홍분해서 말하는 것을 '입에 거품을 물고 말한다'고 한다. 홍분해서 말을 할 때는 말이 많아지고 빨라지므로 입에 침이 많이 고이게 되고 때로는 거품이 생길 때도 있다. 이러한 경험적 영상에 근거하여 나타내는 관용구라 하겠다.

(82) ㄱ. 몸이 떨리다, 눈이 떨리다, 어깨가 처지다
　　ㄴ. 그 정도 일에 그렇게 어깨가 처져서야 되겠어?
(83) ㄱ. 목을 빼다
　　ㄴ. 편지가 언제 오나 목을 빼고 있다.

(84) ㄱ. 발을 뻗다, 다리를 뻗다

ㄴ. 이 일을 다 끝내야 발을 뻗고 잘 수 있겠어.

(82)는 긴장했을 때 나타나는 생리적 반응인 몸이 떨리는 증상이나 사람이 축 처져있는 몸 상태를 부각시켜 그 심리 상태를 의미하게 된다. 또한 무언가를 기다리는 마음을 나타내기 위해서는 기다리는 대상이 있을 때 몸이 약간 앞을 향하고 목과 몸이 위쪽을 향하게 되는데 (83)은 이렇게 활성화되는 부분을 통하여 기다림의 심리 상태를 나타내게 된다. 또한 사람이 마음이 편하지 않고 해야 할 일이 있을 때는 몸이 긴장되고 경직되어 있다가 걱정되거나 애쓰던 일이 끝나 마음을 게 되었을 때 편하게 이완된 상태로 돌아갈 수 있다. 따라서 편한 마음 상태를 의미하는 관용구 (84)에서는 이러한 부분이 부각되어 표현된다.

이상에서 외부적으로 관찰 가능한 생리적 반응을 통하여 특정 감정과 관련된 ICM을 드러내는 관용구를 살폈다. 이들 관용구들은 개별적인 차이는 나타날 수 있겠지만 특히 얼굴 부위의 변화와 관련된 생리적 반응을 관찰하여 관용구로 사용하는 경우가 많음을 알 수 있다. 외부로 표출되는 생리적 반응이 얼굴에만 국한되지는 않겠지만 집중되어 있는 것도 사실이고, 또한 다른 부위의 생리적 반응은 얼굴만큼 쉽게 관찰되지 않기 때문에 다른 부분을 부각시키는 경우가 상대적으로 적게 나타나는 것으로 보인다. 스스로가 느낄 수 있는 생리적 반응이 신체 각 부위에서 다양하게 나타나는 것에 비하면 상당히 다른 결과이기도 하고 우리의 환유 모형에서는 오히려 자연스러운 결과이기도 하다.

언중들은 감정 상태를 드러내기 위해 여러 다양한 표현과 관용구를 사용하고 있다. 동일한 감정 상태, 심리 상태를 드러내기 위한 표현인데도,

언중들은 때로는 일반 어휘를 사용하기도 하고, 때로는 관용구를 사용하기도 한다. 언중이 어떤 관용구를 사용할 때에는 일반 표현보다 더 현저한 개체, 장면을 선택하게 되는 것이다. 다시 말해 '놀랐다'라는 단어가 전달하는 의미와 비슷한 관용적 의미를 가진다고 할 수 있는 '입이 벌어졌다', '입을 딱 벌렸다', '눈이 둥그레졌다' 등의 표현을 비교해 보면 관용구 각각이 전달하는 의미는 단순하게 '놀랐다'로 전달될 때의 의미와는 차이가 나타남을 알 수 있다. 또한 감탄해서 놀라거나 실망해서 놀랐을 때 모두 '놀랐다'로 표현할 수 있지만 관용구 '입이 벌어졌다'와 '혀를 내두르다'를 비교해 보면 사용하는 장면이 눈에 그려지듯이 보이는 차이가 나타남을 알 수 있다. 가장 현저하게 그 장면을 드러내보여 줄 수 있는 표현을 선택하게 되는 것, 바로 이것이 특정 관용구가 존재하는 이유라 할 수 있겠다.

<table>
<tr><td align="center">놀라움 ICM</td><td align="center">놀라움 ICM</td></tr>
<tr><td>(부분$_1$ ·················
부분$_2$ ················
부분$_3$ ················)
부분$_n$ 혀를 내두르다</td><td>(부분$_1$ ·················
부분$_2$ ················
부분$_3$ ················)
부분$_n$ 입이 벌어지다</td></tr>
<tr><td align="center"><그림 27> '혀를 내두르다' 환유</td><td align="center"><그림 28> '입이 벌어지다' 환유</td></tr>
</table>

정희자(2004:95)에서도 관용구의 성분 분석 가능성은 정도의 문제이며 구성성분의 개별적 현저성에 의존하는 것 같다고 하였다. 환유에 의해 나타나는 관용구의 경우에는 관용구를 이루는 구성요소들을 해체해서는 그 의미를 찾을 수 없고, 그 구 표현의 글자 그대로의 의미를 통하여 관용구와의 연관성을 찾을 수 있다. 이들이 나타내는 비유적 의미는 표현되는 상황에 대한 영상과 어느 정도 상관관계가 있는 것으로 여겨진다는 것이다. 특히나 이렇게 외현적인 생리 반응을 통해서 심리 상태를 나타내는 환유적

개념화에 의한 관용구는 영상과의 상관관계가 상당히 높은 경우에 해당된
다고 할 수 있을 것이다.[33]

2) [동작으로 심리 상태를 대신함]

앞에서 언급한 사건 환유와 거의 유사한 듯하지만 사건 ICM이라기보다
는 심리 상태 ICM과 관련된 관용구들이다. [외현적 생리 반응으로 심리
상태를 나타냄] 환유로 나타나는 관용구들은 주체의 의식적인 행동이 아닌,
조건반사처럼 생리적으로 일어나는 반응을 통하여 심리를 표현하고 있는
관용구들인 반면에 여기에서 다룰 예들은 주체의 능동적, 의식적 동작을
통하여 표출하고자 하는 감정 상태를 나타내는 예들이다. 관용구에 따라서
는 그 사용의 측면에서 의도성 여부가 불분명한 경우가 있으나 개념상으로
는 구분이 가능하므로 분류하여 다루었다. 동작으로 심리 상태를 나타내는
예들이 많이 나타나지는 않으나 우리의 실제 언어생활에서 빈번히 사용되
는 관용구들이 포함되어 있다. 이 역시 인과 관계 ICM과 관련이 있는 표현들
이 주를 이룬다.

(85) ㄱ. 땅을 치다

　　ㄴ. 가져가지도 않은 돈을 가져갔다고 덮어씌우니 땅을 칠 노릇이다.

(86) ㄱ. 펄쩍 뛰다

　　ㄴ. 갑자기 못하겠다는 게 말이 되느냐고 펄쩍 뛰더라고.

(87) ㄱ. 침을 뱉다

　　ㄴ. 하나님이 나로 百姓의 이야깃거리가 되게 하시니 그들이 내 얼굴에
　　　침을 뱉는구나.(KCP)

---

33) 본서에서는 관용구가 구성성분들로 각기 해체된다는 강력한 입장이 아니라 문자적
　　의미를 가지는 구 표현과 관용구가 서로 상관관계가 있음을 주장하는 입장임을
　　다시 밝혀 둔다.

(88) ㄱ. 머리를 긁다, 머리를 긁적이다

　　ㄴ. 아무것도 아닌 일에 괜히 혼자서 상황을 만들어 당황하고 애매한
　　　　사람을 의심했다고 생각하니 얼굴을 들 수가 없었다. 그는 얼굴을
　　　　붉힌 채 뒷머리를 긁적였다.(KCP)

(89) ㄱ. 고개를 돌리다, 얼굴을 돌리다, 낯을 돌리다

　　ㄴ. "배신자에게 무슨 말을 하겠어요?" 화설영이 쌀쌀맞게 대꾸하며
　　　　고개를 돌려버렸다.(KCP)

(90) ㄱ. 고개를 못 들다,34) 낯을 들지 못하다, 얼굴을 들지 못하다

　　ㄴ. 사기로 연변 조선족 1만 가구에 3백30억원의 피해를 끼쳤다니
　　　　정말 낯을 들고 다닐 수 없는 우리 사회의 추악한 모습이다.(KCP)

(91) ㄱ. 뒷걸음질 치다

　　ㄴ. 최덕조 씨(40·광명시)는 회사에서 '괴짜'로 통한다. 헌혈차만 보면
　　　　뒷걸음질을 치는 보통 사람과는 달리 20년간 스스로 적십자병원을
　　　　찾아가 헌혈하고 있기 때문이다.(KCP)

　　'분하고 원통한 마음'이 들 때 흔히 '땅을 치다'라는 관용구를 사용한다.
우리가 실제로 분할 때 땅을 내리치기도 하는 경험에 근거하여 ICM 내에
하나의 부분 영상으로 존재하며, 선명하게 부각되는 동작을 통하여 그러한
심리 상태를 드러내는 환유 표현이다. '펄쩍 뛰다' 역시 '화'가 많이 난
상태를 표현하는 관용구인데, 화가 솟구쳐오를 때 사람의 몸이 약간 위로
튀어 올라오는 듯한 행동을 하거나 몸동작이 커지는데 그러한 부각되는
동작을 통하여 화가 많이 난 상태를 연결시킬 수 있다. '펄쩍 뛰다'는 다른

---

34) 이기동(1997:80)에서는 "He dropped his eyes."라는 문장에서 고개를 숙이게 한 원인과
　　고개 숙임이 의미하는 바, 즉 뉘우침의 의미가 이 표현의 환유적인 뜻으로 쓰였다고
　　하면서 다음과 같이 도식화하여 설명하고 있다.

　　　| (a)부끄러운 짓을 하다 | → | (b)눈을 내리깔다 | → | (c)뉘우치다 |

　　위의 문장이 직접 뜻하는 것은 (b)지만 이것은 환유적으로 (a)와 (c)를 다 포함하는
　　뜻으로 풀이할 수 있다고 설명한다.

236

예들과는 달리 '부사-동사' 관용구인데 심적 영상이 아주 선명하게 전달되는 경우이다. 또한 경멸하거나 멸시하는 마음 상태를 나타낼 때 '침을 뱉다'를 사용하고, 무안하거나 쑥스러운 심리 상태를 드러낼 때에는 '머리를 긁다'를 사용한다. 이들도 역시 이러한 심리 상태를 동작을 통하여 드러내는 환유인데 우리의 개념 체계 내에는 인과관계 ICM이 있어서 이들의 연결이 더 용이하게 일어나는 것으로 보인다. 또한 마음에 들지 않는 상태일 때에는 그것을 보지 않기 위해서 얼굴을 다른 쪽으로 돌리게 되고, 너무나 창피하거나 민망할 때는 다른 사람을 똑바로 쳐다보지 못하고 고개를 들지 못하는데 이것을 통하여 심리 상태를 드러내게 된다. 또한 마음 속에 두려움이 생겼을 때는 두려운 대상으로부터 도망치고 싶은 마음에 한 걸음 뒤로 물러서게 된다. 이 중 (85)를 그림으로 보이면 다음과 같다.

화 ICM

```
┌─────────────────────────────┐
│ (부분₁ ·················       │
│  부분₂ ·················       │
│  부분₃ ·················)      │
│  부분₄ 땅을 치다      ↗        │
└─────────────────────────────┘
```

<그림 29> '땅을 치다' 환유

(92) ㄱ. 아랫배에 힘주다

ㄴ. 너 요즘 왜 이렇게 아랫배에 힘주고 다니니?

(93) ㄱ. 쌍수를 들다,[35] 쌍수를 쳐들다

---

35) '두 손 두 발 다 들다'가 포기하다의 의미를 가지는 관용구인 것에 비하여 '쌍수를 들다'는 반갑고 기쁜 마음 상태를 나타내는데 사용한다. 이것은 포기할 때에도 두 손을 어깨 쪽으로 넓게 벌리는 심적 영상을 생각해 볼 수 있고, 누군가를 반길 때에도 두 손을 쭉 뻗어 약간 위쪽이나 앞으로 내미는 심적 영상을 떠올려 볼 수 있는데 각각의 관용구로 연결되어 있는 것으로 보인다. 문자적 의미로는 이 두 가지 표현이 거의 동일하지만 관용구로는 각각 고정적으로 달리 사용된다.

ㄴ. 다시 회사로 돌아온다니 쌍수를 들어 환영할 일이다.
(94) ㄱ. 손뼉을 치다
ㄴ-1. 네가 이 일을 하겠다고 하면 다들 손뼉을 치며 환영할거야.
ㄴ-2. 나 역시 적수가 잘못되면 손뼉을 치는 평범한 여자니까.(KCP)

사람이 어떤 일에 대해 만족스럽거나 그 일을 남에게 으스대고 싶을 때 몸에 약간 힘을 주게 된다. 특히 아랫배에도 힘이 들어가게 되는데 이는 자연스러운 생리 현상이 아니라 의도성이 들어가는 동작이다. 따라서 과시하고자 하는 심리 상태가 동작으로 표현되는 것이며 역으로 이러한 언어 표현을 통하여 드러내고자 하는 심리 상태를 전달할 수 있는 관용구의 예이다. (93ㄴ)의 '쌍수를 들어 환영하다'도 아주 기쁘게 환영한다는 의미를 전달하는데 '기쁜 상태'를 부각되는 동작을 통하여 드러내고 있다. '손뼉을 치다'도 위의 예문에서 '기쁨, 좋아함'의 의미를 갖는 관용구로서 사용되고 있다.

이상에서 살핀 바와 같이 한국어 관용구에는 개념적 은유 못지않게 개념적 환유에 의해 의미가 부여되는 경우가 많이 나타난다. 언어·문화적으로 보편적인 환유가 작용하는 경우도 있지만 한국인의 개념체계와 문화에 의해 독특한 사건 환유가 작용하는 경우가 있다는 것이 흥미롭다. 또한 우리의 신체 변화에 근거하여 사람의 심리 상태를 나타내는 관용구가 많이 나타나는데 이러한 관용구들은 글자 그대로의 의미와 관용구로서의 의미와의 연관성이 매우 높은 표현들로 그 의미 관련성을 쉽게 파악할 수 있다.

한편 'KCP'에는 '제일제당과 미원은 공정거래위원회의 지시가 사필귀정이라며 행정당국의 거듭된 제재 조치를 두 손 들어 반기고 있다.'는 용례가 나타나서 때로는 혼용되기도 하는 것 같다.

제5장 한국어 관용구에 나타나는 은유·환유의 특성

1. 한국어 관용구의 은유적 특성

1) 은유의 분포적 특성

본서의 연구 대상이 되는 은유가 작용한 관용구 목록을 살펴보았을 때, 체계적인 대응과 사상이 이루어지는 구조적 은유에 해당하는 예들은 거의 나타나지 않는 것으로 보이며 대부분의 예는 개별적인 존재의 대연쇄 은유 즉, 존재론적 은유에 의한 것이다. 그 중에서도 특히 추상적인 내용을 덜 추상적인 개체를 통하여 개념화하는 은유가 많이 나타나는데 이는 일반 표현이 있음에도 불구하고 관용구를 사용하는 이유를 생각해 보면 이해할 수 있다. 즉 큰 구조 속에서 나타나는 일관성 있는 내용을 체계적으로 표현하기 위한 것이 아니라, 어떤 특정 상황을 서술하기 위하여 관용구를 사용하게 되기 때문에 특정 상황 개개의 경우와 가장 잘 연결될 수 있는 존재론적 은유가 자연스럽게 높은 빈도로 나타나는 것이다. 관용구의 특성 자체가 이러한 표현의 다양성과 구조성을 가지고 있지 않기 때문에 여기에 서 구조적 은유가 잘 드러나지 않는 것이 오히려 자연스러운 현상이다. 그리고 구조적 은유의 틀에 의하여 형성되는 경우라 하더라도 체계적인 사상 관계로 나타날 수 있는 다양한 표현이 모두 관용구로 사용되지는 않으며, 가능할 수 있는 표현 중 특정한 일부 표현만이 선택되어 관용구로 사용된다. 이는 관용구에 작용하는 은유의 한 특징으로 볼 수 있다.

영상도식에 근거하여 의미를 가지게 되는 한국어 관용구는 목표 영역과 근원 영역간의 다대일 대응관계를 이루는 것으로 볼 수 있다. 한국어 관용구에 나타나는 영상도식 은유는 그릇 은유, 이동 은유, 방향 은유, 연결 은유의 순서로 그 작용 비중이 크게 나타나는 것으로 보인다. 그릇 은유에서는 우리의 신체를 그릇으로 보는 [사람은 그릇] 은유와 [추상적인 실체는 그릇] 은유가 나타나는데 [사람은 그릇] 은유가 상당히 생산적으로 관용구 형성에 작용하고 있음을 알 수 있다. 특히 한국어 관용구에서는 이러한 그릇 은유를 통하여 사람이 '감정, 능력, 말, 지식, (타인에 대한) 선호도나 평가, 기대감 등'을 담는 그릇으로 이해된다. 이러한 그릇 은유는 다른 은유와도 상호작용을 하며 관용구를 형성할 수 있는 생산적인 형성기제이다. 이동 은유가 작용한 관용구도 많이 나타나는데 [변화는 이동], [일의 진행은 이동] 은유가 주로 인간의 죽음을 나타내는 관용구나 일의 진행 상태를 표현하는 관용구에 동기 부여한 것으로 보인다. 한국어 관용구에 작용하는 방향 은유는 주로 앞-뒤 영상도식 은유가 많고, 그 다음이 위-아래 영상도식 은유, 안-밖 영상도식 은유 순으로 작용하는 것으로 보인다. 관용구에 나타나는 방향 은유는 일상 언어에 비해 더 적은 유형만이 나타나는 것이 특징이다. 중심-주변 영상도식 은유는 명확히 드러나지 않는 것으로 보이고, 앞-뒤 영상도식 은유가 작용하는 용례에서도 한국어 관용구에서는 일상 언어에 나타나는 [미래는 뒤이다], [과거는 앞이다] 은유는 나타나지 않는다. 관용구에는 일상 언어에 나타나는 은유보다 더 적은 수의 은유가 개입된다는 것이 여기에서도 드러났다고 할 수 있다. 연결 은유는 일상 언어에서와 마찬가지로 관계를 줄이나 선으로 보아 의미를 부여받는 관용구가 나타난다.

　존재의 대연쇄 토대적 은유로 분석한 관용구는 위의 영상도식 은유에 비해서 특정한 상황을 부각시키는 내용의 관용구에 해당된다. 따라서 영상도식 은유에 비하여 특정하게 부각되는 부분에서 일대일 사상이 일어남을 알 수 있다. 존재의 대연쇄 은유가 작용하는 관용구는 주로 사물, 동물을 통하여 더 추상적인 개념을 이해하는 것으로 보이며, 의인화를 통하여 개념화하는 경우는 소수만이 나타난다. 이는 관용구가 다른 대상물을 이해하는 데 사용되는 표현이 아니고 주로 사람의 생활이나 사건, 심리를 표현하는 데 사용되기 때문에 오히려 사람이 아닌 더 하위 층위에 있는 동물이나 식물, 물건 등으로 개념화하는 것으로 보인다. 영상도식 은유에 비하여 존재의 대연쇄 은유로 분석한 관용구는 몇 가지로 유형화시키기 어려우며 다양하게 특정 상황에 따른 개별적 은유로 드러나는데, 이는 존재의 대연쇄 은유가 다대일 사상 관계가 아니라 기본적으로 일대일 사상 관계에 기반하고 있다는 것과 연결된다. 전술하였듯이 관용구는 일반 표현으로 의미 전달을 할 때와는 다른 표현 효과를 위하여 사용하는 경우가 많으므로 그 개념적 연결이 선명한 것을 선택하기 때문인 것으로 보인다. Lakoff & Johnson(1980)에서 가장 명백한 존재론적 은유는 물리적 대상을 사람으로 구체화하는 의인화일 것이라 했으나 관용구에서는 찾아보기 어렵다. 그 이유는 관용구를 사용하는 상황 즉, 관용구의 내용과 관련이 있을 듯하다. 문금현(1999:172-179)[1]에서는 한국어 관용구는 의미 내용이 감정이나 심리

---

1) 문금현(1999:172-179)에서 제시한 한국어 관용구의 의미 내용은 아래와 같다(아래의 분류 중 '/'과 '//' 표시는 모두 원문 그대로 인용하였음을 밝혀둔다).
　(1) 감정 및 심리
　(ㄱ) 긍정적인 경우 : 만족, 사랑/좋아함, 상쾌/시원함, 열정, 유쾌/재미, 자유
　(ㄴ) 중립적인 경우 : 거만, 결심, 놀람, 배짱, 욕심, 이상함, 장담, 기타
　(ㄷ) 부정적인 경우 : 걱정// 불안/초조, 공포, 괴로움, 답답함, 무분별, 부끄러움,

242

에 대한 것, 행위나 상황에 대한 것, 일이나 존재에 대한 것이며, 의미 내용을 막론하고, 긍정적인 내용을 가진 것보다는 부정적인 내용을 가진 것이 많다고 하였다. 관용구가 주로 사람과 관련된 내용이기에 더 하위 층위에 있는 대상물을 통하여 이해하는 존재의 대연쇄를 따르는 것으로 볼 수도 있을 것이다. 문자적 의미를 가진 구와 관용구가 연결되는 것은 이러한 다양한 개념적 은유가 존재하기 때문이다.

분노/화, 불만, 불쾌, 불편, 실망/절망, 어처구니 없음, 지겨움, 힘듦
(2) 행위 표현
(ㄱ) 긍정적인 경우 : 끈기, 노력, 당당/과감, 믿음/신뢰//의리, 책임, 신중/판단, 여유// 기분전환, 열심, 염치/양심, 우월//권한, 의지, 익숙/적응, 적극//성급, 칭찬, 협동/결합 //관계
(ㄴ) 중립적인 경우 : 거래, 관조/무관심/불참견, 기다림, 느림, 빈번, 빠름, 생리, 본능, 수줍음, 쉬움, 시작, 연계, 절약, 정지, 기타
(ㄷ) 부정적인 경우 : 가해, 까다로움, 냉정, 도망, 무기력/무능력// 포기/항복, 무소 용, 무소유, 묵인, 방해// 간섭, 배신// 변덕, 복수/ 앙심, 복종// 미숙// 불만족// 부족, 부정(不貞)// 부정(不正), 불손, 불신// 비열/// 치사— 삭제, 선수, 습관, 오판, 욕심, 위험, 의지// 원조, 의절/ 단절, 이해 타산, 죽음, 체면 유지// 체면 손상, 추동// 부추김 /// 유혹, 험담
(3) 상황 표현
(ㄱ) 긍정적인 경우 : 관심/ 주의집중// 유행, 성공// 부유/횡재, 우호, 일거양득, 합당(타당), 해결// 안정, 기타
(ㄴ) 중립적인 경우 : 고요, 끝, 시작, 영향, 우연
(ㄷ) 부정적인 경우 : 가난, 고통, 난황/ 난처, 무식/무지// 무지각(착각), 미결// 미지, 부정(不貞)// 부정(不正), 불만// 미숙, 불수용, 불신, 비밀/ 밀폐, 비주관, 소란/무질서, 억지, 오판, 위급// 악화, 절망/ 포기// 불가능, 중도 탈락/ 해고/ 낙방, 충돌// 갈등/ 긴장, 파괴/ 차질, 폭로// 발각, 피곤, 피해, 황당// 놀람
(4) 일이나 존재 표현
(ㄱ) 긍정적인 경우 : 만족, 완성, 용이, 이익
(ㄴ) 부정적인 경우 : 결함, 놀람, 대용, 무용(無用)// 무실(無實), 미소, 미약, 미표출, 불가능, 불편, 비주체적, 소외// 곤궁, 기타

2) 목표 영역의 은폐성

우리가 일상생활에서 사용하는 언어에 얼마나 은유가 많이 사용되고 있는지는 의식하지 못하고 있지만 '당신은 천사야'[2]와 같은 단순한 일상 언어에서부터 '내 마음은 호수'와 같은 시적 은유에까지 은유는 매우 광범위하게 분포되어 있다. 그리고 이러한 표현들에서는 '무엇(목표 영역)'이 '무엇(근원 영역)'을 통하여 이해되는지 아주 쉽게 연결시킬 수 있다.

전통적인 관점에서는 원관념, 보조관념의 개념으로도 많이 소개되었는데 인지적 관점에서는 은유를 목표 영역에서 근원 영역으로의 사상 관계로 보고 있다. 그러면 관용구에서는 이러한 은유 작용이 어떻게 드러나고 있는지 국어에 나타나는 '사랑'과 관련된 표현들을 통하여 살펴보겠다.

(1) 그 두 사람은 사랑하는 사이다.
(2) 그들은 사랑에 **빠졌다**
(3) 그 두 사람, 만나자마자 아주 불꽃이 튀더라고.
(4) 그 사람들 요즘 불(이) 붙었잖아.
(5) 열렬한 사랑

위의 표현에는 일반 표현도 있고 관용구가 사용된 표현도 있는데 관용구

---

2) '당신은 천사야'는 발화자에 따라 여러 가지 의미로 사용할 수 있는데, 대개 아래와 같은 의미를 담게 된다.

천사		당신
근원 영역	------	목표 영역
(깨끗하고 호감 가는 이미지 착하고 따뜻한 마음씨 다른 사람에게 도움이 되는 행동) ⋮		(외모 마음씨 행동) ⋮

가 사용된 문장인 (3), (4)의 경우에는 '사랑'이라는 표현 자체가 드러나지 않는다. (1)은 은유가 작용하지 않은 예이며 (2)에는 [사랑은 그릇] 은유가 작용하여 '사랑에 빠지는 것'으로 표현하고 있다. '불꽃이 튀다'와 '불이 붙다'는 표면적으로 보면 '사랑'과 관련성을 찾기가 어렵다. 그렇지만 여기에는 [사랑은 불]이라는 상위 개념 은유가 존재하고 그 은유 아래의 하위 은유가 작용하여 관용구에 의미를 부여한다. 이를 그림으로 나타내 보이면 아래와 같다.

ICM$_1$(불)	--------	ICM$_2$(사랑)
근원 영역		목표 영역
불이 붙다	--------	사랑이 시작되다
불꽃이 튀다	--------	순간적으로 사랑의 감정을 느끼게 되다
⋮		⋮
불이 꺼지다	--------	사랑이 식다

<그림 30> '사랑은 불이다' 은유와 관련된 관용구

즉 관용구 '불꽃이 튀다'와 일반 은유 '사랑에 빠지다'를 비교하였을 때 일반 은유는 그 목표 영역이 표현 자체에 그대로 드러나는 경우가 많지만 관용구에서는 '사랑'을 직접 언급하지 않는다. 하지만 언중[3]은 이들 표현을 사랑과 관련지어서 해석할 수 있다. 이런 관용구들을 쉽게 이해할 수 있다는 것은 우리가 분명하게 '사랑'을 '불'로 개념화한다는 것을 의미하는 것이다. Lakoff(1990)에 의하면 예를 들어 [사랑은 여행이다]라는 은유는 어느 특정한 낱말에 의해서 전달되는 것이 아니라 사랑을 여행으로 파악하는 우리의 사고방식에 의해서 이루어진다고 하였다(이기동 1997: 71 참조). 그러므로

---

3) 엄밀히 말하면 모어화자를 의미한다. 문화나 관습적 지식, 배경에 따라 은유의 이해도는 달라지기 때문이다.

관용구는 단순히 언어의 문제가 아니라 우리의 사고와 관련된 문제임을 뒷받침해 준다. 즉 관용구의 표면에는 은유가 명시적으로 드러나지 않는 것으로 보이기 때문에 그것과 문자적 의미와의 관련성을 추적하기가 어렵다는 견해들이 많았던 것이다. '불꽃이 튀다'라는 관용구는 [사랑은 불이다]라는 개념적 은유를 가지고 그 중에서도 특징적인 장면, 표현하려는 상황과의 개념적 연결이 쉽게 이루어지는 '불꽃이 튀는' 상황을 선택하여 표현하는 것인데 이 관용구에 동기를 부여하는 개념적 은유와의 연관성이 겉으로는 드러나지 않는 것처럼 보이는 것이다.

이렇게 관용구는 은유적 사상에서 목표 영역이 표면에 드러나지 않는 것이 특징이다. '사랑에 빠지다'와 '열렬한 사랑'과 같은 일반 은유 표현에서는 무엇을 '그릇'으로 보고 무엇을 '불'로 보고 있는지가 명확하나 관용구에는 오히려 감추어져 있는 것이다. 그럼에도 불구하고 우리의 개념 체계 속에는 [사랑은 불] 은유가 이미 존재하기 때문에 관용구로 사용하는 데 어려움을 겪지 않는다. 이렇게 본다면 관용구는 사은유로서의 의미를 가지는 것이 아니라 오히려 선명한 개념적 은유에 의하여 동기 부여되는, 생산적이고 빠른 은유가 작용하는 표현이라 할 수 있을 것이다.[4) Lakoff & Turner(1999)에서도 관습적인 은유와 죽은 은유를 구별하는 데서 실패한 입장이 사은유설을 형성한다고 지적하면서 우리의 인지 작용 중에서 가장 활발한 것은 의식적인 것이라고 가정하는 데에서 혼란이 생긴다고 하였다.

---

4) 가장 일반적으로 관용어의 사용 조건은 자의적이거나 엄밀하게 말하면 관습의 문제가 아니라, 관용어들의 근거를 이루는 개념 구조에 대한 사람들의 이해에 의해, 그리고 다른 담화 상황 속의 사건과 개념에 대한 사람들의 개념화에 의해 동기를 부여받을 수 있다. 비록 독자들이 관용어를 이해할 때마다 개념적 은유들이 예시되지 않을지 모르지만, 개념적 은유들은 사람들에게 추가적인 정보 근원-관용어를 이해하기 위해서 그리고 어떤 특정한 담화 맥락에서 어떤 관용어를 사용하는 것이 언제 적절한가를 판단하기 위해서 사람들이 흔히 사용하는 것을 제공한다(나익주 역 2003:398 참조).

사실은 그 반대로 가장 활발하고 가장 근원적이며 효과적이고 활력 있는 인지 활동은 자동화되어서 무의식적이며 노력도 요하지 않는다는 점을 분명히 하고 있다. 앞에서 박영순(2000a)에서 제시한 은유성의 정도에 대해 언급하면서 관용구에 작용하는 은유는 은유성의 정도가 낮은 편이라고 한 바 있는데 은유성이 낮다고 해서 은유가 아니라는 뜻이 아니라 그만큼 자연스럽게 이해할 수 있는 은유라는 뜻이다. 은유성이 높다거나 낮다고 인식하는 것은 개인차가 있으므로 정확히 구분 짓기는 어려우나 관용구가 뜻하는 내용이나 구성요소로 포함된 단어의 의미 등을 고려하였을 때 관용구 내에서도 은유성에서는 분명 차이가 있을 것이다.5) 그러나 관용구는 은유성이 높아서 언중들이 서로 다른 의미 해석을 한다거나 하는 일은

---

5) 박영순(2000:247-253)에서는 은유성의 정도에 따라 1)은유성이 낮은 은유(두 사물에 대한 1차적 지각과 단순한 비교에 의해 유사점을 찾을 수 있는 은유로서 누구나 금방 그 의미를 알 수 있고, 일반화되어 거의 일반어처럼 사용되는 은유), 2)은유성이 보통인 은유(두 사물을 심층 비교하고 상상력 등을 동원하여 성인 이상의 지식층에서 2차적 연상을 통하여 그 의미를 해석할 수 있는 은유), 3)은유성이 비교적 높은 은유(상상력을 발휘한 은유로서, 지식인들이나 그 분야에 대한 이해와 관심이 많은 사람만이 주로 사용하고 이해할 수 있는 시사성이 있거나 전문적인 은유, 4)은유성이 가장 높은 은유(주로 시에 사용되는 은유로서, 일반인들은 그 의미를 이해하기 어려운 난해한 은유)로 나눌 수 있음을 설명한 바 있다. 인지의미론의 관점에서의 은유 분류는 아니지만 은유성에 정도 차가 있다는 설명은 본서의 입장과 통하는 면이 있다. 그리고 이러한 은유성은 관용구들 사이에서도 그 정도성에서 차이를 보이고 있다. '학을 때다'나 '산통을 깨다'처럼 관용어가 생성된 배경이 잊혀졌거나 특정한 사건에 어원을 둔 표현들은 은유에 의해 생성된 표현이라 하더라도 그 연관성을 찾기가 매우 어려워 시적 표현처럼 상대적으로 은유성이 높은 표현으로 볼 수 있겠고, 우리의 신체의 경험에 기반한 그릇 은유가 작용한 관용구인 '그릇이 크다'나 '구멍이 나다'와 같은 표현의 경우에는 영상 도식에 근거한 익숙한 은유가 작용하는 것이므로 상대적으로 은유성이 높지 않다고 할 수 있을 것이다. 그리고 '짐을 지우다'나 '벼락을 맞다'와 같은 관용구는 그 의미 연결이 더욱 분명하여 은유성이 낮은 은유에 속한다고 볼 수 있다. 그런데 은유성의 정도는 정확하게 수치화하기 어려운 것이고 개개인의 지식과 문화적 배경에 따라 편차가 나타날 수 있어 학자들 사이에서도 견해가 달리 나타난다.

거의 없으며, 그러한 관용구라면 거의 사용되지 않게 되어 소멸의 길을 걷게 된다.

'내 마음은 호수'와 같은 시적 은유들은 화자들이 주관적인 생각에 따라 얼마든지 새로운 은유를 만들어낼 수 있다. 그러나 때로는 다른 사람들에게는 쉽게 전달이 되지 않는 은유가 만들어지기도 한다. 반면에 관용구에 나타나는 은유는 그 언어·문화권에 속한 언중들 전체에게 아주 익숙하고 쉽게 연결 가능한 것만 선택되는 것으로 보인다. 즉 관용구에 나타나는 은유는 우리가 사용하는 은유 중 우리에게 자연스럽고 활성화된 은유라는 것이다. 기존의 견해에서 사은유라고 했던 것은 의미적으로 불투명한 부류들을 설명하기 어렵다는 점에 기인하는 것이고, 오히려 이러한 점들을 고려해 보았을 때 관용구에는 쉽고 이해가 빠른 은유가 작용하고 있는 것으로 보는 것이 타당할 것이다.

3) 은유적 관용구의 빈자리와 개념 체계의 상관성

기존의 연구들에서 관용구의 특징을 언급할 때 반의어가 반드시 존재하지는 않는다는 것을 들고 있다.[6] 관용구의 의미는 구성성분들의 의미와 관련성이 없고 자의적으로 연결되어 있다는 전통적 견해에서 보았을 때 이것은 단순히 드러나는 특징일 뿐, 왜 이러한 현상이 나타나는지에 대해서는 설명 방법을 찾기 어려웠다. 이러한 현상에 대한 설명 방법을 찾기 위해 다음의 예를 살펴보기로 하겠다.

---

6) 문금현(1999:113)에서도 반의적 관계에 있는 관용구들은 양이 많지 않으며 주로 신체어를 구성 어휘로 한 경우가 많다고 하였다. 또한 유의 관계에 있는 관용구의 대응쌍이 반의 관계에 있는 관용구의 대응쌍보다 양적으로도 훨씬 많고 다양한 양상을 보이는 것이 특징이라 하였다.

(6) ㄱ. 이것 좀 닫아 주세요. 뚜껑이 열리기는 잘 열리더니 안 닫히네요.
     (글자 그대로의 의미)
   ㄴ-1. 그 사람이 어찌나 내 기분을 건드리는지 뚜껑이 열릴 뻔 했잖아.
   ㄴ-2. *그 사람이 사과를 하니까 뚜껑이 닫히더라고.

(6ㄱ)에서 보면 실제로 그릇의 뚜껑을 열거나 닫는, 서로 반대가 되는 상황을 언어적으로 표현할 수 있다. 그런데 글자 그대로의 의미로서는 '뚜껑이 열리다'와 반의 관계 표현인 '뚜껑이 닫히다'가 모두 사용될 수 있지만 관용구로 사용될 때에는 화와 관련된 '뚜껑이 열리다'는 존재하지만 '뚜껑이 닫히다'나 '뚜껑을 닫다'는 존재하지 않는다.

물론 모든 단어에 반의어가 존재하는 것은 아니다. 즉 반의 개념이 있다고 해도 그것이 모두 정확한 반의어로서 존재하지는 않는 것이다. 이렇게 본다면 관용구에 반의 표현이 존재하지 않는 것이 특별해 보이지 않을 수 있다. 그러나 위의 예들에서 볼 수 있듯이 이미 글자 그대로의 의미로서는 반의 관계의 짝이 존재하는 표현이 그 중 하나만 관용구로 기능한다는 것은 매우 특징적인 현상이라 할 수 있다. 기존의 구 표현이 은유나 환유에 의해 전이되어 새로운 의미를 부여받는 관용구의 경우에 글자 그대로의 의미로 사용될 때 반의 표현이 존재하는 짝 중에서 어느 하나가 관용구로 사용된다면 다른 하나도 역시 관용구로 사용될 가능성을 쉽게 생각할 수 있기 때문이다. 따라서 이러한 현상을 우연한 빈자리로 보기는 어려운 것이다.

그렇다면 왜 위의 예들과 같은 부류 중 관용구로는 반의 표현이 없는 표현이 존재하는 것인가 하는 의문을 가지게 된다. 다음의 예문을 통해 그 질문에 접근해 가기로 하겠다.

(7) ㄱ. 뚜껑이 열리다, *뚜껑이 닫히다

　　ㄴ. 그 사람이 나를 너무 열 받게 해서 뚜껑이 열렸었는데 갑자기 태도를 바꿔서 미안하다고 하니까 나도 그냥 머쓱해서 화를 풀었지 뭐야/*뚜껑을 닫았지 뭐야.

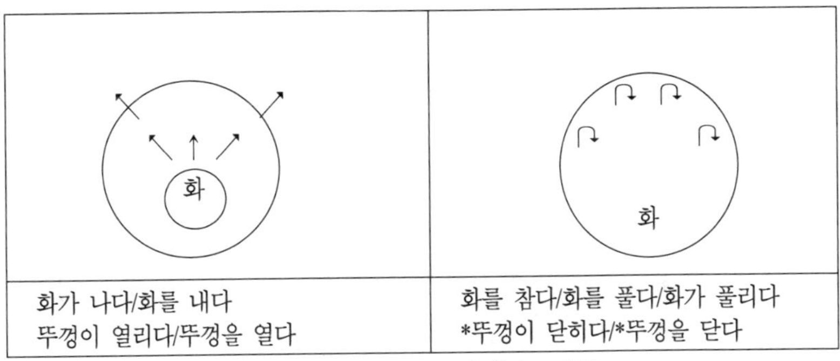

<그림 31> '뚜껑이 열리다'의 도식화

위의 예문에서도 '화를 내는 상황'을 관용구인 '뚜껑이 열리다'로 표현하고 있지만 그 반대가 되는 상황인 '화를 푸는 상황'을 나타내는 관용구 '뚜껑을 닫다'는 존재하지 않는다. [화는 그릇 속의 액체이다]라는 은유를 통해 이 의미를 추적할 수 있음을 언급한 바 있다. 따라서 [화는 그릇 속의 액체이다]를 통해 '화'가 그릇 속에 담긴 액체의 열로 이해되고, 근원 영역과 목표 영역의 실재물에 관한 존재론적 대응을 할 수 있으며, 그 실재물에 관한 인간의 지식의 관계를 포함하여 인식론적 대응을 할 수 있다. 앞에서 언급하였던 '열'과 '화' 사이의 존재론적 대응과 인식론적인 대응(임지룡 1997:175-176 참조)은 아래와 같다.

(8) ㄱ. 존재론적(ontological) 대응

　　　　근원 영역 : 액체의 열　　　　목표 영역 : 화
　　　　a. 그릇　　　　　　　　　　몸
　　　　b. 액체의 열　　　　　　　　화
　　　　c. 열 척도　　　　　　　　　화 척도
　　　　d. 그릇의 압력　　　　　　　경험화된 압력
　　　　e. 끓는 액체의 소동　　　　　경험화된 소동
　　　　f. 그릇의 저항에 대한 한계　　화를 참는 사람 능력의 한계
　　　　g. 폭발　　　　　　　　　　자제력 상실

ㄴ. 인식론적(epistemic) 대응

근원 영역(액체의 열) → 목표 영역(화)

a. 그릇 속의 액체가 어떤 한계를 넘어서 열을 받을 경우, 압력은 그릇이 폭발할 지점까지 높아진다. → 화가 어떤 한계를 넘어서 증대할 경우, 압력은 사람의 자제력을 상실한 지점까지 높아진다.

b. 폭발은 그릇을 손상시키고 주변 사람들에게 위험하다. → 자제력의 상실은 그 사람을 다치게 하고 다른 사람에게 위험하다.

c. 폭발은 적절한 힘과 반-압력을 가함으로써 방지될 수 있다. → 화는 의지력에 의해서 억제될 수 있다.

d. 압력의 통제된 해제를 통하여 위험을 줄일 수 있다. → 화는 통제된 방식으로 해소되거나 적절히 발산시킬 수 있다.

'뚜껑이 열리다'는 그릇 속의 액체가 어떤 한계를 넘어서 열을 받는 경우에 일어날 수 있는 아주 구체적인 장면에 해당한다. 그렇다면 '뚜껑이 열리다'의 반의 표현에 해당될 수 있는 '뚜껑이 닫히다'라는 관용 표현은 왜 존재하지 않는 것일까에 대해 의문을 가지게 된다. 앞에서 언급한 인식론적 대응에서 '그릇 속의 액체가 어떤 한계를 넘어서 열을 받을 경우, 압력은 그릇이 폭발할 지점까지 높아진다 → 화가 어떤 한계를 넘어서 증대할 경우, 압력은 사람의 자제력을 상실한 지점까지 높아진다'와 같은 경우는

우리의 개념 체계 내에서 자연스럽게 이해 가능한 부분이다. 이 지점을 넘어서면 폭발을 하는 것이고 바로 '뚜껑이 열리는' 상황과 연결된다. 그러나 폭발에 의해 열렸던 뚜껑이 다시 제자리를 찾아와 닫히는 것은 우리 인간의 개념 체계 내에서 자연스러운 현상으로 볼 수가 없다. 만약에 화를 참는 것을 관용구로 나타낸다면 '뚜껑이 열릴 뻔 했다'[7] 정도가 될 것이나 이것은 화를 내고 난 뒤 화를 풀어내고 참아내는 과정이 아니라 화를 내는 행동을 하기 전에 참아내었을 때 사용 가능한 표현이라 하겠다. 따라서 기존의 연구들에서 관용구의 특성 중의 하나로 언급하였던 '반의 표현이 반드시 존재하지는 않는다'는 것은 단순히 그러한 양상이 보인다고 할 것이 아니라, 이러한 인간의 개념 체계에 의하여 나타나는 관용구의 특징적인 면이라고 하여야 할 것이다.

아래의 예문들은 반의 관계 표현이 존재하는 관용구들이 사용된 것이다. 예문을 통하여 위의 관용구와의 차이점을 생각해 보기로 하겠다.

> (9) ㄱ. 내가 너한테 짐을 지운 것 같아서 미안하다.
>   ㄴ. 내가 짐을 좀 덜어줄게.
> (10) ㄱ. 그 사람은 그릇이 커.
>   ㄴ. 동생은 형보다 그릇이 작더라고.
> (11) ㄱ. 사람이 왜 이렇게 나사가 풀렸어?
>   ㄴ. 자네는 나사를 좀 조여야겠구먼.

이상의 관용구가 사용된 예문을 통해서도 우리의 개념 체계와 언어 표현과의 상관성을 찾아볼 수 있다. 즉 우리의 인식 체계 내에서 이러한

---

7) 화가 나려는데 억누르는 상태는 '뚜껑이 열리려고 하다'나 '뚜껑이 열리려는 것을 가까스로 참다' 정도로 볼 수 있다.

관용구와 개념적 은유가 자연스럽게 연결될 수 있을 때에만 그것이 관용구로서 살아남고 자격을 부여받는 것이다. [부담이나 고통은 짐이다] 은유에 의해서 부담감은 짐처럼 무게감을 주는 존재로 개념화되므로 부담을 주기도 하고 덜기도 한다는 것이 우리의 개념 체계 내에서 자연스럽게 연결되어 이런 관용구에는 반의 표현이 존재한다. 그릇 은유에 의해 형성된 관용구인 '그릇이 크다', '그릇이 작다'도 마찬가지로 사람의 도량이나 능력을 두 가지 상반된 측면으로 평가할 수 있기에 가능하다. 또한 [사람은 기계다], [사람의 정신은 기계다] 은유에 의해 이해할 수 있는 관용구는 사람의 정신 상태에 문제가 생긴 것으로 쉽게 연결시킬 수 있다. 나사만 느슨해졌을 뿐 완전히 고장 난 상태가 아니라면 나사를 다시 조여서 예전 상태로 돌리는 작업이 필요하듯이 다시 해이해진 마음을 가다듬고 정신 상태를 다잡는 것을 나사를 조이는 것으로 개념화하는 것이 어렵지 않다. 이렇게 우리의 개념 체계와 언어 표현이 자연스럽게 연결된다면 반의 관계의 표현이 존재하게 되는 것이고, 자연스러운 인지 과정이 아니라면 관용구로서 사용되지 않는 것이다.

2. 한국어 관용구의 환유적 특성

1) 환유의 분포적 특성

관용구의 용례를 분석해 보았을 때 본서에서 연구 대상으로 삼은 관용구는 확대지칭 환유에 의해 형성된 것으로 드러났다.[8] 이것은 일반적인 환유

---

8) 본서의 대상 관용구 목록을 분석해 본 바로는 관용구 전체의 의미가 축소지칭 환유에 의한 것이라 판단되는 용례는 없었다. 그러나 본서의 연구 대상으로 삼은 관용구 목록이 한국어 관용구 전체에 해당하는 폐쇄 목록이 아니기에 '축소지칭 환유의 부재'라는 강력한 표현보다는 '확대지칭 환유의 편향성'을 주장하고자

의 양상과는 명확하게 다른 관용구만의 특징이라 할 수 있는데 일반 표현이 있음에도 불구하고 관용구를 사용하게 되는 것은 가장 현저한 부분을 선택하여 목표 영역을 활성화시키려는 목적이 있기 때문이다. 축소지칭 환유를 사용하게 되면 특정 부분이 부각되지 못하고, 따라서 관용구를 사용하여 얻게 되는 효과를 거둘 수 없기 때문에 관용구에는 축소지칭 환유가 나타나지 않는 것으로 보인다. 관용구의 환유를 살피기에 앞서 일상 언어에 나타나는 환유를 먼저 살펴보기로 하겠다.

   (12) 오는 길에 자동차가 펑크가 나서 늦었다.
   (13) 머리를 자를 때가 된 것 같다.

이러한 예들은 우리 일상생활에서 자주 사용되는 확대지칭 환유의 예들이다. 자동차의 일부분인 타이어에 펑크가 난 것이지만 우리는 이것을 명확히 지칭하지 않고 자동차에 펑크가 났다고 말하는 것을 자연스럽게 생각한다. 또한 '머리카락을 자른다'고 하지 않고 '머리를 자른다'고 말해도 우리는 '머리'를 그 일부인 '머리카락'으로 연결시키는 데 어려움을 느끼지 않는다. 너무나 자연스러워서 우리가 환유라는 인식을 하지 않고 사용하고 있지만 이러한 환유적 개념이 우리의 개념 체계 내에 존재하기에 의사소통에 문제를 가져오지 않고 의미를 전달할 수 있는 것이다.

자동차의 구성 ICM

	↓
몸체(차체)	**타이어**
실내	부속품
엔진	…

<그림 32> '자동차가 펑크 나다' 환유

   한다.

전형적인 환유적 사상의 특징은 공간적 인접성에 따라 단일한 사상 관계에 의해 지시적 전이가 일어나는 경우이다(이종열 2003:129 참조). 그러나 구체적인 대상물을 지시하지 않고 특정한 행동을 통해 환유적 의미를 나타내는 경우들도 있다.

(14) 우리 과학계에서는 **훌륭한 두뇌**를 적극적으로 양성해야 한다.
(15) 구조조정으로 인해 **옷을 벗는** 사람들이 많아지고 있다.
(16) **교편을 잡은** 지도 벌써 10년이 넘었다.
(17) 영화배우 신성일 씨도 **금배지를 달게 됐다.**

위의 예들은 모두 확대지칭의 환유가 사용된 예문들이다. 첫 번째 예문의 '훌륭한 두뇌'는 '뛰어난 인재'를 의미하므로 확대지칭 환유라 할 수 있는데, (15)-(17)까지의 예문은 모두 관용구가 사용된 경우로 구체적인 대상물을 지시하는 것이 아니라 이상적 인지모형 내의 특정한 행동을 통해서 환유적 의미를 드러내는 예들이다. Lakoff & Johnson(1980:63)에서는 환유의 이러한 이해 기능에 대해 "은유는 어떤 것을 다른 것으로 생각하는 방식으로 그 중요한 기능은 이해이다. 반면 환유는 일차적으로 지시의 기능을 가지고 있어서 우리가 어떤 개체 대신에 다른 개체를 사용할 수 있게 해 준다. 그러나 환유가 순전히 지시의 장치로 그치는 것이 아니라 이해를 돕는 기능을 수행하기도 한다"고 한 바 있다. 임지룡(1997:191)에서도 환유의 이해 기능은 부분-전체 관계의 경우 전체를 대표하는 다양한 부분들 가운데에서 어느 부분을 선택하는가 하는 점과 관련된다고 하였다.

ICM 전체로 그 일부분을 나타내는 축소지칭 환유는 본서에서 연구 대상으로 삼은 관용구에서는 나타나지 않는 것으로 보인다. 관용구는 그 특성상 표현적 특성을 현저히 가지는 언어 표현이라고 할 수 있다. 언어 사용자들이 왜 관용구를 사용하는가 하는 이유는 여러 측면에서 살펴볼 수 있겠으나 관용구의 사용 의도는 화자의 특정한 상황이나 대상에 대한 태도와 관련이 있다. 관용구를 사용하는 문맥을 살펴보면 화자가 특정한 대상이나 상황에 대하여 감정적 태도를 가지고 있는 경우가 흔히 나타난다(권경일 2005:112). 지경숙(1999)에서도 [+감정 가치, +표현 효과]가 일반 언어 표현과 관용어[9]를 구별시켜 주는 가장 큰 의미 특성이며, 언중들이 같은 개념적 의미를 지닌 일반 언어 표현이 있는데도 관용어를 사용하도록 동기를 제공하기 때문이라 하였는데 이러한 표현 효과를 위해서 특정 부분이 부각된 표현을 선택하게 되는 것이다. 따라서 '활성화', '전경화', '부각'이라는 차원에서는 축소지칭 환유가 인지체계에 반하는 과정이므로 굳이 그러한 표현을 사용할 필요성을 느끼지 못하여 전체로써 부분을 나타내는 관용구는 나타나지 않는 것으로 보인다.

2) 환유의 서술성

환유는 지시적 차원뿐만 아니라 추상적인 차원으로 확대될 수 있음을 앞에서도 언급한 바 있다. 환유가 구체적인 대상물을 언급하는 경우에는 지시적 기능이 강조되지만, 사건이나 행동과 관련된 추상적인 개념을 서술하는 서술적 환유(predicative metonymy)의 경우에는 이해의 기능이 강조된다.

지시적 환유는 주로 문법 범주로 보았을 때 명사에 국한되어 나타나는데 관용구는 구조 자체가 '명사-동사 혹은 명사-형용사 형식'을 가지기 때문에 단순 지시 기능만을 가지지 않고 이와는 성격을 달리한다. 관용구는 하나의

---

9) 본서의 관용구에 해당하는 표현들을 지경숙(1999)에서는 '관용어'라 하여 원문의 용어를 그대로 표기하였음을 밝혀둔다.

의미 단위로 기능하기는 하나 그 구성이 '구(句) 구조'이기 때문에 주로 사건이나 상태와 관련된 ICM에서 환유가 발생한다. 앞에서 제시한 예문을 통해서 다시 살펴보도록 한다.

    (18) 더우면 **팔을 좀 걷어붙이지** 그래?
    (19) 그 사람은 친구들 일이라면 언제나 **팔을 걷어붙이고** 나서더라고.

    (18)은 글자 그대로의 의미로 쓰인 경우로 상의의 소매 부분을 손목에서 팔꿈치 쪽으로 올리는 것을 의미한다. 그리고 '걷어붙이다'와 결합하면서 환유가 작용하는 것이기는 하지만 환유는 '팔'에 직접 작용한다. 이는 공간적인 인접성에 의하여 맺어지는 환유의 유형으로 환유의 일차적 기능이라 할 수 있는 지시 기능이 강조된 경우이다.[10] 그러나 (19)처럼 관용구가 '어떤 일에 적극적으로 나서다'의 의미로 사용될 때에는 단순 지칭 기능으로 이해할 수 없다. 즉 '팔을 걷어붙인다'는 동작 자체가 이상적 인지모형을 구성하는 일부 행동으로 인지되고 이러한 부분 행동을 통하여 인해 도움을 주는 일과 관련된 ICM의 내용을 의미하게 되므로 '팔을 걷어붙이다'라는 행위가 부분-전체의 환유에 의해 동기화된 관용구가 되는 것이다.

    일상 언어에 나타나는 환유 표현을 보면 일반적인 지칭 기능을 가지는 것이 다수 나타나고 표현에 따라서는 서술 기능을 가진 환유도 나타난다.

---

10) 환유적으로 관련되는 매개 개체와 목표 개체들이 개념적 공간 안에서 서로 '가깝다'는 것은 그것들의 기본적인 특징이다. 환유에 관한 전통적인 견해에서 환유의 이러한 속성은 두 개체가 연속적으로 관련되어 있거나 두 개체가 서로 인접하여 있다는 주장에 의해 표현되었다. 인지언어학적 관점에서 이러한 주장은 수용되고 유지되지만 레이코프가 표현한 방식을 따르면 동일한 이상화된 인지모형에 속해 있을 때 그 매개 개체는 목표 개체에 정신적 접근을 제공할 수 있다는 점이 제안되었다(이정화 외 공역 2003:261 참조).

(20) **지하철**이 또 **파업한대**.

(21) **손을 댔으면** 끝을 봐야지.

(22) 그릇 하나에 10만원이라니까 **손 떨려서** 못 만지겠더라고.

(20)은 '지하철'로 지하철 노조나 직원이 파업하는 것을 나타내는 지칭 기능을 가진 환유 표현이고, (21)과 (22)는 대상을 지칭하는 것이 아니라 하나의 동일한 사건 ICM 내에서 부분적인 사건이나 행동을 개념적으로 서술함으로써 그 전체를 환유로 나타내고 있다. '손을 대다'라는 부분 동작으로 시작하는 것을 의미하고 '손 떨리다'로 긴장되거나 겁이 나는 상태를 서술하는 환유 표현으로 사용되었다. 이렇게 사건이나 행동과 관련된 추상적인 개념을 서술하는 서술적 환유의 경우에는 이해의 기능이 강조되는데 관용구의 경우에는 대상 지칭을 위해서 사용되는 경우는 나타나지 않고 사건이나 행동을 개념적으로 드러내고 있으므로 관용구 환유의 일차적인 기능은 이해 기능이며 관용구에 나타나는 환유는 서술적 환유라 이름 붙여야 할 것이다.

3) 상태 환유 관용구와 생리 반응의 상관성

한국어 관용구에는 인간의 감정이나 심리 상태를 나타내는 표현이 절대적으로 많이 나타난다. 기존의 관용구 연구들의 연구 영역이 관용구를 구성하는 구성요소의 측면에서 보았을 때는 '신체 어휘 관련 표현'에, 의미적 측면에서 보았을 때는 거의 '감정 표현' 연구에 머물러 있고 그 연구의 범위와 내용도 답보 상태에서 벗어나지 못했음은 바로 관용구의 많은 부분을 차지하는 영역이 감정 영역이었기 때문일 것이다. 그러나 여기에서 관심을 기울일 부분은 왜 이렇게 감정 표현 관련 관용구가 절대적인 부분을 차지하는가, 어떤 의미 형성 기제가 작용했기에 이러한 관용구가 많은가 하는 부분이다.

Ekman et al(1983:1209)의 감정과 심장박동수, 체온과의 관계에 대한 실험이나 김지현 외(1997:84-85)에서 한국인과 베트남인을 대상으로 감정의 생리적 증상을 측정한 실험 등을 통해서 우리가 언어로 나타내는 여러 표현들이 우리의 생리적 반응과 밀접한 관련이 있음을 뒷받침해 준다. 김지현 외(1997)의 한국인과 베트남인을 대상으로 감정의 생리적 증상을 측정한 실험 결과를 보이면 <표 2>와 같다.

<표 2> 감정의 생리적 증상 백분율(한국인 : 베트남인)[11]

감정(한국인:베트남인) 생리적 증상	기쁨		슬픔		화		두려움	
	한국인	베트남인	한국인	베트남인	한국인	베트남인	한국인	베트남인
호흡에 변화가 있었다	25.4	26.0	18.3	29.3	40.0	34.4	40.0	34.0
심장박동이 빨라졌다	**45.8**	59.1	15.0	21.4	**50.0**	37.7	**60.0**	55.8
몸의 근육이 긴장되고 떨렸다	23.7	15.3	30.0	20.9	28.3	22.8	63.3	25.6
몸이나 손에 땀이 났다	8.5	6.0	11.7	12.6	23.3	12.1	**38.3**	29.8
목이 메었다	20.3	29.8	**48.3**	33.0	16.7	60.0	8.3	42.8
속이 좋지 않았다	0	4.7	41.7	7.4	43.4	4.2	26.7	10.2
울거나 흐느꼈다	8.5	7.4	33.3	36.7	10.0	12.6	6.7	22.3
춥고 떨리는 듯한 느낌이 들었다	11.9	5.6	26.7	40.9	6.7	9.3	36.7	65.6
따뜻하고 기분 좋은 느낌이 왔다	52.5	62.8	0	5.1	0	3.3	0	1.4
몸이 뜨겁고 볼이 달아올랐다	22.0	25.1	21.7	26.5	**41.7**	4.9	6.7	26.0

이러한 실험 결과는 추상적인 감정이 외현적으로는 드러나지 않으나 화자 스스로가 경험하게 되는 생리적인 반응 혹은 타인들도 관찰 가능한 신체적인 변화들을 통해 개념화되는 감정의 생리적 환유(physiological metonymy)에 대한 이해를 도울 수 있게 된다. 위의 결과 중 '심장 박동이

---

11) 이것은 김지현 외(1997:84-8)의 연구 결과로 표의 굵은 글씨는 본문의 설명을 위하여 본서에서 표시한 부분이다.

빨라졌다'라는 항목의 경우 한국인은 '두려움>화>기쁨'순으로 나타나는데 상당히 높은 백분율로 나타나고 있다. 이는 '가슴이 떨리다'라는 관용구가 이러한 감정을 표현하는 데 사용되는 이유를 말해주는 것이라 할 수 있다. 즉, 여러 생리적 반응 중에서 많은 언중들이 공통적으로 경험하는 부분이고 다른 감정일 때의 생리 반응보다 두드러지는 내용이기에 이러한 것이 환유적으로 감정을 드러내는 관용구로 사용되는 것이다. 두려울 때 '식은땀이 나다'로 표현하는 것, 슬플 때 '목이 메다'로 표현하는 것, 화가 났을 때의 '열을 받다', '열이 나다'로 표현하는 것이 우리가 실제로 우리의 신체적 경험에 근거하고 있음은 위의 결과를 통해 어느 정도 뒷받침된다.[12)]

감정을 표현하는 것은 추상적인 정신세계를 표현해야 하는 작업이므로 문자로 정확하게 그 상태를 전달하기가 매우 어렵다. 따라서 특정 감정 상태에서 나타나는 생리적 반응이나 특징적인 부분들을 언급함으로써 그 감정 영역을 드러내는 경우가 많은 것이다.

(23) 난 시험만 생각하면 가슴이 떨려.

예문 (23)의 '가슴이 떨리다'는 생리적인 증상 자체를 드러내기 위한 표현이 아니라 그러한 생리 증상으로 표현되는 감정 상태를 드러내기 위한 표현이다. 전술한 바 있듯이 추상적인 정신세계를 우리의 경험을 통하여 더 쉽게 인지 가능한 것, 그 중에서도 가장 쉽게 의미적 연상이나 전이가 가능한 환유로 나타내게 된다. 특히 가장 빨리 인지할 수 있는 부분인

---

12) 이 실험은 감정 상태의 신체-생리적 반응을 직접적으로 측정한 것이 아니라. 피시험자의 감정 체험을 회상한 간접적 측정이라는 점에서 한계를 지니고 있다(임지룡 2006d:18 참조). 따라서 여기에서 제시된 백분율은 절대적인 신뢰도를 갖는 수치는 아니나 언어 표현이 우리의 신체-생리적 반응과 무관하지 않음을 뒷받침해 주기에는 유의미한 연구 결과라 볼 수 있다.

신체적 변화들을 통해 개념화되는 생리적인 환유는 관용구에 나타나는 환유의 특정적인 부분이라 할 수 있다. 전술한 바 있듯이 인간의 감정은 인간의 생리적 반응을 통하여 환유적으로 전달되는데 관용구에서 감정 상태의 의미를 가지는 표현은 거의 대다수가 생리적 반응에 의한 환유 표현이기 때문이다.[13]

한국어 관용구에 나타나는 생리적 환유는 상당히 다양하게 분포되어 있다. 수가 많기도 하지만 동일한 생리 반응이 여러 감정을 드러내는 데 사용되기도 한다. 이처럼 감정 표현 관련 관용구에서는 중복 현상이 빈번히 나타나는데 이를 살펴보기 위해 앞에서 언급하였던 감정 표현 관용구들의 목록을 몇 가지 제시해 보기로 하겠다. 두려움을 나타내는 관용구에는 '가슴이 떨리다', '똥줄이 당기다', '등골이 오싹하다', '소름이 끼치다', '숨이 막히다', '식은땀이 나다', '오금이 저리다', '혀가 굳다'와 같은 내부적 생리 반응에 의한 것이나 '얼굴이 하얘지다', '뒷걸음질 치다' 등과 같이 외현적 생리 반응에 의한 것 모두 매우 다양하게 나타났다. 또한 기쁨을 나타내는 관용구에도 '가슴이 떨리다, 가슴이 저리다, 눈시울이 뜨겁다, 콧날이 찡하다, 코허리가 시큰하다, 몸이 달아오르다, 입을 다물지 못하다' 등이 있으며, 슬픔을 나타낼 때에도 '코허리가 시리다, 목이 메다, 가슴이

---

13) 장세경·장경희(1990:306)에서도 정서적 경험을 나타내는 관용어들은 생리적, 신체적 반응을 나타내면서 동시에 특별 정서에 대한 경험을 나타내고 있다고 하였다. 이들 표현의 축어적 의미는 생리적, 신체적 반응을 나타내지만, 전달 내용은 이 생리적, 신체적 반응을 포함하는 정서적 경험이라는 것이다. 관용어들은 아래와 같이 정서의 경험을 구성하는 생리적, 신체적 반응 (A)를 표현하여 정서적 경험의 내용인 (A+B)를 나타내고 있다고 설명한다.
- 정서적 경험=생리적, 신체적 반응에 관한 정보(A)+정서의 유발 사태에 관한 정보(B)
- 관용어의 축어적 의미…생리적, 신체적 반응(A)
- 관용어의 전달 내용……정서적 경험(A+B)

저리다' 등의 관용구를 사용한다. 이처럼 관용구 목록을 일부만 제시하였는데도 중복되는 관용구들이 발견된다. 여기에서 생각해 볼 수 있는 문제는 많은 환유적 관용구가 유사한 감정 상태를 나타내기도 하지만 전혀 다른 감정 상태를 나타내는 데에도 사용된다는 점이다. 위 (23)의 예문에는 관용구 '가슴이 떨리다'가 사용되었는데 이와 관련하여 다음의 문장들을 살펴보기로 하겠다.

(24) 난 시험만 생각하면 **가슴이 떨려**.(긴장)

(25) 아까 길을 가는데 갑자기 집채만한 개가 나타나서 내 쪽으로 천천히 걸어오는 거야. 움직이지도 못하고 **가슴 떨려** 죽을 뻔 했어.(두려움, 무서움)

(26) 난 사랑하는 그녀를 만날 생각만 하면 **가슴이 떨려**.(기쁨)

(24)는 '긴장 상태'를 나타내는 데 사용된 관용구이며 (25)는 긴장 상태라고도 볼 수 있지만 그보다는 '두려움'을 나타내는 데 사용된 관용구라 볼 수 있다. 어떤 면에서는 이 두 가지 심리 상태가 맞닿은 부분이 있다고 볼 수 있으므로 (24)와 (25)의 중복 현상은 연장선상에서 사용된 용례로 생각해 볼 수도 있다. 그러나 (26)의 예에 이르면 (24)와 (25)의 관계와 같이 설명할 수 없게 된다. '기쁨'의 감정은 '두려움'의 감정과는 전혀 다른 심리 상태이기 때문이다. 그런데 이러한 관용구가 '신체의 생리적 반응'에 근거한 점이라는 것을 다시 기억해볼 필요가 있다. 신체의 생리적 반응을 생각해 보면 원인은 달라도 유사한 생리적 반응이 나타나는 것을 경험적으로 알 수 있기 때문이다. 두려움을 느낄 때에도 가슴이 뛰지만, 사랑하는 사람을 생각하거나 만날 때에도 가슴이 뛰게 된다. 따라서 생리적 반응을 일으키게 하는 원인은 다를 지라도 그 결과는 같기에 드러나는 그 '결과'를

통하여 원인이 되는 '감정 상태'를 표현하게 되는 것이 바로 이러한 부류의 환유 표현이다. 앞뒤 상황 문맥이 충분히 주어진다면 이들 관용구가 사용될 때 중의성이 나타날 가능성은 거의 사라진다. 그러나 이렇게 여러 감정 표현에 사용되는 관용구의 경우, 충분한 문맥이 주어지지 않는다면 일단은 중의적으로 해석될 가능성이 있다. 그러나 이러한 관용구가 사용된 문장들이 중의적으로 해석될 가능성이 있다고 해도 이러한 표현이 '의미의 고정성'을 가지지 못하는 표현으로 취급되어 관용구로서의 자격을 상실하는 것이 아니고 '가슴이 떨리다1, 가슴이 떨리다2, 가슴이 떨리다3…'처럼 동음이의 관계의 관용구들로 처리하는 것이 타당할 것이다.

3. 한국어 관용구에 나타나는 은유와 환유의 상호작용

관용구의 은유와 환유 양상을 살펴보면 각각 단독적으로 나타나는 경우도 있지만 은유와 환유가 함께 들어 있는 것으로 보이는 표현이나 문맥에 따라 은유나 환유의 두 가지로 해석이 가능한 표현들도 많이 나타난다. 이미 앞에서 '화가 나다'를 의미하는 관용구 '열이 나다'의 경우 '[화]는 [체열]을 생산한다(환유)→ [체열]은 [열]이 된다(일반화)→ [열]은 [화]를 이해하는 데 사용된다(은유)'와 같은 개념화의 연쇄로 설명할 수 있음을 언급한 바 있다. 또한 동일한 관용구가 문맥에 따라 다른 의미로 사용되는 경우도 있는데, 이때에는 표현하는 의미 영역이 달라지는 경우가 많으며 먼저 사용되던 관용구가 다시 은유나, 환유에 의해 새로운 의미를 획득하여서 사용되는 경우로 볼 수 있다

최근 들어 여러 학자들이 은유와 환유의 상호작용에 대해 관심을 가졌는데,14) Goossens(1990, 1995)은 환유와 은유가 원칙적으로는 명백히 구분되지

만, 이들이 실재에서 항상 분리되는 것은 아니라는 입장에서 환유와 은유의 상호작용 양상을 '환유로부터 생겨난 은유(Metaphor from metonymy)', '은유 속에 포함된 환유(Metonymy within metaphor)', '환유 속에 포함된 은유(Metaphor within metonymy)', '은유적 문맥에서 발생하는 탈환유화(Demetonymization in a metaphorical context)'의 네 가지로 구분지어 기술하고 있다.[15] 또한 Ruiz de Mendoza(2000)에서는 이러한 개념적 상호작용

---

14) Goossens(1990:336/1995:167-174) 외에도 Warren(1992)에서 은유와 환유의 상호작용에 대해 'metaphor within metonyms', 'metonyms within metaphors', 'metaphor within metaphor', 'metonyms within metonyms', 'metaphor of metaphor'의 다섯 가지로 제시하였다. 이에 대해 Fass(1997:100)에서는 이들 사이의 관계가 개념적으로 매우 모호하다고 지적한 바 있는데 Goossens이 제시한 몇 가지 예만으로는 그 차이를 명확히 하기가 어려워 보인다. Goossens(1990, 1995)은 네 가지의 상호작용 중 가장 일반적으로 나타나는 두 종류의 상호 작용은 'metonymy within metaphor, metaphor from metonymy'라고 하였다. 그러나 한국어 관용구는 글자 그대로 존재하는 구 전체가 은유나 환유에 의해 비유적인 의미를 획득한 경우이므로 이러한 상호작용이 복잡하게 드러나지는 않는다. 다만 그 구 표현 전체가 은유 혹은 환유에 의해 두 번 전이되었거나, 각 구성요소의 의미가 비교적 투명하게 해체 가능한 경우에는 이러한 상호 관련성을 고려해 볼 수 있다.

15) Goossens(1990, 1995)의 은환유(Metaphtonymy) 개념을 소개하면 아래와 같다.

ㄱ. '환유로부터 생겨난 은유'(metaphor from metonymy)

: "Oh dear", she giggled, "I'd quite forgotten".(그녀가 킥킥거리며 말했다. "오! 이런, 완전히 잊어버렸네".) 'giggled'는 '킥킥 웃다'라는 뜻을 가지고 있는데, 문장 내에서는 '킥킥거리며 말하다'의 의미로 해석된다. 이러한 의미는 '킥킥 웃는' 행동의 일부분으로써 그 전체 의미를 대신하는 것이므로 환유적 의미로 이해된다. 한편으로는 '마치 킥킥 웃는 것처럼 부담 없이 말을 하다'는 의미로도 해석이 되는데, 이 경우는 웃음의 영역과 발화의 영역이 서로 다른 영역에 해당되므로 은유적 의미로도 이해할 수 있다.

ㄴ. '은유 속에 포함된 환유'(metonymy within metaphor)

: I could bite my tongue off.(나는 방금 한 말에 후회했다.) 'tongue'이 환유적으로 '말하는 능력'과 관련된 의미 과정이 포함되어 있으므로, 근원 영역에서 '화자가 자신의 말실수를 자책하는 의미로 혀를 깨무는 것'이 목표 영역에서 '말하는 능력을 빼앗아 버리는 것'으로 이해할 수 있기 때문에 이 예문에서 'bite one's tongue off'는 '후회하다'를 의미하게 된다.

(conceptual interaction)에 관하여 은유적 근원 안에 포함된 목표 안의 근원 환유(Sourse-in-target metonymy within the metaphoric source), 은유적 목표 안에 포함된 목표 내의 근원 환유(Sourse-in-target metonymy within the metaphoric target), 은유적 목표 안에 포함된 근원 안의 목표 환유(Target-in-sourse metonymy within the metaphoric target)로 구분하여 제시하고 있는데,16) 주로 구 전체에 은유나 환유가 작용하는 한국어 관용구에 적용하기에는 적절하지 않은 모형이다. 먼저 일반적인 은유 표현의 경우를 생각해 볼 것인데 Ruiz de Mendoza(2000)의 '은유적 목표 안에 포함된 근원 안의 목표 환유'에 해당하는 예를 이종열(2003)에서 설명하고 있어 이것을 살펴보겠다.

ㄷ. '환유 속에 포함된 은유'(metaphor within metonymy).
: He got up on his hind legs to defend his view.(그는 자신의 의견을 방어하기 위해 벌떡 일어섰다.) 이는 '공개적인 연설이나 논쟁을 통해 자신의 주장을 말하여 주목을 끄는 행동'을 환유적으로 의미한다. 그런데, 이 경우 'hind legs'는 사실상 사람에게 없는 동물의 신체적 부분에 해당되며, 동물이 뒷다리로 서는 것은 대단한 노력이 필요하다는 두 가지의 의미가 사람의 특별한 행동에 전이되어 애써 자신의 견해나 주장을 밝히는 것을 나타내므로 은유적인 과정이 포함되어 있다고 보는 것이다. Goossens에 따르면 이 유형은 언어적으로 극히 드문 현상에 속한다고 한다.
ㄹ. '은유적 문맥에서 발생하는 탈환유화'(Demetonymization in a metaphorical context)
: Lip service.(말뿐인 친절) 예문에서 'lip'은 환유적으로 '말하는 기능'과 관련되므로 글자 그대로는 '말로 하는 서비스'를 의미해야 하지만, 'service'와 같이 친절이나 호의를 나타내는 은유적 문맥에 사용될 경우에는 말로 친절한 행동을 하는 것이 아니라, 오히려 '말로만 친절한 행동을 할 뿐 행동은 그렇지 않다'는 의미, 곧 'service as if with the lips only'의 의미로 해석할 경우에는 입술과 관련된 환유적인 의미는 사라지게 된다(이종열 2003 참조). 그러나 이러한 구분 역시 개념상으로는 명확하게 구분되지만 실제 언어를 대상으로 하여 분류하기는 쉽지 않다.
16) 더 자세한 내용은 Ruiz de Mendoza(2000:122-123)를 참조하기 바란다.

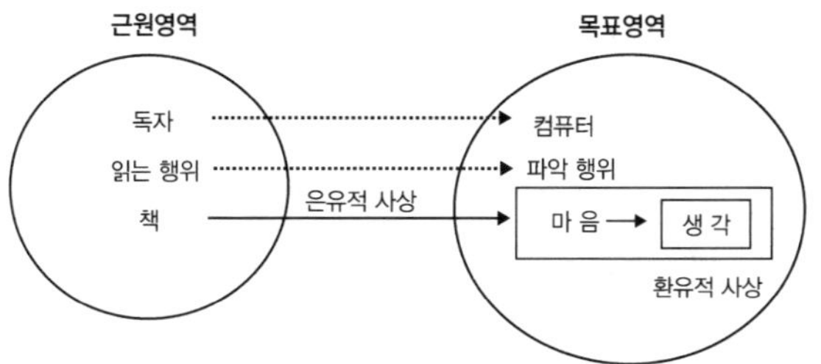

<그림 33> '마음을 읽다'의 인지 과정(이종열 2003:204)

위의 그림에서 볼 수 있듯이 "근원 영역은 '독서하는 장면'이며 목표 영역은 '마음을 읽는 장면'이 되는데, 이 표현은 '사람은 책이다'라는 개념 은유에 기초하고 있다. 즉 근원 영역의 '읽는 사람', '읽는 행위', '책'은 목표 영역의 '나', '파악 행위', '상대방'에 각각 은유적으로 사상된다. 그리고 목표 영역에서 '마음'은 사전적으로 '생각'을 의미하는데, 여기에는 환유적 작용이 관여하고 있다. 따라서 '마음을 읽는 것'은 '생각을 파악하는 것'을 의미하고, 이러한 의미는 은유적 사상을 통해 목표 영역에서 환유적 기능에 따라 구체화된 인지 과정으로 파악된다(이종열 2003:204)"고 밝히고 있다. 그러나 위의 표현은 일반 은유 표현으로 '마음'이라는 목표 영역이 명시적으로 드러나 있지만 관용구는 그렇지 않으므로, 관용구에 작용하는 은유와 환유의 상호작용을 설명하는 것은 그리 간단하지 않다. 왜냐하면 관용구에 따라서는 구성성분의 분리가 거의 불가능해 보이는 부류도 있고, 구성성분 각각의 의미가 전체 관용구의 의미에 기여하는 것으로 보이는 부류도 있기 때문이다.

Goossens(1990), Warren(1992) 등의 학자들이 제시한 이론은 논리적으로는 모두 존재 가능할 수 있는 조합이지만 실제 언어를 대상으로 하였을 때는 이러한 유형을 명확히 구분하기 어렵다는 비판을 받았으며, 한국어에 적용시켜 보았을 때 네 가지 혹은 다섯 가지로 명확하게 구분하기는 어려운 것으로 보인다. 그렇지만 일상 언어에 나타나는 은유와 환유의 양상을 보면 은유나 환유가 단독적으로 작용하기도 하지만 이 두 가지가 함께 나타나는 경우나 다른 한쪽의 영향을 받은 경우도 분명 존재하므로 이러한 상호 작용성에 관심을 가지는 것에는 의의가 있다고 본다. 한국어 관용구에서는 위의 학자들이 제시한 분류 중 '환유로부터 생겨난 은유(metaphor from metonymy)'가 나타나는 것으로 보인다. 여러 학자들의 견해 중 Goossens(1990)이 제시한 그림이 한국어 관용구에 나타나는 은유와 환유의 상호작용을 설명하기에 적절해 보이므로 제시하면 아래와 같다.

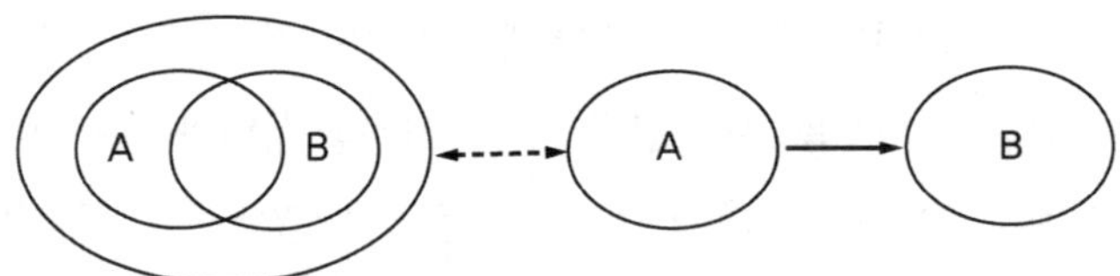

<그림 34> 환유로부터 생겨난 은유(metaphor from metonymy, Goossens 1990:329)[17]

환유적 동기나 토대에 의하여 관용구가 생겨나거나 이미 사용되던 환유적 관용구가 의미 영역을 달리하여 은유적으로 사용되는 경우가 보이는데 이들을 모두 환유로부터 생겨난 은유로 볼 수 있을 것이다. 본서에서 관용구에 나타나는 은유와 환유를 분석해 보았을 때, 명확하게 은유 혹은 환유만으로 판단하기 어려운 관용구에 해당하는 관용구들이 여기에 해당한다고

---

17) 왼쪽의 그림은 주변을 둘러싸고 있는 원이 보여주듯이 하나의 장면에서 잠재적으로 분리된 두 영역인 A와 B가 교차되어 있고, 오른쪽의 그림은 A와 B가 분리되어 있다. 그러나 중간의 점선 화살표가 가리키듯이 두 가지가 함께 가리키는 장면은 개념적으로 연결되어 있다. 이러한 두 가지 가능성을 가지고 있는 부류는 Goossens(1990)의 연구 대상 항목의 상당 부분(27개 중 19개)에서 나타났음을 밝히고 있다.

할 수 있다.

> (27) ㄱ. 열을 받다, 열을 올리다, 열을 내다, 열을 식히다, 열이 뻗치다,
>   열이 식다, 열기가 식다, 열기를 뿜다
>   ㄴ-1. 나는 갑자기 열을 받았다.(KCP)
>   ㄴ-2. 국영기업인 한국전력이 특별히 부스를 마련해 기업홍보에 열을
>   올려 눈길을 끌었다.(KCP)
>   ㄴ-3. 어린이 대권후보들의 선거전은 어른들 선거 못지 않은 열기를
>   뿜어내고 있습니다.(KCP)

위의 관용구들은 엄밀히 말하면 [어떤 감정의 생리적 효과는 그 감정을 대표한다(THE PHYSIOLOGICAL EFFECTS OF AN EMOTION STAND FOR THE EMOTION)]는 환유로부터 [화는 열이다], [감정은 (불의) 열이다]라는 은유가 생겨난 경우이다. (27ㄴ-1)은 '화가 나다'의 뜻인데, 외부적인 영향으로 인해 화가 나는 경우를 뜻한다. 이러한 관용구를 쓸 때에는 화가 나게 한 원인이 외부에 있으므로, 화가 났을 때의 생리적 반응인 열을 외부로부터 받은 것으로 인식하고 있는 것이다. (27ㄴ-2)는 '무엇에 열중하거나 열성을 보이다'의 의미를 갖는 관용구인데 이런 상황에도 체열이 환유적 근거가 될 수 있고, '열'로 일반화 된 후 [감정/열정은 열이다] 은유에 의하여 개념화 된 관용구로 설명할 수 있다. (27ㄴ-3)은 '열성을 보이다' 혹은 '흥분하다'의 의미로 쓰인 것인데 열성적인 분위기를 그들이 뿜어내는 '열기'를 통하여 드러내고 있는 것이다. 단순한 이미지의 개념적 연결이 아니라 실제로 어떤 일에 열중할 때에는 체열이 오르게 되므로 이것을 불의 기운으로 개념화하고 있는 예이다. 따라서 이 경우에도 환유로부터 생겨난 은유로 볼 수 있는 것이다. 관용구 '열이 나다'를 위에서 제시한 <그림 34>와 같이 나타내 보면 다음과 같이 보일 수 있다.

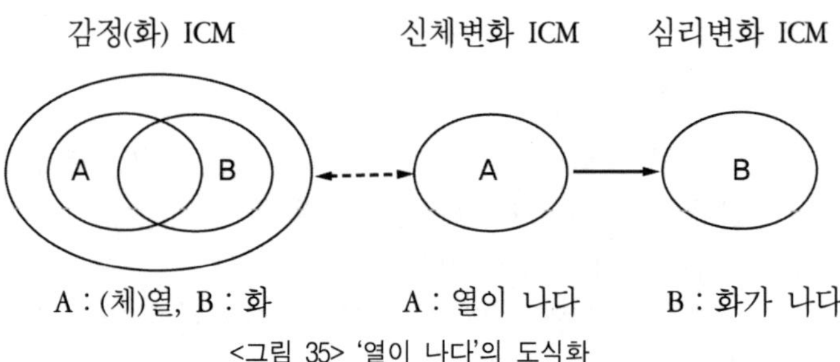

<그림 35> '열이 나다'의 도식화

즉, 감정과 관련된 ICM에서 '화가 나는 감정'은 왼쪽 그림에서 볼 수 있듯이 '(체)열'과 '화(분노)'가 잠재적으로 분리되어 있지만 교차 지점이 있고, 오른쪽의 그림에서는 '열이 나는 것'과 '화가 나는 것'이 분리되어 있지만 개념적으로 연결되어 있다. 이러한 두 가지 가능성을 가지고 있는 부류는 한국어 관용구에서도 발견할 수가 있다.

(28) ㄱ. 한발 앞서다, 뒤로 빠지다, 뒤로 물러서다
    ㄴ-1. 우리가 이번에 개발하고 있는 신제품보다 한발 앞선 성능의 제품을 경쟁사에서 발표했습니다.(KCP)
    ㄴ-2. 실명제 보완을 위한 시의 때문에 보다 중요한 세제의 장기목표와 구조적 개혁작업은 한발 뒤로 물러섰다.(KCP)

위의 관용구들은 방향 은유에서 언급하였던 표현들인데, 경험적 근거에 의하여 '앞은 좋음', '뒤는 좋지 않음'을 의미한다고 하였다. 달리기와 같은 경쟁에서 남들보다 한발 더 나아가는 것을 통하여 '이기다'의 의미를 획득하였다면 이는 환유에 의한 것이고, 그러한 경험적 근거에 의해 [앞은 좋음], [뒤는 좋지 않음] 은유가 생겼다면 이 역시 환유에 의해 동기화되어 생겨난 은유가 되는 것이다.

한편 Goossens(1990:328-329)에서는 이러한 '환유로부터 생겨난 은유' 유형은 환유로부터 생겨난 은유로 해석될 수도 있지만 문맥에 따라서는 환유로만 해석될 가능성도 있음을 지적하였다. Goossens(1990)은 "These changes will be applauded(이러한 변화는 박수 받을 것이다)"라는 문장에서 'applaud'로 'express strong agreement with (a person, idea, etc.)((사람, 아이디어 등에 대한) 강한 동의를 표현)'하는 은유적 해석은 아주 자연스럽다고 하였는데 본서의 관점으로는 이것은 은유가 아니라 환유로 보는 것이 더 자연스럽다. 즉, '환영, 동의의 ICM' 내에서 '박수 치는 행위'와 '환영하다'를 인과 관계의 환유로 볼 수 있고(<그림 34>의 왼쪽 그림에 해당), 영역을 달리 보아 은유로 보는 해석도 가능하므로 그 판별이 상당히 어렵다고 할 수 있다.

한국어 관용구 중에도 이러한 두 가지의 해석 가능성이 보이는 예들이 있으므로 이들에 대해 살펴보기로 하겠다. 문맥이나 ICM의 설정에 따라, 혹은 연구자의 직관에 따라 그 판별에서 두 가지 가능성을 가질 수 있는 것으로 보이는 애매한 부류들이다. 이러한 양상을 보이는 한국어 관용구를 제시하면 다음과 같다.

(29) ㄱ. 첫 삽을 뜨다
　　 ㄴ-1. 오늘 착공식으로 경수로 건설의 첫 삽을 떴습니다.(환유)
　　 ㄴ-2. 이제 막 첫 삽을 뜨기 시작한 '노사관계 개혁'에 대해 노동계
　　　　　 내의 기대가 작금 하향하는 분위기여서 안타깝다.(은유)

위의 (29ㄴ-1) 예문은 4장에서 제시하였던 예문[18]인데, 이 표현이 건설 현장에서의 시작 행위를 통하여 '시작하다'의 의미를 가지게 될 때에는 환유에 의한 의미 형성[19]으로 볼 수 있다. 그러나 건설 영역이 아닌 전혀

---

18) 이 부분은 앞 장의 내용과 연결되는 설명이기에 4장의 (42)번 예문을 재인용하였다.

다른 영역에 사용되는 (29ㄴ-2)의 경우에는 이를 위 <그림 34>의 오른쪽 도식과 같이 해석하여 환유로 보지 않고 '환유로부터 생겨난 은유'로 볼 수 있게 되는 것이다. 비슷한 의미를 가지고 있는 관용구 '첫 단추를 끼우다, 첫발을 들이다, 첫발을 딛다, 첫발을 내딛다, 첫발을 떼다, 걸음마를 떼다' 등도 모두 환유로부터 생겨난 은유로 볼 수 있다.

(30) ㄱ. 뚜껑을 열다
　　　ㄴ-1. 막상 뚜껑을 열고 보니 투표 결과가 예상과는 달랐다.
　　　ㄴ-2. 인사(人事)는 뚜껑을 열어봐야 안다.
　　　ㄴ-3. 입사 시험을 잘 본 것 같기는 한데, 뚜껑을 열어봐야 알지.

위의 예문 (30ㄴ-1)는 선거 ICM에서 투표함의 뚜껑을 열어보는 행위를 통하여 그 결과를 알게 되는 것으로 연결시키는 환유가 사용된 것으로 볼 수 있는데, 사용 문맥에 따라서는 선거와 직접적으로 관련된 영역이 아닌 경우에 (30ㄴ-2)나 (30ㄴ-3)의 경우처럼 단순하게 환유로 처리하기가 곤란한 경우가 있다. 이러한 경우에는 다음의 도식과 같은 과정을 거치는 것으로 볼 수 있다.

---

19) '건설'이라는 ICM에서는 '첫 삽을 뜨다'가 그 일부 사건으로 포함되어 있으므로 이러한 표현을 환유로 보는 데 문제가 없다. 그러나 '사건 ICM'으로 보아 시작 행위를 나타내기 위하여 '첫 삽을 뜨다'를 통하여 '시작하다'의 의미를 드러내는 것으로 보면 이는 환유로부터 생겨난 은유라고 볼 수 있는 가능성도 가지고 있다.

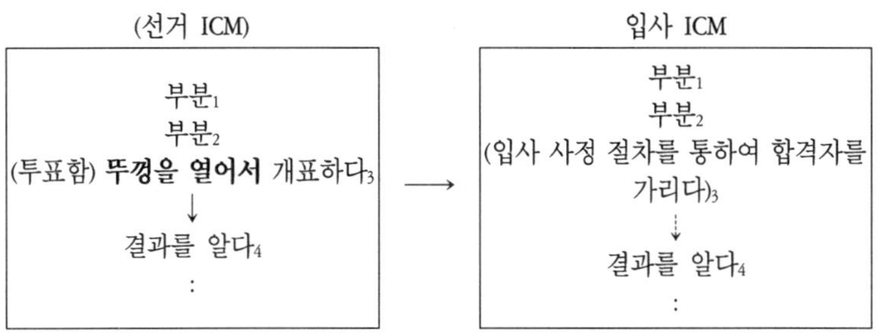

<그림 36> '뚜껑을 열다'의 인지 과정

또 이와는 약간 다르게 이미 생성된 환유적 관용구가 다시 은유에 의해 새로운 의미로 사용되는 예들이 보인다. 이는 임시어 단계를 벗어나고 있는 새로운 관용구에서 나타나는 현상으로 볼 수 있는데 주변에서 쉽게 찾아볼 수 있는 예를 보이면 다음과 같다.

(31) ㄱ. 생살에 메스를 들이대는 것이 어디 보통 일이냐?
　　ㄴ. 썩은 정치권에 대대적으로 메스를 들이대야 한다.

이 예문 또한 앞에서 다룬 예인데 의료 행위와 관련된 영역에서 확대지칭 환유로 '수술하다'의 의미로 쓰이는 것이 의료행위의 영역이 아닌 다른 영역에 쓰여 은유 작용에 의해 형성된 관용구이다. 정치권에 '메스를 들이댄다'는 것은 문제점을 개선하고 고치려는 의도를 선명하게 표현하는 것인데 환유에 의해 형성된 구 구조 전체에 이차적으로 은유가 작용하여 새로운 의미를 획득하게 된 예라 할 수 있다. [대대적인 개선은 수술], 즉 고쳐야 하는 것을 수술 대상, 수술 부위 등으로 인식하여 그것의 개선을 위한 행동이나 시도를 수술하는 것으로 즉, '메스를 들이대다'를 통하여 전달하는 것이다.

272

(32) ㄱ. 영희도 이제 머리를 얹을 나이가 되었구나.('결혼하다'의 의미)

　　ㄴ. 우리 남편도 좀 데려가서 머리 얹어주세요.('입문하다'의 의미)

'머리를 얹다'는 결혼한다는 의미를 가지는 관용구인데 결혼 ICM의 부분 행위, 혹은 부분 사건을 통하여 전체 ICM을 나타내는 환유에 의해 의미를 갖게 된 것이다. 따라서 (32ㄱ)은 단순하게 특징적인 부분을 부각시킨 환유에 의한 관용구로 보면 된다. 그러나 '어떤 특별한 일을 처음 하게 되는 것'을 '머리를 얹다'는 표현으로 사용할 때가 있는데 이는 새로운 세계에 입문하는 것을 시집가는 것으로 개념화한 은유가 작용한 것이다. (32ㄴ)의 경우에는 최근에 사용하게 된 관용구로 보이는데 이 관용구가 골프의 첫 라운딩에 나가는 경우와 같이 다른 영역의 일을 처음하게 되는 것, 데뷔를 하게 되는 경우에 사용한다면 환유에 의해 형성된 구가 다시 은유에 의해 의미를 가지게 되는 경우에 해당한다고 할 수 있다. 따라서 이미 존재하는 (32ㄱ)의 의미로 관용구가 사용되다가 이런 관용구가 다시 한번 은유에 의해 다른 영역에 사용된 경우로 볼 수 있겠다.

관용구에 나타나는 은유와 환유의 양상을 살펴보았을 때, 일반적인 은유·환유의 양상과 마찬가지로 환유가 은유의 근거가 됨을 확인할 수 있었다. 환유에서 생겨난 은유는 찾을 수 있으나, 반대로 은유에서 생겨난 환유는 찾을 수 없어 은유와 환유의 상호작용에서 방향성을 찾아볼 수 있다. Goossens(1990)에서 제시한 은유와 환유의 상호관계가 드러나는 유형 중 '은유 속에 포함된 환유(metonymy within metaphor)'[20]도 관용구에서 발견

---

20) 과연 위의 예들을 '환유로부터 생겨난 은유', '은유 속에 포함된 환유'로 정확하게 구분할 수 있을까 하는 질문이 있을 수 있겠으나 중요한 것은 환유와 은유가 원칙적으로는 명백히 구분되지만, 이들이 실재에서 항상 분리되는 것은 아니라는 구슨(Goossens)의 관찰(Heine et al, 1991:64)이다. 은유와 환유의 뚜렷한 구분이 쉽지

할 수 있을 것이라 여겼지만 은유와 환유가 함께 작용한 것으로 보이는 관용구는 거의 위에서 언급한 '환유로부터 생겨난 은유'로 보인다. 구성성분의 분리 가능성이 높은 부류에서 이러한 유형이 드러날 것이나 글자 그대로의 의미와 관용구의 의미 연관성을 찾을 수는 있다고 해도 한국어 관용구에서는 그 구성성분의 개별 의미의 합만으로 관용구 전체의 의미를 연결시킬 수 있는 표현은 거의 없기 때문에 명확하게 이러한 유형으로 보기는 어렵다. 영어 관용구[21]에서 은유 속에 포함된 환유를 분석해 낼 수 있는 것은 한국어 관용구에 비해 비교적 구성성분의 의미 분석 가능성이 높기 때문이다. 영어 관용구의 경우에는 'in, into, out of' 등의 전치사를 통하여 그 의미 분석 가능성이 한국어 관용구보다 선명하게 나타나지만 한국어 관용구는 상대적으로 구성요소를 해체해서 이해하는 것보다는 구 구성 전체가 어떠한 의미 전이를 가져왔는가를 살피는 것이 더 유용한 까닭이다.[22]

이러한 내용들을 통하여 관용구에 은유 혹은 환유가 단독으로 작용하여 의미를 연결시키기도 하지만 은유와 환유가 함께 작용하여 관용구가 형성되기도 함을 살펴볼 수 있었다. 방향성이라는 측면을 고려해 본다면 적어도 관용구의 경우에는 환유로부터 은유로 확장해간다고 할 수 있겠다.[23] 본

    않지만 이 둘의 관계가 반드시 배타적인 것이 아니고 상호보완적으로 나타날 수 있음에 관심을 두어야 한다.

21) '영어 관용구'라고 용어를 구분한 것은 본서에서 다루는 한국어 관용구의 범위, 특성과 영어를 대상으로 한 연구들에서 다루고 있는 용례의 성격이 다른 것으로 보이기 때문이다.

22) 물론 한국어 관용구의 의미 분석 가능성에 대해서도 이미 언급한 바 있으나 한국어 관용구는 구성요소의 의미 합성성의 측면보다는 글자 그대로의 구와 관용구와의 의미 관련성으로 분석하는 것이 더 큰 설명력을 가진다는 것은 이미 전술한 바 있다.

절에서는 환유와 은유의 상호작용에 대하여 다루었지만 3장에서 여러 영상 도식 은유도 상호 작용하여 관용구에 의미를 부여함을 언급한 바 있었다. 이렇게 여러 인지적 기제가 관용구에 동기를 부여하는 데 공헌할 수 있음[24]을 한국어 관용구를 대상으로 한 분석에서 확인할 수 있다.

---

23) 관용구가 아닌 단어 차원의 합성어의 경우에는 명확한 방향성을 판별하기가 곤란하다. 왜냐하면 관용구는 이미 글자 그대로의 쓰임을 가지고 있는 '구 전체'가 개념적 은유나 환유에 의해 의미 전이가 일어나는 것으로 볼 수 있지만 합성어의 경우에는 '합성 과정'에서 의미 전이가 일어나므로 그 과정 중에 어떠한 것이 먼저 작용하였는지를 판별하기는 곤란하기 때문이다(최지훈 1998:26 참조).

24) Kövecses(2002)에서 영어의 관용적 표현의 경우 여러 인지적 기제들이 특정한 관용적 표현에 동기를 부여하는 데 공헌할 수 있음을 언급하였다.

제6장 결론

본서는 전통적 관점에서 관용구는 사은유이며, 구성요소의 의미와는 무관한 자의적인 의미를 가진다고 보는 것과는 달리 관용구에는 여전히 생산적인 은유와 환유가 작용하고 있다는 입장을 가진다. 인지의미론적 관점에서는 관용구 의미의 상당 부분이 사람들이 소유하는 은유적 지식에 의해 동기 부여된다고 제안하고 있으므로 본서는 이러한 기본 시각을 가지고 한국어 관용구 전반에 나타나는 '생산적인' 은유와 환유를 밝히려 하였다. 지금까지 본서에서 논의한 것을 요약하면 다음과 같다.

2장에서는 본서의 이론적 배경이 되는 인지의미론의 주요 관심사인 은유와 환유에 대한 여러 학설들을 검토하였다. 인지적의미론에서 '은유'는 연구의 초점이며 핵심 과제이다. 그에 비해 환유에 대한 관심은 다소 부족했으나 최근 들어 환유에 대한 관심도 늘어나면서 그 이론이 더욱 정교해졌다. 이러한 여러 학설들의 검토를 통해 은유는 각기 다른 ICM 사이에서, 환유는 동일 ICM 내에서의 사상 혹은 심리적 접촉이라는 인지적 관점을 가지고 이후의 연구들을 진행하였다.

3장에서는 한국어 관용구에 나타나는 은유에 대해 살펴보았다. 한국어 관용구의 분석을 위해 은유의 체계를 영상도식 은유와 존재의 대연쇄 은유로 나누어 살피었다. 영상도식에 근거하여 의미를 가지게 되는 한국어 관용구는 그릇 은유, 이동 은유, 방향 은유, 연결 은유가 작용하여 동기 부여됨을 밝혔다. 이러한 영상도식 은유는 구체적인 내용까지 모두 사상되는 것은 아니나 그 도식이 가지고 있는 큰 틀은 사상되어 사람의 머릿속에 그려지므로 한국어 관용구의 의미 형성과 사용에 생산적으로 작용하고 있음을 알 수 있었다. 그릇 은유는 [사람은 그릇], [추상적 실체는 그릇]을 통하여 관용구에 의미를 부여하는 것으로 나타났으며, 한국어 관용구에 나타나는 이동 은유는 [변화는 이동], [일의 진행은 이동] 은유로 유형화해 볼 수 있다. 방향적 지향성을 가지는 방향 은유는 한국어 관용구에서 앞-뒤, 위-아래, 안-밖의 방향 지향성에 따라 긍정적인 의미와 부정적인 의미를 나타내게 되는데, 주로 앞-뒤, 위-아래 영상도식 은유로 형성되는 관용구가 많았다. 마지막으로, 한국어 관용구에 나타나는 연결 은유는 [관계는 줄] 은유로 우리의 신체적 경험인 탯줄의 경험에 근거한 은유임을 알 수 있었다. 존재의 대연쇄 은유에 의한 한국어 관용구는 영상도식 은유에 비하여 특정하게 부각되는 부분에서 사상이 일어남을 알 수 있다. 존재의 대연쇄 은유가 작용하는 한국어 관용구는 주로 사물, 동물을 통하여 더 추상적인 개념을 이해하는 것으로 보이며, 의인화를 통하여 개념화하는 경우는 상대적으로 적게 나타났다. 이는 관용구가 다른 대상물을 이해하는 데 사용되는 표현이 아니고 주로 사람의 생활이나 사건, 심리를 표현하는 데 사용되기 때문에 오히려 사람이 아닌 더 하위 층위에 있는 동물이나 식물, 물건 등으로 개념화하는 것으로 보인다. 영상도식 은유에 비하여 존재의 대연쇄 은유로 분석한 한국어 관용구는 몇 가지로 유형화시키기 어려우며 다양하게 특정 상황에 따른 개별적 은유로 드러나는데, 이는 존재의 대연쇄 은유가 다대일 사상 관계가 아니라 기본적으로 일대일 사상 관계에 기반하고 있다는 것과 연결된다. 관용구는 일반 표현으로 의미 전달을 할 때와는 다른 표현 효과를 위하여 사용하는 경우가 많으므로 그 개념적 연결이 선명한 것을 선택하기 때문이다. 나타내려는 상태, 사건, 대상을 실체가 있는 대상으로 개념화하는 데 있어서, 한국어 관용구는 주로 사물이나 동물을 통하여 이해하는 방식으로 동기 부여됨을 알 수 있었다. 또한 한국어 관용구에서는 명확한 존재론적 은유라고 불리는 의인화는 거의 나타나지 않는 것으로 보인다. 관용구가 주로 사람에 관련된 내용이기에 더 하위 층위에 있는 대상물을 통하여 이해하는 존재의 대연쇄를 따르는 것으로 볼 수 있을 것이다. 문자적 의미를 가진 구와 관용구가 연결되는 것은 이러한 개념적 은유가 존재하기 때문이다. 관용구에 나타나는 은유들을 도식화하여 제시하면 아래와 같다.

관용구의 은유	개념적 은유
영상도식 은유	그릇 은유 : [사람은 그릇], [추상적 실체는 그릇]
	이동 은유 : [변화는 이동], [일의 진행은 이동]
	방향 은유 : 앞-뒤, 위-아래, 안-밖 영상도식 은유
	연결 은유 : [관계는 줄]
존재의 대연쇄 은유	사물 은유
	동물 은유
	의인화

　　4장에서는 관용구에 나타나는 환유에 대해 살펴보았다. 관용구에 나타나는 환유는 지시적인 기능이 아닌 서술적인 기능을 함을 알 수 있었다. 즉 관용구가 특정 대상물을 지칭하기 위해 사용되는 것이 아니라, 어떤 상황이나 상태를 더욱 선명하게 나타내주기 위해서 사용되는 경우가 많기 때문이다. 특정한 사건이나 상황을 드러내는 데 사용되는 관용구는 주로 시작 행위, 종결 행위, 특징적인 부각 행위로 그 전체 ICM을 대신하거나 부분 사건으로 전체 사건을 대신한다. 또한 사람의 심리 상태를 나타내는 데 사용되는 상태 관련 관용구는 거의 환유에 의해 이루어지는 경우가 많은데 주로 생리적인 반응을 통하여 드러난다. 추상적인 심리 상태가

신체적인 변화를 통해 개념화되는 생리적 환유는 수적으로도 많아 관용구에서 상당히 큰 비중을 차지함을 알 수 있다. 관용구에 나타나는 환유를 도식화하면 다음과 같다.

관용구의 환유	개념적 환유
사건 환유	[시작 행위로 전체 사건을 대신함] [종결 행위로 전체 사건을 대신함] [특정 부각 행위로 전체 사건을 대신함] [부분 사건으로 다른 부분을 대신함]
상태 환유	[생리 반응으로 심리 상태를 대신함] [동작으로 심리 상태를 대신함]

5장에서는 3장과 4장을 통하여 살펴본 한국어 관용구에 나타나는 은유와 환유의 특성을 종합적으로 살피고 기술하였다. 한국어 관용구에 나타나는 은유의 특징은 체계적으로 사상되는 구조적 은유의 수는 그리 많지 않으며, 영상도식 은유 중에서는 그릇 은유와 이동 은유, 방향 은유에 의한 관용구의 형성이 많다는 점이다. 존재의 대연쇄 은유는 주로 특징적인 부분만이 사상되는 일대일 은유로 나타나는데 행동이나 특성을 다른 하등 존재물의 행동이나 특징을 통하여 개념화할 때에는 그 대상물을 통하여 복잡한 개념이나 상황을 좀더 쉽게 이해할 수 있도록 해준다. 그러나 존재성에 초점이 맞추어질 때에는 사람을 하등 존재물로 개념화한다는 데에서 부정적인 내용이 담기게 됨을 알 수 있었다. 또한 다른 은유 표현과는 다르게 목표 영역이 은폐되어 있으나 언중들의 이해와 사용은 아주 자연스럽다는 점에서 관용구에 나타나는 은유는 생산적인 은유라 할 수 있겠다. 관용구에는 반의 관계 표현들에서 빈자리가 많이 나타나는데, 이는 우리의 개념 체계 내에서 자연스러운 현상임을 밝혔다. 글자 그대로의 의미로 사용되는 구에서 반의 관계 표현이 존재하더라도 우리의 개념 체계 내에서 관용구와

개념적 은유가 자연스럽게 연결될 수 있을 때에만 관용구로 사용되기 때문이다.

한국어 관용구에 나타나는 환유의 특징으로는 먼저 축소지칭 환유가 나타나지 않고 확대지칭 환유나 부분-부분 환유가 작용한다는 점을 들 수 있다. 일상 언어 표현에 나타나는 환유는 전체가 부분을 나타내는 경우와 부분이 전체를 나타내는 경우가 모두 존재하나, 한국어 관용구에서는 전체로 부분을 나타내는 예가 보이지 않는다는 점이 특징적이다. 관용구는 개념적으로 선명한 것을 선택하게 되는데 축소지칭 환유를 사용했을 때에는 '부각'이라는 측면에서 얻을 수 있는 효과가 없기 때문에 관용구에 작용하는 기제로 나타나지 않는 것으로 보인다. 그리고 관용구 환유의 일차적 기능은 지시가 아니라 서술을 통한 이해의 기능이라는 점이 특징적이다. 환유의 기능을 보통 지시 기능으로 보는 경우가 많으나 관용구는 주로 사건이나 상태와 관련된 이상적 인지모형에서 환유가 발생하므로 추상적인 개념을 서술하는 기능을 가지는 것이다. 마지막으로 한국어 관용구에는 생리적인 반응으로 감정을 드러내는 환유가 절대적으로 많이 사용된다는 점을 들 수 있다. 우리의 경험을 통하여 가장 빨리 인지할 수 있는 부분인 신체적 변화들을 통해 개념화되는 감정의 생리적인 환유는 한국어 관용구에 나타나는 환유의 특징적인 부분이라 할 수 있다.

이러한 은유와 환유는 관용구의 의미에 동기를 부여하는 기제로 단독적으로 작용할 때도 있지만 여러 기제가 함께 작용하는 경우도 있는데 한국어 관용구에서 은유와 환유가 상호작용적으로 나타나는 경우에는 환유에 의해 생겨난 관용구가 다시 은유에 의해 전이되어 다른 영역의 의미를 나타냄을 알 수 있었다.

본서를 통해서 관용구의 의미가 글자 그대로의 의미로 사용되는 구와의 관련성을 완전히 잃어버리는 것은 아니라는 점과 관용구의 의미 형성에 관여하는 은유와 환유는 이미 기능을 잃은 사은유가 아니라 우리의 개념 체계 내에서 자연스럽게 연결되는 것이라서 우리가 인식을 못할 뿐, 아주 선명한 은유, 환유라는 것을 보였다. 그러나 생산적인 은유라고 할 때에는 은유의 유형별로 빈도수가 고려되어야 할 것이나 본서에서는 정확한 빈도수를 다루지 못하였다. 한국어 관용구의 목록이 방대하다는 점과 그 목록 자료가 관용구별 실제 사용 빈도를 반영하지 않고 있다는 점 등이 한계점인데, 이러한 점은 앞으로 해결해야 할 과제이다.

본서는 한국어 관용구 연구에 대하여 새로운 방법론을 제시했다는 점에서 의의를 가진다. 기존 관점의 사은유설에 대해 오히려 반대로 해석할 수 있음을 보이고, 구성요소와 관용구의 의미가 자의적인 연결이 아니라 개념적 은유와 환유에 의해 그 의미에 동기를 부여하는 방식으로 연결되어 있음을 밝힐 수 있었다. 또한 기존의 관점으로는 설명하기 어려웠던 구성성분과 관용적 의미 사이의 상관성이라든가 관용구의 빈자리를 해결해 낼 수 있는 설명력을 가진다. 다른 한편으로는 인지의미론의 관점에서 기존 연구들에서는 논의되지 않았던 한국어 관용구 전반을 대상으로 하여 은유와 환유를 다룬 연구라는 점에서 의의를 가진다. 개별 단어 중심의 연구는 있었지만 인지적 관점에서 한국어 관용구 전반을 다룬 본격적인 논의는 없었기에 본서는 새로운 연구 대상에 대한 시도로서 의의를 가질 것이다.

참고문헌

가와가미 세이사꾸 편저, 이기우 외 역(1997), 『인지언어학의 기초』, 한국문화사.
강위규(1990), 「우리말 관용 표현 연구」, 부산대학교 박사학위논문.
강현화(1987), 「국어 숙어표현에 대한 고찰」, 연세대학교 석사학위논문.
강현화 외(2003), 『대조분석론』, 역락.
고미영(1988), 「은유와 환유의 상보적 관계」, 경희대학교 석사학위논문.
고바야시 마사아키(1994), 「한일 양어 신체관련숙어의 비교 연구」, 『국어연구』
　　　129, 서울대학교 대학원.
구본관(1992), 「생성 문법과 국어 조어법 연구 방법론」, 『주시경학보』 9.
구현정(1996), 「은유 해석에 있어서의 혼합공간의 역할 : Fauconnier와 Turner의
　　　이론을 중심으로」, 『자하어문논집』 11, 상명대학교 상명어문학회.
국립국어연구원 편(1999), 『표준국어대사전』, 국립국어연구원.
권경일(1997), 「국어의 '상투적 비유 표현'에 대한 연구」, 『사전편찬학 연구』 7,
　　　연세대학교 언어정보개발원.
______(2005), 「국어 관용구 연구」, 연세대학교 박사학위논문.
김기수(1993), 「은유의 인지적 연구」, 경북대학교 박사학위논문.
______(1994), 「관용적 은유의 인지적 연구」, 『세명대 인문사회과학연구』 1, 세명대
　　　학교 인문사회과학연구소.
______(1996), 「친족 관계 은유의 이해와 생성」, 『담화와 인지』 3, 담화인지언어학회.
______(1998), 「인지문법에서의 환유에 대한 분석」, 『영어영문학』 44-1, 한국영어
　　　영문학회.
김대식(1995), 「은유의 인지적 분석에 관한 연구」, 효성가톨릭대학교 박사학위논문.
김동환(2002), 『개념적 혼성 이론』, 박이정.
______(2004), 「개념적 혼성에 입각한 은유의 의미구성」, 『담화와 인지』 11-1, 담화
　　　인지언어학회.
______(2005), 『인지언어학과 의미』, 태학사.

김문창(1974), 「국어 관용어의 연구-숙어 설정을 중심으로」, 『국어연구』 30, 국어연구회.

______(1975), 「국어 관용어의 연구」, 서울대학교 석사학위논문.

______(1990), 『관용어』, 『국어 연구 어디까지 왔나』, 동아출판사.

김인환(1984), 「국어 관용구에 대한 고찰」, 전남대학교 석사학위논문.

김양옥(2003), 「은유와 환유에 대한 관용어의 이해」, 경희대학교 석사학위논문.

김종도(2004), 『은유의 세계』, 한국문화사.

______(2005), 『환유의 세계』, 경진문화사.

김준기·김향숙 공저(2003), 『(현대국어) 관용어 연구』, 한국문화사.

김중현(2000), 「포코니에의 정신공간 이론을 통한 국어 의미구조 연구」, 경북대학교 석사학위논문.

김지현·판후옹·황석현·민경환(1997), 「한국과 베트남 사람들의 정서 체험」, 『심리과학』 6-2, 서울대학교 심리과학연구소.

김진수(1995), 「FUZZY性에 대하여」, 『어문연구』 27, 어문연구회.

김진우(1999), 『인지언어학의 이해』, 한국문화사.

김진해(2000), 『연어 연구』, 한국문화사.

______(2003), 「관용어의 직설의미와 관용의미의 관계 연구」, 『한국어 의미학』 13, 한국어 의미학회.

김한샘(1999), 「현대 국어 관용구의 계량언어학적 연구」, 연세대학교 석사학위논문.

______(2003), 「자연언어처리를 위한 관용표현 연구」, 『한국어 의미학』 13, 한국어 의미학회.

______(2005), 「한국어 숙어의 언어정보학적 연구」, 연세대학교 박사학위논문.

김향숙(2001), 「한국어 감정표현 관용어 연구」, 인하대학교 박사학위논문.

______(2003), 『한국어 감정표현 관용어 연구』, 한국문화사.

나은영(1989), 「국어 관용구 연구」, 서울여자대학교 석사학위논문.

나익주(1995), 「은유의 신체적 근거」, 『담화와 인지』 1, 담화인지언어학회.

나익주(1998), 「낱말 의미의 다중성에 대한 고찰」, 『어학교육』 27-1, 전남대학교 어학연구소.

______(2000), 「한국어에서 성욕의 은유적 개념화」, 『담화와 인지』 10-1.

______(2006), 「정과 한의 은유적 개념화」, 『한국어 의미학』 20, 한국어 의미학회.

데이비드 리 지음, 임지룡·김동환 역(2003), 『인지언어학 입문』, 한국문화사.

도남희(2001), 「영어 은유 표현의 인지적 분석」, 연세대학교 석사학위논문.

도쿠나가 이즈미(1999), 「한국어와 일본어의 신체어휘 관용구 대조 연구 : 감정표현을 중심으로」, 서울대학교 석사학위논문.

문금현(1996), 「국어의 관용 표현 연구」, 서울대학교 박사학위논문.

______(1999), 『국어의 관용 표현 연구』, 태학사.

______(2002), 「한국어 어휘 교육을 위한 연어 학습 방안」, 『국어교육』 109, 한국어교육학회.

민현식(2003a), 「관용 표현의 유형과 구조」, 『텍스트 분석의 실제』, 역락.

______(2003b), 「관용 표현의 범위와 유형에 대한 재고」, 『한국어 의미학』 12, 한국어 의미학회.

박경선(2000), 「感情分類에 의한 身體語彙 慣用句 考察」, 중앙대학교 석사학위논문.

______(2001), 「영어와 한국어의 색채어와 신체어에 나타나는 개념적 은유」, 『담화와 인지』 8-1, 담화인지언어학회.

박만규(2003), 「관용표현의 범주적 정체성 확립을 위하여」, 『국어학』 41, 국어학회.

박세영(2001), 「국어 관용구의 판정에 대한 연구」, 고려대학교 석사학위논문.

박영순(1985), 「관용어에 대하여」, 『선암 이을환 교수 화갑기념논문집』, 한국국어교육연구회.

______(1994), 『한국어 의미론』, 고려대학교 출판부.

______(2000a), 『한국어 은유 연구』, 고려대학교 출판부.

______(2000b), 「은유의 의미를 통해서 본 생각의 개념화에 대하여」, 『한국어 의미학』 7, 한국어 의미학회.

______(2001), 『한국어 문장의미론』, 박이정.

______(2006a), 「국어 은유 연구의 성과와 방법론」, 『제18차 전국 학술발표대회 발표 요지집』, 한국어 의미학회.

______(2006b), 「은유 연구의 성과와 방법론」, 『한국어 의미학』 20, 한국어 의미학회.

박영준·최경봉(1995), 『관용어사전』, 태학사.

박정운·나익주 역(2006), 『어원론에서 화용론까지』, 박이정.

박진수(1986), 「국어 관용어 연구」, 경북대학교 석사학위논문.

박진호(2003), 「관용표현의 통사론과 의미론」, 『국어학』 41, 국어학회.

서상규·구현정 공편(2002), 『한국어 구어 연구』(Ⅱ), 한국문화사.

서소아(2002), 「인지 문법을 통한 face의 의미 분석」, 연세대학교 석사학위논문.

서 은(2004), 「공간어에 나타나는 개념적 은유 연구」, 이화여자대학교 석사학위논문.

성광수(2005), 「관용표현의 생성과 의미」, 『국어 연구와 의미 정보』, 월인.

송경숙(2000), 「Gorge Lakoff : 은유·환유·범주화」, 『인지언어학』, 한국문화사.

송석만(1998), 「영어 관용어의 은유성」, 『영미어문학 연구』 14.

송원용(2002), 「국어 어휘부의 단어 형성 체계에 대한 연구」, 서울대학교 박사학위논문.

송인동(1995a), 「합성어의 은유와 환유」, 『어학교육』 24-1, 전남대학교 어학연구소.

______(1995b), 「비합성적 합성어의 합성성에 대하여」, 『호남신학대 신학이해』 13, 호남신학대학교.

신수임(2000), 「은유와 환유에 의한 영이 관용이의 이해」, 성균관대학교 석사학위 논문.

심유희(2005), 「영어학습에서의 은유와 환유」, 『현대영어영문학』 49-1, 한국현대영 어영문학회.

심지연(2005), 「관용어 의미 연구사」, 『학위논문의 국어 의미 연구 경향』 1, 월인.

안경화(1987), 「한국어 숙어의 유형에 대한 분석적 연구」, 서울대학교 석사학위논문.

양영희(1995), 「관용표현의 의미 구현 양상」, 『국어학』 26, 국어학회.

요네다 쇼(2004), 「환유적 감정 표현 한·일 대조 연구」, 이화여자대학교 석사학위 논문.

용은미(2000), 「국어 분노 표현 관용어 연구」, 세종대학교 석사학위논문.

유병태(1990), 「은유의 언어학적 측면과 언어교육에의 적용」, 인하대학교 박사학위 논문.

유현경(2001), 「한국어 관용구 사전의 편찬에 대한 연구」, 『사전편찬학 연구』 11-2, 연세대학교 언어정보개발원.

윤영은(2002), 『언어의 의미 현상』, 한국문화사.

이건환(1998), 「의미확장에 있어서 도식의 역할」, 『담화와 인지』 5-2, 담화인지언어 학회.

이기동(1997), 「관용어, 은유 그리고 환유」, 『담화와 인지』 4-1, 담화인지언어학회.

이기동 편저(2000), 『인지언어학』, 한국문화사.

이동혁(1998), 「국어의 연어적 의미연구」, 고려대학교 석사학위논문.

______(2004), 「국어 연어관계 연구」, 고려대학교 박사학위논문.

이상억(1993), 「관용표현과 합성어의 분석 및 어휘부 내외에서의 처리」, 『어학연구』 29-3, 서울대학교어학연구소.

이선웅(2004), 「세종 전자사전의 표제어 범주 체계」, 전자사전 구축 분과 학술회의 자료.

______(2005), 「세종전자사전구성 체계」, 『성심어문논집』 27, 성심어문학회.

이선희(2001), 「영어 관용어의 개념과 특성」, 동아대학교 석사학위논문.

이수련(2001), 『한국어와 인지』, 박이정.

이신우(2004), 「개념적 혼성 이론에 의한 환유적 의미 구축」, 수원대학교 박사학위논 문.

이연숙(1996), 「국어 관용구 연구」, 충북대학교 석사학위논문.

이창호(1997), 「국어 관용어 연구」, 대구대학교 석사학위논문.

이종열(2001), 「은유와 환유의 인지적 상관성에 관한 연구」, 『언어과학연구』 19, 언어과학회.

______(2002), 「국어 비유적 의미의 인지과정에 대한 연구」, 경북대학교 박사학위논문.

______(2003), 『비유와 인지』, 한국문화사.

이현근(1993), 「은유, 인지 및 단어의 개념적 구조 연구」, 『논문집』 13, 충남대학교 대학원.

______(1999), 「개념론적 및 인지론적 어의 연구」, 『담화와 인지』 6-1, 담화인지언어학회.

이형기(2004), 「의미의 합성성 분석-영어를 중심으로-」, 금오공과대학교 교육대학원 석사학위논문.

이희자(1995), 「현대 국어 관용구의 결합 관계 고찰」, 『대동문화연구』 30, 성균관대학교 대동문화연구원.

______(2003), 「'관용표현'의 사전학적 연구」, 『국어학』 41, 국어학회.

임근석(2006), 「한국어 연어 연구」, 서울대학교 박사학위논문.

임지룡(1993), 「원형이론과 의미의 범주화」, 『국어학』 23, 국어학회.

______(1995a), 「은유의 인지적 의미특성」, 『계명대 한국학논집』 22, 계명대학교 한국학연구소.

______(1995b), 「환유의 인지적 의미특성」, 『경북대 국어교육연구』 27, 국어교육연구회.

______(1996), 「은유의 인지언어학적 의미분석」, 『경북대 국어교육연구』 28, 국어교육연구회.

______(1997), 『인지의미론』, 탑출판사.

______(1999), 「감정의 생리적 반응에 대한 언어화 양상」, 『담화와 인지』 6-2, 담화인지언어학회.

______(2000), 「Gilles Fauconnier: 정신공간 이론」, 『인지언어학』, 한국문화사.

______(2001), 「기본 감정 표현의 은유화 양상 연구」, 『한국어학』 17, 한국어학회.

______(2005), 「감정의 색채 반응 양상」, 『담화와 인지』 12-3, 담화인지언어학회.

______(2006a), 「개념적 은유에 대하여」, 『제18차 전국 학술 발표대회 발표 요지집』, 한국어 의미학회.

______(2006b), 「개념적 은유에 대하여」, 『한국어 의미학』 20, 한국어 의미학회.

______(2006c), 「환유 표현의 의미특성」, 『인문논총』 55, 서울대학교 인문대학.

______(2006d), 『말하는 몸』, 한국문화사.

임지룡 외 역(2004), 『인지언어학 키워드 사전』, 한국문화사.

임지룡 · 김동환 역(2006), 『은유와 영상도식』, 한국문화사.(M. Sandra Peña(2003), Topology and Cognition: What Image-schemas Reveal about the Metaphorical Language of Emotions, Lincom Europa.)

임혜원(2001), 「한국어 '말'의 은유」, 『한말 연구』 8, 한말연구학회.

______(2003), 「공간 개념의 은유적 확장 연구」, 상명대학교 박사학위논문.

______(2004), 『공간 개념의 은유적 확장』, 한국문화사.

장세경 · 장경희(1990), 「국어 관용어에 관한 연구 : 정서 표현을 중심으로」, 『한국학논집』 25, 한양대학교 한국학연구소.

전태현(2002), 「기사문의 문법적 은유에 관한 연구」, 『외국어교육연구논집』 16, 한국 외국어대학교 외국어교육연구소.

전혜영(1997), 「여성관련 은유 표현에 대한 연구」, 『이화어문논집』 15, 이화여자대학교 한국어문학연구소.

______(2005), 「연어 구성에 나타난 남녀 은유의 양상」, 『여성학논집』 22-1, 이화여자대학교 한국여성연구원.

정수진(2002), 「국어 상용어구의 의미구성 연구」, 『담화와 인지』 9-2, 담화인지언어학회.

정옥주(1985), 「한국어 관용어 연구」, 고려대학교 석사학위논문.

정원용(1997), 「언어적 의미와 초언어적 의미-은유적 의미의 탐색(1)-」, 『경성대학교 논문집』 18-2, 경성대학교.

______(1988), 「은유의 생성과 해석에 관한 연구」, 동아대학교 박사학위논문.

______(1996), 『은유와 환유』, 신지서원

정희자(1999a), 「삶으로서의 은유」, 『외대논총』 19-3, 부산외국어대학교.

______(1999b), 「삶과 환유」, 『외대논총』 19-4, 부산외국어대학교.

______(2000), 「은유와 환유의 상호작용」, 『외대어문논집』 18, 부산외국어대학교.

______(2004), 『담화와 비유어』, 한국문화사.

조명원 · 나익주 역(1997), 『인지언어학이란 무엇인가 : 언어학과 원형 이론』, 한국문화사.

조석종(1981), 「통사와 연어」, 『경기대학 논문집』 9, 경기대학교.

조윤경(2005), 「한국어교육에서의 관용어 평가 방안 연구」, 한국외국어대학교 석사학위논문.

지경숙(1999), 「국어 관용어의 의미론적 연구」, 서울여자대학교 석사학위논문.

최경봉(1994), 「관용어의 의미구조」, 『어문논집』 33, 민족어문학회.

______(1995), 「국어 사전에서의 관용적 표현의 처리문제」, 『한남어문학』 20, 한남대학교.

______(1998), 『국어 명사의 의미 연구』, 태학사.

______(1999), 「단어 의미의 구성과 의미 확장 원리」, 『한국어학』 9, 한국어학회.

______(2000), 「관용어의 구성 형식과 의미 구조」, 『한국언어문학』 45, 한국언어문학회.

최명란(1997), 「영어의 개념적 은유에 관한 연구」, 부산대학교 석사학위논문.

최상진(1999), 「문장의미 구성요소의 의미관계에 대하여」, 『어문연구』 103, 한국어문교육연구회.

최지훈(1999), 「전의(轉義)합성명사의 인지의미론적 연구」, 이화여자대학교 석사학위논문.

최진희(2004), 「인지문법에서의 관용어 분석 : hand를 중심으로」, 연세대학교 석사학위논문.

최호철 외(2005), 『학위 논문의 국어 의미 연구 경향』 1, 월인.

한정한(1991), 「국어 비유어 연구」, 고려대학교 석사학위논문.

홍기선(1998), 「한국어 관용어구와 논항구조」, 『어학연구』 34-3, 서울대학교 어학연구소.

홍재성(1999), 「21세기 세종 계획 전자 사전 개발분과」, 문화관광부.

______(2000), 「21세기 세종 계획 전자 사전 개발」, 문화관광부.

______(2001), 「21세기 세종 계획 전자 사전 개발분과」, 문화관광부.

______(2002), 「21세기 세종 계획 전자 사전 개발분과」, 문화관광부.

______(2003), 「21세기 세종 계획 전자 사전 개발」, 문화관광부.

______(2004), 「21세기 세종 계획 전자 사전 개발」, 문화관광부.

황수미(1994), 「국어 관용어의 의미론적 고찰」, 고려대학교 석사학위논문.

Aitchison, J.(1994), 'Understanding words', In Brown, G.et al. (eds.), *Language and Understanding*, Oxford: Oxford University Press.

Aitchison, J.(1987/2003), *Words in the Mind: An Introduction to Mental Lexicon*, Oxford: Basil Blackwell(임지룡·윤희수 옮김(1993), 『심리언어학 : 머릿속 어휘사전의 신비를 찾아서』, 경북대학교 출판부).

Barcelona, A.(ed.)(2000), *Metaphor and Metonymy at the Crossroads*, Berlin·New York: Mouton de Gruyter.

Barcelona, A.(2001), 'On the Systemic Contrastive Analysis of Conceptual Metaphors: Case Studies and Proposed Methodology'. In Martin Pütz, S.Niemeier & R.Dirven(eds),

Language Pedagogy. Cognitive Linguistics Research 11, New York: Muton de Gruyter.

Cacciari & Glucksberg(1994), 'Understanding figurative language', In M. A. ernsbacher(ed.), Handbook of Psycholinguistics, San Diego: Academic Press.

Craft, W.(1993), 'The role of domains in the interpretation of metaphors and metonymies', Cognitive Linguistics 4-4.

Chafe, W.(1970), *Meaning and the structure of language*, Chicago: University of Chicago Press.

Darmesteter, Arsène(1886), *La vie des mots*, Paris: Delagrave(최석규 역(1963), 『낱말의 생태』, 대한교과서).

Dirven R. and Pörings R.(eds.)(2002), *Metaphor and Metonymy in Comparision and Contrast*, Berlin · New York: Mouton de Gruyter.

Ekman, P. & R. W. Levenson & W. V. Feiesen(1983), 'Autonomic nervous activity distinguishes among emotions', Science 221.

Everaert. M. Linden. E. Schenk. A. Schrender, Reds(1995), *Idioms : Structural and psychological Perspective*, L. Erlbaum Associates.

Fauconnier & Turner(1994), 'Conceptual projection and middle spaces', UCSD Cognitive science technical report 9401, San Diego.

Fernando, C.(1996), *Idioms and Idiomaticity*, Oxford: Oxford University Press.

Francisco José Ruiz de Mendoza Ibánez(2000), 'The role of mappings and domains in understanding metonymy', In Barcelona, ed., *Metaphor and Metonymy at the Crossroads*, Berlin · New York: Mouton de Gruyter.

Gibbs(1994), *The Poetics of Mind*, Cambridge University Press(나익주 역(2003), 『마음의 시학 : 비유적 사고 · 언어 · 이해』, 한국문화사).

Gibbs(1997), 'Metaphor in idiom comprehension', Journal of memory and language 37-1.

Gibbs & Nayak(1989), 'Psycholinguistic Studies on the Syntactic Behavior of Idioms', Cognitive psychology 21.

Gibbs & Nayak(1991), 'Why idioms mean what they do', Journal of experimental psychology: General 120-1.

Gibbs, Nayak, Bolton & Keppel(1989), 'Speakeks' assumptions about the lexical flexibility of idioms', Memory & Cognition 17.

Gibbs & O'brien(1990), 'Idioms and mental imagery', Cognition 36.

Glucksberg(1993), 'How metaphors work', In Ortony, A.(ed.), Cambridge University Press.

Goatly, A.(1997), *The Language of Metaphor*, London and New York: Routledge.

Goossens(1990), 'Metaphonymy: the interaction of metaphor and metonymy in expressions for linguistic action', Cognitive Linguistics 1-3.

Heine, B., Claudi, U., and Hünnemeyer, F.(1991), *Grammaticalization: A Conceptual Framework*, Chicago and London: The University of Chicago Press.

Johnson, M.(1987), *The Body in the Mind*, Chicago and London: The University of Chicago Press(이기우 옮김(1992), 『마음 속의 몸』, 서울: 한국문화사/ 노양진 옮김(2000), 『마음 속의 몸』, 철학과 현실사).

John R. Taylor(2002), *Cognitive Grammar*, Oxford: Oxford University Press(임지룡·김동환 옮김(2005), 『인지문법』, 한국문화사).

Klaus-Uwe Panther and Günter Radden.(eds.)(1999), *Metonymy in Language and Thought*, Amsterdam/Philadelphia: John Benjamins Publishing Company.

Kövecses, Z.(1986), *Metaphor of Anger, Pride, and Love: A Lexical Approach to the study of Concepts*, Amsterdam: John Benjamins.

Kövecses, Z.(2002), *Metaphor: A Practical Introduction*, Oxford·New York: Mouton de Gruyter (이정화 외 공역(2003), 『실용입문서 은유』, 한국문화사).

Kövecses, Z. & G. Radden(1998), 'Metonymy: Developing a cognitive linguistic view', Cognitive Linguistics 9-1.

Lakoff, G.(1987), *Women, Fire, and Dangerous Things*, Chicago: The University of Chicago Press(이기우 옮김(1994), 『인지의미론』, 한국문화사).

Lakoff, G. and Johnson, M.(1980/2003), *Metaphor We Live By*, Chicago and London: The University of Chicago Press(노양진·나익주 옮김(1995), 『삶으로서의 은유』, 서광사/ 노양진·나익주 역(2006), 『삶으로서의 은유(수정판)』, 박이정).

Lakoff, G. and Johnson, M.(1999), *Philosophy in the Flesh: The Embodies Mind and Its Challenge to Western Thought*, New York: Basic Books(임지룡·윤희수·노양진·나익주 공역(2002), 『몸의 철학 : 신체화 된 마음의 서구 사상에 대한 도전』, 박이정).

Lakoff, G. and Kövecses, Z.(1987), 'The Cognitive Model of Anger Inherent in American English', In D. Holland and N. Quinn(eds.), Cultural Models in Language and Thought, 195-221. Cambridge·New York: Cambridge University Press.

Lakoff, G. and Turner, M.(1989), *More Than Cool Reason: A Field Guide to Poetic Metaphor*, Chicago : The University of Chicago Press(이기우·양병호 옮김(1996), 『시와 인지』, 한국문화사).

Langacker(1991), *Foundation of Cognitive Grammar Vol. II*, Stanford University Press(김종도 옮김(1998), 『인지 문법의 토대 II』, 박이정).

Langacker(2002), *Image, Concept, and Symbol : The Cognitive Basis of Grammar*, 2nd ed.,

Mouton de Gruyter(나익주 역(2005), 『개념·영상·상징―문법의 인지적 토대』, 박이정)

Lipka(1988,1990), 'Metaphor and Metonymy as Productive Processes on level of the Lexicon', In Bahner, w. et al.(eds), Processing of the XIV the ICL. Berlin: Akademic-verlag.

Nayak & Gibbs(1990), 'Conceptual Knowledge in the Interpretation of Idioms', Journal of Experimental Psychology: General 119.

Nunberg, G.(1978), 'The Pragmatics of Reference', In Ortony, A. ed., Metaphor and Thought, Cambridge: Cambridge University Press.

Numberg, G., Ivan A. Sag & T. Wason(1994), 'Idioms', Language 170-3, Standford University.

Ortony, Andrew, ed.(1979/1993), *Metaphor and Thought*, 2nd ed., Cambridge: Cambridge University Press.

Radden, G(2000), 'How metonymic are metaphor?', In Barcelona, ed., *Metaphor and Metonymy at the Crossroads*, Berlin · New York: Mouton de Gruyter.

Radden, G and Kövecses, Z.(1999), 'Towards a Theory of Metonymy', In Klaus-Uwe Panther and Günter Radden, (eds.), *Metonymy in Language and Thought*, Amsterdam/Philadelphia: John Benjamins Publishing Company.

Raymond W. Gibbs(1994), *The Poetics of Mind*, Cambridge University Press(나익주 역(2003), 『마음의 시학』, 한국문화사).

Reddy, M.(1979), 'The Conduit Metaphor', In Metaphor and Thought, 1st ed. Andrew Ortony, Cambridge University Press.

Ruiz de Mendoza, Francisco(1997), 'Metaphor, metonymy, and conceptual interaction', Atlantis 19-1.

Ruiz de Mendoza, Francisco(2000), 'The role of mappings and domains in understanding metonymy', In Barcelona, ed., *Metaphor and Metonymy at the Crossroads*, Berlin · New York: Mouton de Gruyter.

Taylor, J. R.(1989), *Linguistic Categorization, Prototypes in Linguistic Theory*, Oxford: Clarendon Paperbacks.

Ungerer, F. & Schmid, H-J.(1996), *An Introduction to Cognitive Linguistics*, London & New York: Longman(임지룡·김동환 옮김(1998), 『인지언어학 개론』, 태학사).

Ungerer, F(2000), 'Muted metaphora and the activation of metonymies in advertising', In *Metaphor and Metonymy at the Crossroads*, ed. Berlin · New York: Mouton de Gruyter.

부록 : 관용구 목록

은유가 작용한 관용구

가마를 태우다	갈림길에 서다
가슴에 멍이 들다	거리가 멀다
가슴에 못을 박다	거리가 있다
가슴에 못이 박히다	거리를 두다
가슴에 새기다	거리를 좁히다
가슴에 품다(간직하다)	게거품을 물다
가슴에 품다(좋아하다)	게거품을 흘리다
가슴에 피멍이 들다	경종을 울리다
가슴에/로 파고들다	경치가 좋다
가슴에서 불이 나다	계단을 밟아가다
가슴에서 불이 일다	고개를 들다
가슴에서 천불이 나다	고개를 쳐들다
가시가 돋다	고삐가 끊기다
가시가 돋치다	고삐가 잡히다
가시가 박히다	고삐가 풀리다
가시를 품다	고삐가 풀어지다
가재걸음을 치다	고삐를 늦추다
가지를 자르다	고삐를 당기다
가지를 치다	고삐를 잡다
가지를 치다(갈라지다)	고삐를 잡아채다
가지를 치다(늘어나다)	고삐를 잡히다
가지를 치다(정리하다)	고삐를 죄다
갈 데까지 가다	고삐를 채다

고삐를 풀다	군침이 넘어가다
고사를 지내다	군침이 돌다
고택골로 가다	군침이 흐르다
곤장을 내다	굴레를 벗어나다
곤죽을 만들다	굴레를 쓰다
골로 가다	굴레를 씌우다
골로 보내다	굿을 보다
골수에 맺히다	궤도를 바꾸다
골수에 새기다	궤도를 벗어나다
골이 깊다	궤도를 수정하다
골이 비다	궤도를 이탈하다
공중에 뜨다	궤도에 들어서다
광을 내다	궤도에 오르다
광을 치다	궤도에서 벗어나다
구김살이 없다	귀가 따갑다
구린 데가 있다	귀가 아프다
구린내가 나다	귀가 어둡다
구린내를 내다	귀담아 듣다
구멍을 메우다	귀를 씻다
구멍이 나다	귀를 재우다
구멍이 뚫리다	귀에 닿다
구멍이 많다	귀에 들어가다
구멍이 생기다	귀에 들어오다
구석에 몰리다	귀에 딱지가 앉다
국물도 없다	귀에 못이 박히다
군살을 빼다	귀청을 때리다
군침을 돋우다	귀청을 떼다
군침을 삼키다	귀청을 찢다
군침을 흘리다	귀청이 떨어지다

귀청이 찢어지다	길을 트다
귀청이 터지다	길이 끊기다
귓가에 맴돌다	길이 나다
귓구멍이 넓다	길이 뚫리다
귓구멍이 크다	길이 열리다
귓등으로 흘리다	김을 빼다
귓문이 넓다	김이 나가다
귓전을 때리다	김이 빠지다
귓전을 울리다	김이 새다
그늘에 가리다	깃발을 꽂다
그늘이 지다	깃발을 날리다
그릇이 작다	깃발을 들다
그릇이 크다	깃발을 휘날리다
그물에 걸리다	꼬리가 길다
그물을 던지다	꼬리가 달리다
그물을 치다	꼬리가 드러나다
근처에 가다	꼬리가 밟히다
근처에도 가지 못하다	꼬리가 빠지다
금이 가다	꼬리가 잡히다
급물살을 타다	꼬리를 감추다
급한 불을 끄다	꼬리를 남기다
기둥뿌리가 뽑히다	꼬리를 내리다
기둥뿌리를 뽑다	꼬리를 달다
기름을 끼얹다	꼬리를 대다
기름을 붓다	꼬리를 드러내다
기름을 치다	꼬리를 맞물다
기염을 토하다	꼬리를 물다
길을 닦다	꼬리를 밟다
길을 뚫다	꼬리를 밟히다

꼬리를 붙잡다
꼬리를 빼다
꼬리를 사리다
꼬리를 숨기다
꼬리를 잇다
꼬리를 잡고 늘어지다
꼬리를 잡다
꼬리를 잡히다
꼬리를 치다
꼬리를 흔들다
꼬리에 꼬리를 물다
꼬리표가 달리다
꼬리표가 따라다니다
꼬리표가 붙다
꼬리표를 달다
꼬리표를 떼다
꼬리표를 붙이다
꼭지가 무르다
꽁무니가 길다
꽁무니가 빠지다
꽁무니를 따라다니다
꽁무니를 빼다
꽁무니를 사리다
꽁무니를 쫓아다니다
꽁지가 빠지다
꽃을 피우다
꽃이 피다
꿍짝이 맞다
끈을 붙이다

끈을 잡다
끈이 떨어지다
끈이 붙다
나발을 불다
나사가 빠지다
나사가 풀리다
나사가 풀어지다
나사를 조이다
낙인을 찍다
낙인이 찍히다
낙하산을 타다
낚시를 던지다
낚시에 걸리다
낚싯밥에 걸리다
낚싯밥을 던지다
날개가 돋치다
날개를 펴다
날벼락을 맞다
날벼락이 떨어지다
낮잠을 자다
낯에 똥칠하다
낯에 먹칠하다
낯을 깎다
낯이 깎이다
내리막길에/로 접어들다
내리막길을 가다
내리막길을 걷다
내리막길을 만나다
냄새가 나다

냄새가 풍기다
냄새를 맡다
냄새를 풍기다
냄새를 피우다
냉기가 돌다
널을 뛰다
노래를 부르다
노린내가 나다
노상에 오르다
녹이 슬다
눈 밖에 나다
눈 밖에 벗어나다
눈에 나다
눈에 독이 오르다
눈에 들다
눈에 모가 서다
눈에 모를 세우다
눈에 무엇이 씌다
눈에 뭐가 씌다
눈에 쌍심지가 나다
눈에 쌍심지가 돋다
눈에 쌍심지를 돋우다
눈에 쌍심지를 세우다
눈에 쌍심지를 올리다
눈에 쌍심지를 켜다
눈에 차다
눈에 천불이 나다
눈에 칼을 세우다
눈에 콩깍지가 끼다

눈에 콩깍지가 씌이다
눈을 낮추다
눈이 낮다
눈이 높다
눈이 멀다
눈이 부시다
늑줄을 주다
다리를 건너다
다리를 걸치다
다리를 놓다
다리를 잇다
단물을 빼먹다
단수가 낮다
단수가 높다
담을 쌓다
담을 헐다
담이 높다
담이 얕다
닻을 감다
닻을 내리다
닻을 올리다
닻을 주다
대가 세다
대가 약하다
대문을 열다
대문이 열리다
대박을 터뜨리다
대박이 터지다
대어를 건지다

대어를 낚다	뒤가 꿀리다
대어를 놓치다	뒤가 드러나다
대어를 올리다	뒤가 땡기다
대어를 잡다	뒤가 무사하다
도마 위에 오르다	뒤가 없다
도마 위에 올려놓다	뒤가 저리다
도마 위에 올리다	뒤가 켕기다
도마에 오르다	뒤로 들어가다
도마에 올려놓다	뒤로 물러나다
도마에 올리다	뒤로 물러서다
도장 찍히다(간주되다)	뒤로 빠지다
도장을 찍다(간주하다)	뒤를 거두다
도장을 찍다(빼닮다)	뒤를 노리다
도장을 찍다(성교하다)	뒤를 누르다
독을 올리다	뒤를 다지다
독을 품다	뒤를 달다
독이 오르다	뒤를 대다
동곳을 빼다	뒤를 돌아보다
동태가 되다	뒤를 두다
된방망이를 맞다	뒤를 물다
된벼락을 맞다	뒤를 뭉개다
된불을 맞다	뒤를 밀다
된서리 맞다	뒤를 받치다
된서리를 맞다	뒤를 밟다
두 눈에 불을 켜다	뒤를 밟히다
두 눈에 쌍심지가 나다	뒤를 보다
두 눈에 쌍심지를 켜다	뒤를 보아주다
뒤가 구리다	뒤를 봐주다
뒤가 깨끗하다	뒤를 빼다

뒤를 사리다	뒷손을 쓰다
뒤를 잇다	뒷손이 가다
뒤를 치다	뒷손이 없다
뒤를 캐다	뒷전으로 밀리다
뒤통수를 때리다	등에 업다
뒤통수를 맞다	등에 지다
뒤통수를 얻어맞다	딱지가 덜 떨어지다
뒤통수를 치다	딱지가 떨어지다
뒷걸음을 치다	땅에 떨어뜨리다
뒷구멍으로 들어가다	땅에 떨어지다
뒷구멍을 캐다	때가 묻다
뒷구멍을 파다	때를 벗다
뒷길을 두다	땡을 잡다
뒷다리를 긁다	똥오줌을 못 가리다
뒷다리를 잡다	똥을 밟다
뒷다리를 잡아당기다	똥차가 밀리다
뒷다리를 잡히다	똥칠을 하다
뒷맛이 개운치 못하다	뚜껑이 열리다
뒷맛이 쓰다	뜸을 들이다
뒷머리가 켕기다	뜸이 들다
뒷머리를 때리다	마각을 드러내다
뒷머리를 치다	마각이 드러나다
뒷문으로 드나들다	마른벼락을 맞다
뒷문으로 들어가다	마른벼락이 떨어지다
뒷북을 치다	막을 내리다
뒷손가락질을 하다	막을 열다
뒷손을 내밀다	막을 올리다
뒷손을 벌리다	막이 내리다
뒷손을 보다	막이 열리다

막이 오르다	머릿속에 그리다
막차를 타다	먹칠을 하다
만리장성을 쌓다	멍에를 메다
말뚝을 박다	멍에를 벗기다
맛만 보다	멍에를 벗다
맛을 들이다	멍에를 쓰다
맛을 보다	메기를 잡다
맛을 보이다	메스를 가하다
맛을 붙이다	메스를 대다
맛이 가다	메스를 들다
맛이 나다	메스를 들이대다
맛이 들다	모가지가 날아가다
맛이 붙다	모가지가 달아나다
맛이 쓰다	모가지가 떨어지다
매듭을 짓다	모가지가 붙어있다
매듭을 풀다	모가지가 잘리다
매듭이 풀리다	모가지를 자르다
맥을 짚다	목을 내놓다
머리가 비다	목을 자르다
머리를 들다	목을 조이다
머리를 스치다	목을 죄다
머리를 식히다	목이 걸리다
머리를 짓누르다	목이 날아가다
머리에 그려 넣다	목이 달랑달랑하다
머리에 넣다	목이 달아나다
머리에 들어가다	목이 떨어지다
머리에 들어오다	목이 마르다
머리에 떠오르다	목이 잘리다
머리에 새겨 넣다	몸살을 앓다

몸에 배다
몸을 담다
몸을 두다
몸을 빼다
몸이 비지 않다
못을 박다
못이 박히다
묘혈을 파다
무게가 있다
무게가 잡히다
무게를 잡다
무덤을 파다
묵사발을 만들다
묵사발이 되다
묵주머니가 되다
묵주머니를 만들다
문을 닫다
문을 두드리다
문을 열다
문이 열리다
문턱에 들어서다
문턱을 낮추다
문턱을 넘다
문턱을 넘어서다
문턱을 높이다
문턱이 낮다
문턱이 높다
물갈이를 하다
물거품으로 돌아가다

물결을 타다
물을 갈다
물을 들이다
물이 들다
물이 오르다
물이 좋다
미끼를 던지다
미끼를 뿌리다
미끼를 삼다
밑바닥에 깔다
밑바닥에 깔리다
밑바닥을 기다
밑바닥을 드러내다
밑바닥이 드러나다
밑에 깔다
밑에 깔리다
밑에 들다
밑을 드러내다
밑이 드러나다
밑이 안 보이다
바가지를 긁다
바가지를 긁히다
바닥에 깔다
바닥에 깔리다
바닥에 떨어지다
바닥을 긁다
바닥을 기다
바닥을 내다
바닥을 드러내다

바닥을 맴돌다
바닥을 보다
바닥을 보이다
비닥을 짚다
바닥을 치다
바닥이 나다
바닥이 드러나다
바닥이 보이다
바람을 넣다
바람을 일으키다
바람이 나가다
바람이 들다
바람이 불다
바람이 일다
바통을 넘기다
바통을 받다
바통을 이어받다
박이 터지다
발길에 차이다
발꿈치를 물다
발꿈치를 물리다
발동이 걸리다
발뒤꿈치를 물리다
발뒤축을 물다
발뒤축을 물리다
발아래로 보다
발아래에도 못 가다
발을 들여놓다
발을 들이다

발을 디디다
발을 빼다
발톱을 숨기다
밥을 주다
방아를 찧다
밭이 다르다
배가 차다
배를 불리다
배를 채우다
뱃속을 채우다
뱃속이 검다
뱃속이 까맣다
뱃속이 새까맣다
뱃속이 시커멓다
번지수가 다르다
번지수가 틀리다
번지수를 잘못 찾다
벌집을 건드리다
벌집을 들쑤시다
벌집을 쑤시다
벌통을 건드리다
벌통을 쑤시다
법집을 쑤셔놓다
베일에 가리다
베일에 감추어지다
베일에 싸이다
베일을 벗기다
베일을 벗다
벼락을 맞다

벼락이 내리다
벼락이 떨어지다
벼락이 치다
벼랑 끝에 몰리다
벼랑 끝에 서다
벽에 부닥치다
벽에 부딪치다
벽을 깨다
벽을 넘다
벽을 쌓다
벽을 없애다
벽을 치다
벽을 허물다
벽이 쌓이다
벽이 없다
벽이 있다
변죽을 울리다
변죽을 치다
별을 달다
복병을 만나다
복장을 뒤집다
복장이 뒤집히다
봉을 잡다
봉화를 올리다
부도수표를 날리다
부도수표를 남발하다
불꽃을 튀기다
불꽃이 튀다
불똥이 번지다

불똥이 튀다
불씨가 꺼지지 않다
불씨가 되다
불을 끄다
불을 당기다
불을 받다
불을 붙이다
불을 뿜다
불을 사르다
불을 잡다
불을 지르다
불이 꺼지다
불이 나다
불이 붙다
불장난을 벌이다
불집을 건드리다
불집을 내다
불티가 나다
붓방아를 찧다
브레이크가 걸리다
브레이크를 걸다
비린내가 나다
비행기를 태우다
빗장을 걸다
빗장을 닫다
빗장을 열다
빗장을 지르다
빛을 내다
빛을 발하다

빛을 보다	살을 찌우다
빛을 잃다	삼수갑산에 가다
빛이 나다	새끼를 치다
빛이 바래다	새싹을 틔우다
빛이 보이다	새싹이 트다
빛이 없다	색깔이 있다
빨간불이 켜지다	서광이 비치다
뿌리가 깊다	서리를 맞다
뿌리가 뽑히다	서리를 이다
뿌리가 없다	서릿발을 맞다
뿌리를 내리다	서막을 올리다
뿌리를 다지다	서막이 오르다
뿌리를 박다	선을 긋다
뿌리를 빼다	선을 넘다
뿌리를 뽑다	선을 대다
뿌리를 자르다	선이 가늘다
뿌리를 캐다	선이 굵다
뿌리째 뽑다	선이 닿다
사개가 맞다	세상을 떠나다
산통을 깨다	세상을 뜨다
살얼음 위를 걷다	속을 긁다
살얼음을 디디다	속을 끓이다
살얼음을 밟다	속을 뒤집다
살얼음이 얼다	속을 떠보다
살얼음이 잡히다	속을 말리다
살얼음판을 걷다	속을 빼놓다
살얼음판을 딛다	속을 태우다
살얼음판을 밟다	속이 검다
살을 붙이다	속이 깊다

속이 끓다	시동을 걸다
속이 넓다	시침을 따다
속이 달다	시침을 떼다
속이 뒤집히다	시험대에 오르다
속이 들다	시험대에 올리다
속이 비다	십자가를 메다
속이 좁다	십자가를 지다
속이 차다	십자가를 지우다
속이 타다	싸가지가 없다
속이 터지다	싹도 없다
손바닥에 못이 박히다	싹수가 노랗다
손아래에 굴리다	싹수가 보이지 않다
손아래에 넣다	싹수가 없다
손이 닿다	싹을 꺾다
수면 아래로 가라앉다	싹을 밟다
수면 위로 떠오르다	싹을 자르다
수술대에 오르다	싹을 키우다
수술대에 올리다	싹을 틔우다
수판알을 튀기다	싹이 꺾이다
수판알을 튕기다	싹이 노랗다
수판을 놓다	싹이 잘리다
수혈을 받다	싹이 트다
술도가에 빠뜨리다	쐐기를 박다
술도가에 빠지다	쐐기를 치다
술독에 빠뜨리다	쓴맛 단맛 다 보다
술독에 빠지다	쓴맛 단맛 다 보이다
숨구멍을 트다	쓴맛을 보다
숨구멍이 트이다	쓴맛을 보이다
숨통을 조이다	쓴입을 다시다

씨가 마르다(동물)	앞을 닦다
씨가 마르다(식물)	앞을 보지 못하다
씨를 말리다	앞이 깜깜하다
씨를 뿌리다	앞이 꿀리다
씨앗을 뿌리다	앞이 창창하다
아귀가 맞다	앞이 캄캄하다
아귀를 맞추다	약효가 떨어지다
안개에 싸이다	약효를 잃다
알을 까다	어깨가 가볍다
앙금이 남다	어깨가 무겁다
앞 방석을 차지하다	어깨를 짓누르다
앞길을 막다	어깨에 걸머지다
앞길이 구만리이다	어깨에 지다
앞길이 막막하다	어깨에 짊어지다
앞길이 멀다	억장을 뒤집다
앞날이 깜깜하다	억장을 무너뜨리다
앞날이 막막하다	억장이 뒤집히다
앞날이 창창하다	억장이 무너지다
앞뒤가 다르다	얼굴에 똥물을 끼얹다
앞뒤가 막히다	얼굴에 똥칠하다
앞뒤가 맞다	얼굴에 먹칠하다
앞뒤를 가리지 않다	얼굴에 쓰여 있다
앞뒤를 재다	얼굴을 고치다
앞뒤를 헤아리다	얼굴을 깎다
앞에 내세우다	얼굴이 피다
앞에 놓다	엇길로 나가다
앞을 가리다	엇길로 들어서다
앞을 내다보다	연막을 뿌리다
앞을 다투다	연막을 치다

연막을 피우다	올가미를 조이다
열기가 식다	운을 달다
열기가 오르다	운을 떼다
열기를 뿜다	운자를 떼다
열매가 맺히다	울타리를 벗어나다
열매를 맺다	울타리를 치다
열병을 앓다	움을 지르다
열불이 나다	움을 틔우다
열쇠를 쥐다	움이 트다
열에 뜨다	원점으로 돌아가다
열에 받히다	월척을 건지다
열을 내다	월척을 낚다
열을 받다	유명을 달리하다
열을 식히다	이가 맞다
열을 올리다	이승을 떠나다
열이 나다	인을 찍다
열이 뻗치다	일침을 놓다
열이 식다	임자를 만나다
열이 오르다	입 밖에 내다
열풍이 불다	입 안에서 뱅뱅 돌다
엿가락을 늘이다	입맛에 맞다
영화를 찍다	입맛을 다시다
옆길로 빠지다	입맛을 붙이다
옆길로 새다	입맛이 당기다
옆으로 빠지다	입맛이 떨어지다
오지랖을 넓히다	입맛이 돋다
오지랖이 넓다	입맛이 붙다
올가미를 놓다	입맛이 쓰다
올가미를 씌우다	입맛이 씁쓸하다

입밖에/로 꺼내다	잡음이 나다
입밖에/로 내다	잡음이 생기다
입밖으로 나오다	잡음이 일다
입밖으로 내다	장단을 맞추다
입밖으로 뱉다	장단이 맞다
입밖으로 새어나오다	재갈을 물리다
입밖으로 튀어나오다	쟁북을 맞추다
입방아를 찧다	저승에 가다
입방아에 오르다	저승으로 보내다
입에 달라붙다	저울질 하다
입에 담다	적신호가 켜지다
입에 담지 못하다	적신호를 울리다
입에 맞다	전기가 통하다
입에 발리다	전철을 밟다
입에 붙다	정상에 우뚝 서다
입에 오르내리다	젖내가 나다
입에 올리다	젖내가 풍기다
입에 자물쇠를 채우다	젖내를 풍기다
입에 짝짝 붙다	젖비린내가 나다
입을 씻다	젖비린내가 풍기다
입이 가볍다	제 궤도에 올라서다
입이 궁금하다	제 무덤을 파다
자기 무덤을 파다	제동을 걸다
자라목이 되다	제동이 걸리다
자로 재다	제사를 지내다
잠에서 깨어나다	제자리걸음을 하다
잠을 자다	족쇄를 채우다
잠을 재우다	족쇄를 풀다
잠이 들다(잊혀지다)	종지부가 찍히다

종지부를 찍다
주가가 떨어지다
주가가 오르다
주가가 올라가다
주가를 올리다
주둥아리가 가볍다
주둥아리가 싸다
주둥아리를 놀리다
주둥이가 가볍다
주둥이가 싸다
주둥이를 놀리다
주둥이만 살다
주사위가 던져지다
주사위를 던지다
주인을 만나다
주판알을 굴리다
주판알을 놓다
주판알을 튀기다
주판을 놓다
주판을 튕기다
죽사발을 만들다
죽사발이 되다
죽을 쑤다
줄다리기를 벌이다
줄을 놓다
줄을 대다
줄을 잡다
줄을 타다
줄이 닿다

줄이 없다
줄이 있다
쥐약을 먹이다
쥐약을 뿌리다
지도를 그리다
지옥에 가다
지하로 들어가다
지하에 묻히다
지하에 숨다
진을 빼다
진을 치다
진이 떨어지다
진이 빠지다
짐을 덜다
짐을 벗기다
짐을 벗다
짐을 지다
짐을 지우다
집중사격을 맞다
짬밥을 먹다(사회)
쪽박을 깨다
찜 쪄 먹다
찬물을 끼얹다
찬바람을 맞다
찬바람을 일으키다
찬바람이 나다
찬바람이 돌다
찬바람이 불다
찬바람이 일다

천당에 가다
천불이 나다
천지가 진동하다
천지를 진동하다
철퇴를 가하다
철퇴를 내리다
철퇴를 맞다
첫 단추를 끼우다
첫 단추를 잘못 끼우다
첫 삽을 들다
첫 삽을 뜨다
첫걸음마를 내디디다
첫걸음마를 떼다
첫걸음마를 타다
첫걸음을 내디디다
첫걸음을 떼다
첫발을 내디디다
첫발을 내딛다
첫발을 들이다
첫발을 디디다
첫발을 떼다
첫삽을 뜨다
첫선을 보이다
청사진을 그리다
청신호가 켜지다
쳇바퀴 돌다
초를 치다
촉각을 곤두세우다
촉수를 뻗치다

총대를 메다
침을 삼키다
침을 흘리다
칼을 갈다
칼을 대다(사회)
칼을 들이대다
칼을 맞다
칼을 먹이다
칼을 빼 들다
칼을 빼다
칼을 뽑다
칼을 품다
칼을 휘두르다
칼자루를 잡다
칼자루를 쥐다
코가 꿰이다
코너로 몰다
코너로 몰리다
코너에 몰다
코를 꿰다
코를 찌르다
코방아 찧다
콩가루가 되다
쿵짝이 맞다
키를 잡다
키를 쥐다
탄력을 받다
태엽이 풀리다
태풍을 일으키다

턱걸이를 하다	하늘나라로 가다
테이블에 오르다	하늘을 찌르다
테이블에 올리다	학을 떼다
토를 달다	학질을 떼다
토를 붙이다	한 다리를 걸치다
통이 작다	한 발짝 더 나아가다
통이 크다	한 발짝 물러서다
틀에 맞추다	한 배를 타다
틀에 박히다	한 우물을 파다
틀이 잡히다	한 획을 긋다
파김치가 되다	한걸음 더 나아가다
파란불이 켜지다	한발 물러서다
판에 박다	한발 앞서다
판에 박히다	한술 더 뜨다
판을 깨다	햇빛을 보다
판을 뒤집다	허공에 뜨다
판을 쓸다	허를 찌르다
판을 짜다	허를 찔리다
판을 치다	혀끝에 오르내리다
펑크가 나다	호흡을 같이하다
평행선을 긋다	호흡을 맞추다
평행선을 달리다	호흡이 맞다
평행선을 이루다	홍수를 이루다
폐부에 새기다	홍역을 앓다
피가 끓다	홍역을 치르다
피를 빨다	홍콩에 가다
피를 빨아 먹다	화살을 돌리다
필름이 끊기다	화살을 맞다
필름이 끊어지다	화살이 쏟아지다

화살이 향하다	획을 긋다
황천에 가다	흑백을 가리다
황천으로 가다	히트를 치다
황천으로 보내다	

환유가 작용한 관용구

가슴을 쓰다듬다	간덩이가 붓다
가슴을 쓸어내리다	간덩이를 키우다
가슴을 죄다	간땡이가 붓다
가슴을 쥐어뜯다	간땡이가 크다
가슴을 치다	간땡이를 키우다
가슴을 펴다	간을 졸이다
가슴이 넓다	간이 덜렁하다
가슴이 따뜻하다	간이 덜컹하다
가슴이 뜨겁다	간이 떨리다
가슴이 뜨끔하다	간이 떨어지다
가슴이 막히다	간이 마르다
가슴이 서늘하다	간이 벌름거리다
가슴이 쓰리다	간이 붓다
가슴이 아프다	간이 서늘하다
가슴이 울렁거리다	간이 오그라들다
가슴이 저리다	간이 작다
가슴이 철렁하다	간이 철렁하다
가슴이 콩닥거리다	간이 크다
가슴이 콩알만해지다	간판을 걸다
가위질을 하다	간판을 내리다
가위질이 가해지다	감옥밥을 먹다
간담이 서늘하다	감투를 벗다

감투를 쓰다	골이 저리다
감투를 씌우다	골치가 아프다
강단에 서다	관복을 벗다
거리에 나앉다	교단에 서다
거품을 물다	교문을 나서다
거품을 품다	교편을 놓다
걸음이 가볍다	교편을 잡다
걸음이 무겁다	구역질이 나다
계집을 보다	국수를 먹다
고개 하나 까딱하지 않다	국수를 먹이다
고개가 수그러지다	군대 밥을 먹다
고개가 숙여지다	군복을 벗다
고개를 갸우뚱거리다	군복을 입다
고개를 갸웃거리다	궁둥이가 가볍다
고개를 끄덕이다	궁둥이가 무겁다
고개를 내밀다	궁둥이가 질기다
고개를 돌리다	궁둥이에 좀이 쑤시다
고개를 들다	귀가 솔리다
고개를 디밀다	귀를 기울이다
고개를 떨구다	귀밑머리를 올리다
고개를 못 들다	귀밑머리를 풀다
고개를 빳빳이 들다	금배지를 달다
고개를 수그리다	기름땀을 짜다
고개를 숙이다	기름땀을 흘리다
고개를 젓다	길거리에 나앉다
고개를 조아리다	길바닥에 나앉다
고개를 흔들다	깡통을 차다
고개에 힘을 주다	나라밥을 먹다
골머리를 앓다	낯 뜨겁다

낯을 돌리다
낯을 들다
낯을 들지 못하다
낯을 못 들다
낯을 보다
낯을 붉히다
낯을 세우다
낯이 간지럽다
낯이 넓다
낯이 뜨겁다
네 활개를 치다
눈 딱 감아 주다
눈 하나 깜짝하지 않다
눈감아 주다
눈깔을 곤두세우다
눈깔을 부라리다
눈깔이 곤두서다
눈깔이 나오다
눈깔이 뒤집히다
눈깔이 삐다
눈도 까딱하지 않다
눈도 깜짝하지 않다
눈도 꿈쩍하지 않다
눈동자가 풀리다
눈물을 삼키다
눈물을 짜내다
눈물을 짜다
눈방울을 굴리다
눈살을 찌푸리다

눈살을 펼 새 없다
눈시울을 붉히다
눈시울을 적시다
눈시울이 뜨겁다
눈썹 하나 까딱하지 않다
눈썹도 까딱하지 않다
눈썹도 깜짝하지 않다
눈알을 곤두세우다
눈알을 뒤집다
눈알이 곤두서다
눈알이 까뒤집히다
눈알이 나오다
눈알이 뒤집히다
눈알이 튀어나오다
눈앞이 까맣다
눈앞이 깜깜하다
눈앞이 아찔하다
눈앞이 캄캄하다
눈앞이 환해지다
눈에 보이는 것이 없다
눈에 흙이 들어가다
눈을 가리다
눈을 감다
눈을 곤두세우다
눈을 굴리다
눈을 까뒤집다
눈을 깜박이다
눈을 꿈벅거리다
눈을 뒤집다

눈을 반짝거리다	담이 작다
눈을 번뜩이다	담이 크다
눈을 번쩍이다	대가리가 굳다
눈을 부라리다	대가리가 비다
눈을 부릅뜨다	대가리가 크다
눈을 붙이다	대가리를 굴리다
눈이 곤두서다	대가리를 식히다
눈이 까뒤집히다	대가리를 쓰다
눈이 꺼지다	대가리에 피도 마르지 않다
눈이 돌다	덜미가 잡히다
눈이 돌아가다	덜미를 누르다
눈이 동그래지다	덜미를 눌러놓다
눈이 뒤집히다	덜미를 잡다
눈이 벌겋다	덜미를 잡히다
눈이 빠지다	덜미를 쥐다
눈이 빨갛다	덜미를 짚다
눈이 뻘겋다	덜미를 치다
눈이 시뻘겋다	도장을 받다
눈이 시퍼렇다	도장을 찍다(계약)
눈이 튀어나오다	도장을 찍다(이혼)
눈이 퍼렇다	돈을 만지다
눈이 휘둥그레지다	돈을 뿌리다
눈자위가 꺼지다	돈을 찌르다
다리를 뻗다	동서를 모르다
단두대에 오르다	두 눈 딱 감다
단두대에 올리다	두 눈이 번쩍 뜨이다
닭살이 돋다(무섭다)	두 눈이 휘둥그레지다
닭살이 돋다(역겹다)	두 다리를 쭉 뻗다
담 구멍을 뚫다	두 무릎을 꿇다

두 무릎을 꿇리다

두 무릎을 마주하다

두 발을 뻗다

두 발을 펴다

두 손 두 발 다 들다

두 손을 들다

두 주머니를 차다

두드러기가 나다

뒤로 나가떨어지다

뒤로 나자빠지다

뒷덜미가 잡히다

뒷덜미를 잡다

뒷짐만 지고 있다

들숨 날숨 없다

등골이 서늘하다

등골이 서늘해지다

등골이 오싹하다

등살이 꼿꼿하다

등살이 바르다

등에 식은땀이 나다

등에 식은땀이 흐르다

등이 휘다

등짝이 서늘하다

딴 주머니를 차다

땀을 빼다

땀을 뽑다

땀을 쏟다

땀을 흘리다

땀이 나다

땀이 빠지다

땅을 치다

땅을 파다

땅을 파먹다

똥구멍이 째지다

똥끝이 타다

똥끝이 타들어가다

똥줄이 나다

똥줄이 당기다

똥줄이 빠지다

똥줄이 타다

똥집이 무겁다

뚜껑을 벗기다

마당을 빌리다

마른침을 삼키다

매를 들다

맨발을 벗다

머리가 가볍다

머리가 무겁다

머리가 빠지다

머리가 수그러지다

머리가 숙여지다

머리가 아프다

머리를 굽히다

머리를 긁다

머리를 긁적이다

머리를 깎다(감옥)

머리를 깎다(탈속)

머리를 깎이다

머리를 끄덕이다
머리를 내두르다
머리를 내밀다
머리를 들이밀다
머리를 맞대다
머리를 모으다
머리를 못 들다
머리를 숙이다
머리를 싸다
머리를 싸매다
머리를 얹다
머리를 얹히다
머리를 올려 주다
머리를 올리다
머리를 젓다
머리를 조아리다
머리를 흔들다
머리카락이 서다
머리카락이 일어서다
머리칼이 곤두서다
메가폰을 잡다
면사포를 쓰다
면사포를 씌우다
목소리가 낮다
목소리가 높다
목소리가 크다
목소리를 곤두세우다
목소리를 낮추다
목소리를 높이다

목에 핏대가 서다
목에 핏대를 세우다
목에 핏대를 올리다
목에 힘을 주다
목에 힘이 들어가다
목에 힘주다
목을 빼다
목을 세우다
목을 움츠리다
목이 막히다
목이 뻣뻣하다
목이 타다
목젖이 간질간질하다
몸을 꼬다
몸을 떨다
몸을 섞다
몸을 움츠리다
몸이 가볍다
몸이 달다
몸이 달아오르다
몸이 무겁다
몸이 불다
몸이 비비 꼬이다
무대를 밟다
무대에 서다
무대에 오르다
무대에 올리다
무릎을 같이하다
무릎을 꿇다

무릎을 꿇리다	밥숟가락을 놓다
무릎을 마주하다	밥술을 놓다
무릎을 맞대다	밥술이나 뜨다
무릎을 치다	밥알을 세다
문을 닫다	밥을 먹다
뭉칫돈을 찌르다	밥을 축내다
바람을 쏘이다	배가 맞다
바람을 쐬다	배가 아프다
발 뻗고 자다	배꼽을 맞추다
발걸음이 가볍다	배꼽을 빼다
발걸음이 떨어지지 않다	배꼽을 잡다
발걸음이 무겁다	배꼽을 쥐다
발길이 끊이지 않다	배를 내밀다
발길이 떨어지지 않다	배를 두드리다
발길이 무겁다	배를 잡다
발에 차이다	배알이 꼬이다
발에 채다	벤치를 지키다
발을 구르다	보따리를 싸다
발을 끊다	보따리를 풀다
발을 넓히다	봉투를 돌리다
발을 맞추다	분필 가루를 먹다
발을 뻗다	분필가루를 마시다
발을 펴다	붓을 놓다
발이 넓다	붓을 대다
발이 빠르다	붓을 던지다
발이 잦다	붓을 들다
밥만 축내다	붓이 가볍다
밥맛이 떨어지다	붓이 나가다
밥맛이 없다	비위가 좋다

비지땀을 흘리다	손에 꼽다
빈 손이 되다	손에 꼽히다
빨간 줄이 그어지다	손에 땀을 쥐다
뼈를 묻다	손에 손을 잡다
사각모자를 쓰다	손을 거치다
사족을 못 쓰다	손을 걸다
사지를 못 쓰다	손을 꼽다
살을 맞대다	손을 내밀다
살을 섞다	손을 내젓다
상투를 잡다	손을 놓다
상투를 틀다	손을 늦추다
소리가 나다	손을 닦다
소매를 걷다	손을 들다
소매를 걷어붙이다	손을 들어 주다
속니를 갈다	손을 떼다
손 하나 까딱하지 않다	손을 맞잡다
손가락 안에 꼽다	손을 벌리다
손가락에 꼽다	손을 보다
손가락으로 헤아리다	손을 비비다
손가락을 걸다	손을 비우다
손가락을 꼽다	손을 빼다
손가락을 물다	손을 쓰다
손가락을 빨다	손을 씻다
손가락질을 받다	손을 잡다
손끝 하나 까딱하지 않다	손을 적시다
손끝 하나 대지 못하다	손을 젓다
손끝에 물도 하나 튀기지 않다	손을 털다
손때가 묻다	손을 흔들다
손뼉을 치다	손이 가다(먹다)

손이 가다(번거롭다)
손이 근지럽다
손이 근질근질하다
손이 맞다
손이 올라가다
쇠고랑을 차다
쇠고랑을 채우다
수갑을 차다
수갑을 채우다
수건을 던지다
수저를 놓다
수족을 놀리다
술잔을 기울이다
술잔을 나누다
숨도 쉬지 않다
숨도 제대로 쉬지 못하다
숨도 크게 쉬지 못하다
숨을 넘기다
숨을 돌리다
숨을 모으다
숨을 쉬다
숨을 죽이다
숨을 트다
숨이 넘어가다
숨이 막히다
숨이 턱에 닿다
숨이 트이다
식은땀을 흘리다
식은땀이 나다

신물이 나다
심장을 찌르다
심장이 뛰다
쌍수를 들다
쌍수를 쳐들다
아랫배에 힘주다
아미를 숙이다
안면을 바꾸다
안면이 바뀌다
안색을 낮추다
애가 졸다
애드벌룬을 띄우다
어금니를 물다
어금니를 악다물다
어금니를 악물다
어금니를 앙다물다
어깨가 낮아지다
어깨가 늘어지다
어깨가 올라가다
어깨가 움츠러들다
어깨가 으쓱거리다
어깨가 처지다
어깨를 같이하다
어깨를 겨누다
어깨를 겨루다
어깨를 견주다
어깨를 나란히 하다
어깨를 낮추다
어깨를 두들기다

어깨를 들먹이다
어깨를 들이대다
어깨를 들이밀다
어깨를 으쓱거리다
어깨에 힘을 주다
어깨에 힘이 들어가다
어깻죽지가 처지다
언성을 높이다
얼굴 가죽이 두껍다
얼굴빛을 바로잡다
얼굴빛이 바로잡히다
얼굴빛이 변하다
얼굴빛이 붉으락푸르락하다
얼굴에 그늘을 지우다
얼굴에 그늘이 지다
얼굴을 내놓다
얼굴을 내밀다
얼굴을 돌리다
얼굴을 들 수 없다
얼굴을 들다
얼굴을 디밀다
얼굴을 맞대다
얼굴을 보다
얼굴을 붉히다
얼굴을 비치다
얼굴을 찌푸리다
얼굴이 간지럽다
얼굴이 달아오르다
얼굴이 뜨거워지다

얼굴이 뜨겁다
얼굴이 뜨뜻하다
얼굴이 반쪽이 되다
얼굴이 붉어지다
얼굴이 빨갛다
얼굴이 빨개지다
얼굴이 파랗다
얼굴이 파래지다
얼굴이 하얗다
얼굴이 하얘지다
얼굴이 화끈거리다
얼굴이 화끈대다
얼굴이 화끈하다
얼굴이 홧홧거리다
얼음이 박이다
엉덩이가 가볍다
엉덩이가 근질근질하다
엉덩이가 무겁다
엉덩이가 질기다
엉덩이를 뭉개다
엉덩이를 붙이다
연필을 놓다
연필을 들다
옆구리를 찌르다
옆을 보다
오금을 펴다
오금이 굳다
오금이 뜨다
오금이 묶이다

오금이 밀리다
오금이 붙다
오금이 쑤시다
오금이 얼어붙다
오금이 저리다
오줌을 질질 싸다
옥밥을 먹다
옥밥을 먹이다
옷깃을 여미다
옷깃이 여며지다
옷을 벗기다
옷을 벗다
운전대를 놓다
월계관을 쓰다
웨딩드레스를 입다
이가 갈리다
이가 떨리다
이를 갈다
이를 깨물다
이를 떨다
이를 물다
이를 사리물다
이를 악물다
이마를 마주하다
이마를 맞대다
이맛살을 찌푸리다
이빨을 갈다
이빨이 갈리다
입술에 침을 바르다

입술에 침이나 바르다
입술을 깨물다
입술을 악물다
입에 거품을 물다
입에 대다
입에 침을 바르다
입을 내밀다
입을 놀리다
입을 다물다
입을 다물지 못하다
입을 딱 벌리다
입을 떼다
입을 막다
입을 맞추다
입을 모으다
입을 벌리다
입을 뻥끗하다
입을 삐죽이다
입을 열다
입을 틀어막다
입이 가렵다
입이 간지럽다
입이 간질간질하다
입이 근질근질하다
입이 나오다
입이 다물어지지 않다
입이 딱 벌어지다
입이 떨어지다
입이 무겁다

자리에 눕다
자리에 들다
잔뼈가 굳다
잔뼈가 굵다
잔뼈가 굵어지다
잔을 기울이다
잔을 드리다
잔을 비우다
잔을 올리다
잠자리를 같이하다
장을 보다
젖을 떼다
젖이 떨어지다
주름살이 늘어나다
주머니 끈을 조르다
주머니가 가볍다
주머니가 넉넉하다
주머니가 두둑하다
주머니가 든든하다
주머니가 묵직하다
주머니가 비다
주머니를 둘씩 차다
주먹을 불끈 쥐다
주먹이 오고 가다
주먹이 올라가다
지휘봉을 잡다
진땀을 빼다
진땀을 흘리다
진땀이 나다

진땀이 흐르다
짐을 싸다
짐을 풀다
집을 나다
짬밥을 먹다(군대)
쪽박을 들다
쪽박을 차다
첫손가락에 꼽다
첫손가락에 꼽히다
첫손을 꼽다
체머리를 흔들다
초읽기에 들어가다
총부리를 맞대다
총을 잡다
출사표를 던지다
치가 떨리다
치를 떨다
치마폭이 넓다
치맛자락이 넓다
침을 뱉다
침을 튀기다
침이 마르다
칼을 대다
코가 높다
코가 땅에 닿다
코가 삐뚤어지다
코가 시큰하다
코가 우뚝하다
코끝도 보이지 않다

코끝도 볼 수 없다
코끝이 아릿하다
코끝이 찡하다
코를 맞대다
코를 세우다
코를 훌쩍이다(울다)
코를 흘리다(어리다)
코빼기도 나타나지 않다
코빼기도 내밀지 않다
코빼기도 보이지 않다
코빼기도 볼 수 없다
코빼기도 비치지 않다
코허리가 시다
코허리가 시큰하다
콧김이 세다
콧날이 시큰하다
콧날이 시큰해지다
콧날이 찡하다
콧대가 꺾이다
콧대가 높다
콧대가 세다
콧대를 꺾다
콧대를 낮추다
콧대를 누르다
콧대를 세우다
콧등이 시다
콧등이 시큰하다
콧마루가 시큰하다
콧방귀를 뀌다

콩밥 맛을 보다
콩밥 맛을 보이다
콩밥 신세를 지다
콩밥을 드시다
콩밥을 먹다
콩밥을 먹이다
콩밥을 잡수시다
큰소리를 치다
타월을 던지다
파리를 날리다
팔뚝을 걷다
팔뚝을 걷어붙이다
팔소매를 걷어붙이다
팔소매를 걷어올리다
팔을 걷다
팔을 걷어붙이다
팔이 근질근질하다
팔이 올라가다
팔짱만 끼고 있다
팔짱을 끼다
팔짱을 지르다
펜대를 굴리다
펜을 놓다
포문을 열다
표를 던지다
품을 떠나다
피가 거꾸로 돌다
피가 거꾸로 솟다
피가 �겁다

피땀을 흘리다
피똥을 싸다
피를 마시다
피를 묻히다
피를 보다
피리를 불다
핏대가 서다
핏대가 오르다
핏대를 세우다
핏대를 올리다
핏발이 서다
하늘이 깜깜하다
하늘이 노랗다
하늘이 두 쪽이 나다
하늘이 캄캄하다
하늘이 캄캄해지다
한 몸이 되다
한 몸이 아니다
한 손 놓다
한 손 떼다
한 손 접다
한눈 붙이다
한솥밥을 먹다
한숨을 돌리다
한잔 내다
한잔을 하다
허리가 끊어지다

허리를 굽히다
허리를 못 펴다
허리를 잡다
허리를 졸라매다
허리를 펴다
혀가 굳다
혀가 꼬부라지다
혀가 돌다
혀가 돌아가다
혀가 안 돌아가다
혀가 짧다
혀를 굴리다
혀를 깨물다
혀를 내두르다
혀를 내밀다
혀를 놀리다
혀를 두르다
혀를 빼물다
혈색이 돌다
혈압을 높이다
혈압이 오르다
화촉을 밝히다
홰를 치다
휘파람을 불다
흰 눈으로 보다
힘을 주다

은유와 환유가 함께 작용한 관용구(혹은 양쪽으로 해석 가능한 관용구)

가방끈이 길다	눈을 돌리다
가방끈이 짧다	눈이 맞다
가슴을 태우다	눈이 시다
가슴이 뚫리다	눈이 시리다
간에 바람이 들다	된똥 싸다
값을 치르다	두 손 맞잡고 있다
값을 하다	두 활개를 펴다
개화물을 먹다	등을 돌리다
거미줄을 누르다	등을 떠밀다
거미줄을 늘이다	등을 맞대다
거미줄을 치다	등을 보이다
걸음마를 떼다	등을 지다
걸음을 떼다	똥을 싸다
경을 치다	머리가 굵다
골 때리다	먹물을 먹다
골머리가 빠지다	먹물을 팔다
골이 비다	멍석을 깔다
긁어 부스럼을 내다	몸을 던지다
긁어 부스럼이다	몸을 아끼다
꼭뒤를 누르다	무대를 옮기다
꼭뒤를 지르다	바가지를 차다
꼭지를 따다	반기를 들다
끝을 보다	발 붙이다
끝이 보이다	발등을 밟히다
끝이 안 보이다	발로 차다
낯이 넓다	발목을 묶이다

발목을 잡다	손아귀에 넘어가다
발목을 잡히다	손아귀에 넣다
발목을 조이다	손아래에 굴리다
발목이 묶이다	손아래에 넣다
발목이 잡히다	손안에서 주무르다
발을 내딛다	손에 넘어가다
백기를 들다	손에 넣다
봉화를 들다	손에 들어가다
불알 밑이 근질근질하다	손에 들어오다
불알을 긁어주다	손에 떨어지다
붓을 꺾다	손에 잡히다
빈손을 털고 나앉다	손에 쥐다
빈손을 털다	손에서 벗어나다
빈주먹만 들다	손을 놀리다
빈주먹으로 시작하다	손을 대다(겁탈하다)
뼈대가 있다	손을 대다(고치다)
뼈대를 갖추다	손을 대다(관여하다)
뼈만 남다	손을 대다(먹다)
뼈와 살이 되다	손을 뻗치다
산통을 깨다	손이 묶이다
선문을 놓다	손이 미치다
손발을 맞추다	손이 작다
손발을 묶다	손이 잠기다
손발을 얽어 놓다	손이 재다
손발을 얽어매다	손이 크다
손발이 닳도록	수족을 묶다
손발이 따로 놀다	수족이 묶이다
손발이 맞다	앞자락이 넓다
손발이 맞지 않다	양다리를 걸다

양다리를 걸치다	주둥아리를 내밀다
얼굴을 깎다	주둥아리를 막다
얼굴을 세우다	주둥이가 삐죽 나오다
열이 나다	주둥이를 내밀다
열이 오르다	주둥이를 닥치다
옆으로 제쳐 놓다	주둥이를 막다
오금을 박다	주둥이를 한 자나 빼고 있다
오지랖을 넓히다	주리를 틀다
오지랖이 넓다	죽과 장이 맞다
이마에 내 천 자를 그리다	죽이 맞다
이마에 내 천 자를 쓰다	쥐고 흔들다
이마에 팔자를 그리다	쥐었다 폈다 하다
입김을 받다	쪽박을 깨다
입김을 불어 넣다	첫 삽을 뜨다
입김이 세다	첫걸음마를 떼다
입김이 어리다	첫걸음을 내디디다
입만 살다	첫걸음을 떼다
입만 성하다	첫발을 내디디다
입에 게거품을 물다	첫발을 내딛다
입에 풀칠하다	첫발을 들이다
입에서 신물이 나다	첫발을 디디다
입에서 젖내가 나다	첫발을 떼다
입에서 젖비린내가 나다	첫삽을 뜨다
입을 닦다	치도곤을 맞다
입을 봉하다	치도곤을 먹이다
입을 함봉하다	치도곤을 안기다
입이 걸다	코가 높다
입이 높다	코를 빠뜨리다
종(을) 치다	큰 코 다치다

테이프를 끊다	한 꺼풀 벗겨내다
패를 잡다	한 다리 걸치다
포석을 놓다	한 다리 끼다
피가 맺히다	한 손아귀에 주무르다
피가 켕기다	허리가 휘다
피땀이 어리다	허리가 휘청하다
피를 닦다	허리끈을 졸라매다
피를 나누다	허리띠를 끄르다
피를 튀기다	허리띠를 늦추다
피를 흘리다	허리띠를 졸라매다
한 걸음 내딛다	허리띠를 풀다
한 걸음 더 나아가다	활개를 치다
한 귀로 흘리다	활개를 펴다

은유와 환유로 명확히 설명하기 어려운 관용구[1]

가위에 눌리다	겨린을 잡히다
가죽이 두껍다	겨울을 타다
간이 타다	격을 치다
갈비가 휘다	고무신을 거꾸로 신다
갈을 켜다	고패를 빼다
갈을 타다	고패를 숙이다
갈지자를 그리다	고혈을 짜내다
갈피가 안 잡히다	고혈을 짜다
겨냥을 보다	골탕을 먹다
겨린을 잡다	골탕을 먹이다

---

[1] 과장 표현, 속담과 관련이 있거나 변형된 표현, 단순 비유 등이 포함된 부류를 의미한다. '과장법'에 의한 관용구도 용례에 따라서는 환유나 은유에 소속시킬 수도 있으나 명확하지 않은 항목은 여기에 모아 두었다.

꽤가 그르다	등을 달구다
꽤장을 부치다	등을 대다
구름을 잡다	등을 치다
군물이 돌다	등이 닳다
귀가 가렵다	딱지를 놓다
귀가 간지럽다	떡을 치다
귀가 뚫리다	떡이 되다
귀가 뜨이다	똥바가지를 쓰다
귀가 번쩍 뜨이다	똥바가지를 씌우다
귀가 번쩍하다	뜬구름을 잡다
귀가 얇다	물을 먹다(실패하다)
귀가 절벽이다	물을 먹다(종사하다)
귀가 질기다	물을 먹이다
기름기가 돌다	미역국을 먹다
기름기가 흐르다	바가지를 쓰다
기름이 흐르다	바가지를 씌우다
길이 더디다	바람을 맞다
까마귀고기를 먹다	바람을 피우다
깨가 쏟아지다	발등의 불을 끄다
깨를 볶다	발이 저리다
깨소금 맛이다	배꼽이 빠지다
낯가죽이 두껍다	뱃가죽이 두껍다
낯가죽이 얇다	뱃가죽이 등에 붙다
낯이 두껍다	복장이 터지다
낯이 있다	부아통이 터지다
낯짝이 두껍다	부채질을 하다
눈깔에 무엇이 씌다	북 치고 장구 치다
대포를 놓다	빙산의 일각이다
등골이 빠지다	뺨을 치다

뼈가 깎이다	생눈깔을 뽑다
뼈가 빠지다	생눈을 뽑다
뼈가 쑤시다	생눈이 뽑히다
뼈가 아프다	소금을 뿌리다
뼈가 있다	속을 뽑다
뼈골이 빠지다	속을 썩다
뼈다귀가 녹다	속을 썩이다
뼈다귀도 못 추리다	속이 터지다
뼈다귀를 녹이다	손바람이 나다
뼈다귀만 남다	손을 겪다
뼈도 못 추리다	손이 맵다
뼈를 갈다	손톱을 튀기다
뼈를 깎다	숨통을 끊다
뼈를 녹이다	숨통을 막다
뼈를 추리다	숨통을 열어주다
뼈에 사무치다	숨통을 트다
뼈에 새기다	숨통을 틔우다
뼛골을 빼다	숨통이 끊기다
뿔딱지가 나다	숨통이 끊어지다
뿔을 세우다	숨통이 막히다
뿔이 나다	숨통이 트이다
뿔이 솟다	심장이 강하다
살을 깎다	심장이 약하다
살을 박다	심장이 작다
삼천포로 빠지다	심장이 크다
삽질을 하다	썰을 풀다
삿갓을 씌우다	쓸개가 빠지다
상다리가 부러지다	쓸개가 없다
상다리가 휘어지다	아픈 데가 찔리다

아픈 데를 건드리다	얼바람을 맞다
애가 마르다	연밥을 먹이다
애가 타다	염통에 털이 나다
애가 터지다	엿 같다
애간장을 녹이다	엿물을 흘리다
애간장을 말리다	엿을 먹다
애간장을 저미다	엿을 먹이다
애간장을 태우다	오리발을 내밀다
애간장이 녹다	오십 보 백 보다
애간장이 마르다	이가 빠지다
애간장이 타다	이빨이 세다
애를 말리다	이슬이 되다
애를 먹다	인물값을 하다
애를 졸이다	일절만 하다
애를 태우다	입을 열 자나 빼고 있다
앵두를 따다	입을 한 자나 빼고 있다
야부리를 풀다	입이 달다
얌생이 몰다	입이 빠르다
얌생이 치다	입이 심심하다
어안이 막히다	입이 싸다
어안이 벙벙하다	입이 야무지다
어이가 없다	입이 여물다
어처구니가 없다	입이 열리다
얼굴값을 하다	입이 재다
얼굴에 철판을 깔다	입이 질다
얼굴이 깎이다	입이 짧다
얼굴이 두껍다	입이 째지다
얼굴이 무기다	입이 찢어지다
얼굴이 얇다	입이 천 근 같다

입이 푸지다
입이 험하다
장난이 아니다
장단에 놀아나다
좀생이를 보다
좀이 쑤시다
주름을 잡다
쥐뿔도 모르다
쥐뿔도 없다
쥐뿔만도 못하다
창자가 끊어지다
창자가 미어지다
창자가 빠지다
창자를 끊다
척이 지다

천정을 모르다
철판을 깔다
코가 납작해지다
코가 빠지다
코를 납작하게 만들다
코를 납작하게 하다
피가 마르다
피가 통하다
피를 말리다
피를 토하다
한턱 내다
호박씨를 까다
흘으로 보다
회가 동하다

찾아보기

최 지 훈
서울여자대학교 국어국문학과 문학사
이화여자대학교 국어국문학과 문학석사
이화여자대학교 국어국문학과 문학박사
이화여자대학교, 서울여자대학교 강사 역임
현재 서울대학교 언어교육원 한국어교육센터 대우전임강사

주요 논저
「『천자문』 새김 어휘 연구」, 「전의(轉義) 합성명사의 인지의미론적 연구」, 「한국어 문법 교육의 실제」,
「국어 관용구의 영상도식적 은유연구」, 「'대학생 대화 말뭉치'에 나타난 한국어 관용구의 인지의미론적
연구」 등

이화연구총서 11

한국어 관용구의 은유·환유 연구
인지의미론적 관점을 중심으로

최 지 훈

2010년 12월 30일 초판 1쇄 발행

펴낸이·오일주
펴낸곳·도서출판 혜안

등록번호·제22-471호
등록일자·1993년 7월 30일

주소·㉾ 121-836 서울시 마포구 서교동 326-26번지 102호
전화·3141-3711~2 / 팩시밀리·3141-3710
E-Mail hyeanpub@hanmail.net

ISBN 978·89·8494·416·9 93710

값 26,000 원